何文靓　著

集群企业
国际化成长研究

基于知识租金获取的视角

THE INTERNATIONAL
GROWTH OF THE

CLUSTER ENTERPRISE

BASED ON THE ACQUISITION OF
THE KNOWLEDGE RENT

社会科学文献出版社
SOCIAL SCIENCES ACADEMIC PRESS (CHINA)

序

　　二战后由西方先发国家所开启的这一轮经济全球化使世界经济呈现一个显著特征：那就是以往由先发国家跨国公司垂直一体化控制的地理集中的生产过程，伴随着技术的进步、交易成本的降低而日趋片段化、分散化和网络化；与此同时，在地方尺度上，这种全球分散的生产过程又通常会以产业集群的形式衍生为本地化的空间集聚和产业关联以获取"集聚效应"（正的经济外部性或知识外溢）。学术界将上述现象概述为"全球价值链（GVC）分工"，亦将其称为"产品内分工"（卢峰，2004）。

　　在全球价值链分工体系内，一国参与国际竞争所凭借的竞争优势不再具体地表现为某个产业、行业或特定的产品，而是体现为在整个价值创造链条上的某个环节或工序上的要素禀赋优势。借助全球价值链，先发国家的跨国公司凭借其所投入的高端要素禀赋（比如知识产权、核心技术等）所拥有的"话语权"在全球范围内配置资源、布局产业链、建立生产企业，获得了丰厚利润；而后发国家的众多企业也凭借相应的要素禀赋（比如相对低廉的劳动力、自然资源等）优势承担价值链体系中某个工序或服务以获取"分工利益"。在本书中，我们以"租金"的概念来刻画这种全球价值链内的分工利益的多少。客观地说，嵌入全球价值链既是先发国家跨国公司整合全球资源、构筑国际竞争力的主要途径，亦是后发国家企业基于现实基础参与国际分工、实现国际化成长的重要战略。

　　在这一轮由跨国公司充当"急先锋"的经济全球化中，先发国家及其跨国公司无疑是最大的受益者，当然，我们亦无法否认，这一新的国际分工模式也为诸多参与加工制造环节的发展中国家的集群企业顺利进入全球市场、获取先发国家领先企业的知识和技术提供了机会。我国的诸多集群企业正是因为牢牢地抓住了这个战略契机，凭借自身的低成本要素优势，依托先发国家跨国公司所主导的全球价值链发展出口导向型经济，获取了本轮经济全球化的红利：加快国家初级工业化的进程，并迅速地成长为"世界制造中心"。

但是，当下越来越多的有识之士逐渐认识到，自2008年金融危机以来，特别是伴随着中国经济进入新常态，我们以往的定位于"全球价值链底部"的经济增长战略正遭遇前所未有的严峻挑战，作为一个与世界经济深度融合的全球第二大经济体，我们亟须与世界经济进行"再平衡"：国内方面，我们正面临部分产能严重过剩、资源错配、供需结构失衡、生产要素成本大幅度飙升以及环境承载能力逼近极限值的情况；国际方面，全球经济正陷入增长的"新平庸"，国际需求长期萎靡不振，价值链低端供给竞争加剧（比如印度、越南低廉的人工成本），价值链高端国家的生产格局面临再平衡（比如美国的"再工业化"、德国的"工业4.0"等），民粹主义、贸易保护主义等逆全球化思潮兴起。

上述国内外经济情势的新变化，让我们清醒地意识到：以往我们所擅长的以外需为锚的、"三高一低"（高投入、高消耗、高排放和低附加值）的经济发展模式已经难以为继，继续切入全球价值链低端和"微笑曲线"底部的外向型经济发展方式将进一步引致我国与世界经济的结构性"失衡"，并由此在可能严重阻碍我国经济可持续、和谐发展进程的同时，使我国遭遇到世界其他国家，尤其是发达国家的更加严重的贸易抵制（譬如美国所发起的"301"条款贸易调查）。

时下，在与世界经济的"再平衡"过程中，我们所倡导的发展方式的转型升级或者说经济的结构性调整——供给侧结构性改革，俨然已经成为新的国内外情势下最为重要的经济战略选择。正如党的十八大报告中所述，我们要"适应国内外经济形势新变化"，"加快形成新的经济发展方式"，经济增长动力将由"要素驱动""投资驱动"转向由技术进步提高全要素生产率的"创新驱动"。然而，在这里要澄清的是，对以往的"出口导向型"的经济发展战略进行转型升级，绝非如某些舆论所说的那样重新回归到内向型经济，而恰恰相反，我们需要进一步利用世界经济危机给中国提供的黄金机遇期，即世界主要经济体为了尽快地走出经济低迷的泥潭，纷纷向高端制造业、高技术产业、高端生产型服务业聚焦发力，进行经济结构和产业结构的深度调整。

值得庆幸的是，以习近平同志为核心的党中央敏锐地把握了国际形势新变化所带来的机遇，提出了进一步扩大开放、更加主动地参与经济全球化进程的战略举措："经济全球化是社会生产力发展的客观要求和科技进步的必然结果"，我们"要抓住时机进行全球布局"，"要坚定不移发展开放型世界经济，在开放中分享机会和利益、实现互利共赢"，"以更加积极主动的姿态走向世界"，"中国开放的大门不会关闭，只会越开越大"。所以，面对这一轮崭新的全球性产业结构大洗牌，我们必须定位于在此次新一轮国际分工中转向全球价值链更高端的位置，占据全球经济贸易体系中更有优势的位置，及时启动中国新一轮的经济全球化的发展战略。

在党的十八届三中全会上，党中央就我国构建开放型经济体进一步指出了明确的方向，即"促进国际国内要素有序自由流动，资源高效配置、市场深度融合、加快培育参与和引领国际经济合作竞争新优势"。紧接着，李克强总理在 2016 年的政府工作报告中也提出了"加快发展新经济"，"重塑产业链、供应链、价值链"的经济发展新思路，也就是说，我国在参与新一轮的全球竞争的动态比较优势构建上将不再依赖过去那种大规模的要素投入，而将主要依靠创新驱动，或者说主要依靠脑力和智慧。

按照新经济增长理论的观点，在知识经济时代，知识成为最重要的生产要素。知识的产生和积累是技术进步的源泉，而技术进步是推动经济长期均衡增长的原动力，作为微观经济主体的企业从本质上讲是知识的整合。在深度嵌入全球价值链的过程中，集群企业不可避免地面对丰富的全球化市场异质知识信息资源，集群企业在与链内或链外合作伙伴互动过程中通过对全球生产网络以及本地生产网络中的知识进行整合，更新已有知识存量，形成自身独特的知识资源，最终完成国际竞争优势的构筑。我国集群企业嵌入全球价值链是参与国际分工、融入全球的重要方式，这种国际化成长的过程其实也是一个知识不断获取和积累进而不断提升核心竞争力的过程。

在新国际分工和新经济背景下，作为知识、技术转移的强大载体——全球价值链的确为我国集群企业获取先发国家跨国公司的知识和技术提供了机遇，即为被动嵌入的集群企业提供了知识资源、能力的获取、共享、创造及运用的新机会。但是，值得注意的是，这种"被动"的国际化和开放仅仅给中国集群企业的发展提供了机会，并不意味着所有嵌入其中的集群企业都能够顺理成章地在国际化和开放的过程中获得有意义和有质量的发展。在瞬息万变的国际市场中，发达国家与发展中国家不断博弈，发展中国家争夺跨国投资的竞争也愈演愈烈，本土集群企业在全球价值链"生产片段化"带来的创新过程的垂直分离和重新整合中，最大限度地利用和吸收链内高级创新要素以提升自身的知识学习速度和技术创新能力，俨然已经成为其突破跨国公司"低端锁定效应"、推动本土产业升级和经济结构转型升级，从而最终完成现代化进程的关键要素。对我国很多以出口和加工贸易为主的本土集群企业来说，这是来自"贫困式增长"的教训，同时也为国家构建高水平开放型经济体指明了出路。鉴于此，本书拟从知识经济视角探求中国集群企业如何转型升级以突破全球价值链"低端锁定"格局。

为了回答这一问题，本书将这一命题细化为以下几个问题：在新经济背景下，深度嵌入全球价值链的我国集群企业，面对全球价值链内丰富的外部知识资源，该如何充分利用全球价值链带来的"机会窗口"实现知识创新以提升国际竞争力？我国的集群企业该如何在全球生产制造网络中积极开拓和合理利用与跨国公司之间的关系创造知识的溢出效应？我国的集群企业该如何持续调整自身与全球价值链的整合方式以扭转在全球价值链租金收益分配比例上的劣势从而实现国际分工地位的不断提升？

本书将围绕上述问题展开研究，以嵌入全球生产网络中的集群企业为研究对象，从知识租金获取的角度切入，围绕在新一轮全球化和知识经济时代背景下，如何促进融入全球生产网络中的集群企业以知识创新为动力，合理地积极开拓和利用外部网络，不断动态调整与全球价值链的整合方式，促进其创造、捕捉、保留更多的价值——知识租金以实现其国际化成长的核心问题展开。

在动态性和复杂性不断增强的全球商业环境之下，集群企业的国际化成长呈现新的特征，即嵌入由跨国公司主导的全球价值链中的演化成长，是基于嵌入网络组织环境下的网络化演化成长。因此，本书综合运用"嵌入性"理论、资源基础观、企业能力观、全球价值链分工等理论和观点指出在中国当前特定的禀赋结构和制度约束条件下，集群企业依托全球价值链实现国际化成长的实质和关键，即通过嵌入跨国公司主导的全球价值链组成的全球生产网络中不断获取知识租金而实现。集群企业实现国际化成长的过程也就是其在全球价值链内获取知识租金能力不断提升的过程。在此基础上本书构建了网络嵌入性、网络能力、吸收能力、知识租金获取及集群企业国际化成长之间关系的概念模型，清晰勾勒出集群企业外部网络的"嵌入性"特征、吸收能力、网络能力及两种能力之间耦合与企业知识租金获取及国际化成长的关系以及它们之间的相互作用方式，以期能够揭示出以集群企业为中心的外部网络特征属性、动态竞争能力对于集群企业国际竞争力提升的作用机制。

具体而言，本书从以下几方面逐步展开。首先，在文献综述和大规模实地调研的基础上进行相关核心要素的逻辑分析，提出集群企业国际化成长、知识租金等核心概念、主要维度以及集群企业国际化成长进程中知识租金获取的初步理论模型，该模型涵盖五个子模型：基于嵌入性视角的"关系性嵌入、知识租金获取及集群企业国际化成长""结构性嵌入、知识租金获取及集群企业国际化成长"；基于能力视角的"网络能力、知识租金获取及集群企业国际化成长""吸收能力、知识租金获取及集群企业国际化成长""吸收能力与网络能力耦合、知识租金获取及集群企业国际化成长"。其次，对提出的初步的研究模型进行实证检验。对于子模型一、二、三、四均采用结构方程的统计分析方法，主要探讨关系性嵌入、结构性嵌入、网络能力、吸收能力、知识租金获取及集群企业国际化成长之间的机理关系；对于子模型五采用灰色关联分析的方法，探讨网络能力与吸收能力的耦合、知识租金获取及集群企业国际化成长之间的机理关系。最后，经过对全书的分析与论证，得出以下主要研究结论：集群外部的网络嵌入性、结构性嵌入和关系性嵌入通过帮助集群企业获取知识租金从而助推其国际化成长；集群企业网络能力、吸收能力及两者耦合作用于集群企业知识租金获取，帮助其最终实现国际化成长。

本书的章节安排具体如下：第一章为导论，介绍本书的研究目的、意义、研究对象、拟解决的关键问题；第二章为理论基础与文献综述，在文献综述的基础上奠定本书概念模型构建的理论基础；第三章为概念模型与研究假设，提出"嵌入性"视角和"能力"视角下的集群企业国际化成长进程中知识租金获取机制概念模型及研究假设；第四章为研究设计与方法论，主要是对研究的过程和策略进行规划；第五章为嵌入性视角下集群企业国际化成长进程中知识租金获取机制实证研究；第六章为能力视角下集群企业国际化成长进程中知识租金获取机制实证研究；第七章为基于网络能力与吸收能力耦合的集群企业国际化成长进程中知识租金获取机制实证研究，第五章、第六章、第七章为本书概念模型的实证分析过程展示；第八章为研究结论与政策建议，即基于实证分析的结果，对全书的研究结论进行总结，为国际化的集群企业和政府相关管理部门提出管理的政策建议。

本书严格遵循"结构—行为—绩效"的分析逻辑，建立了"嵌入性—网络能力—知识租金"的理论框架，旨在充分揭示企业网络与动态竞争能力的协调演化规律及其对知识租金获取的影响，为我国集群企业在全球制造网络中的学习演化和战略升级提供一个崭新的视角。此外，本书创造性地构建的包含网络嵌入性、网络能力、吸收能力、知识租金获取、集群企业国际化成长的概念模型将知识与集群企业的价值创造和价值分配过程和结果有机地联系起来，能够深刻揭示全球生产网络影响集群企业国际竞争力的本质过程。基于实证分析结果，本书还为国际化的集群企业和政府相关管理部门提出了政策建议，即以实施国家主体功能区战略为契机促进集群企业转型升级、调整产业和引资的政策取向、培育和增强集群企业的知识吸收能力、提升集群企业的网络能力、推动跨国公司和集群企业的双向嵌入与互动融合。上述研究工作的展开对于全球制造网络中集群企业及政府部门有效管理网络和利用全球价值链内知识溢出效应、探索出一条知识创新驱动的国际化成长路径是具有重要指导意义的。

目　录

第一章 导 论

第一节 选题背景及意义

一 选题背景

（一）在经济全球化背景下，全球价值链分工的"双面效应"凸显

20 世纪五六十年代以来，随着科学技术革命的不断发展，生产国际化和资本国际化趋势的不断加强，国际贸易和跨国投资壁垒的逐渐降低，整个世界日益融合为一个规模空前的全球大市场。经济全球化加速了各种要素资源在世界范围内的流动，迫于日趋激烈的全球性竞争压力和最大限度地降低生产和交易成本的动机，跨国公司从资源全球性优化配置的视角出发，根据不同国家或地区所存在的资源禀赋、生产技术、交易成本、制度等因素的差异，将其原来的生产过程拆分为不同的生产阶段并分散到不同的国家或地区进行。由此，伴随着国际市场日趋一体化，国际分工的形式却逐渐走向了非一体化，即传统的以产品为界限的国际专业化分工逐渐演变为同一产品全球价值链某个环节或某道工序的专业化分工。这是新的国际分工形式或者生产布点形式，学术界通常将之称为"全球价值链分工"。

全球价值链分工是经济全球化背景下国际分工呈现的新特点，也是当代国际分工发展的新趋势。全球价值链分工的出现，将传统的基于国家与国家之间比较优势的分工从产品贯彻到产品内部的工序和流程，即产品的生产制造过程中包含的不同工序和环节被分散到不同国家或地区的企业，形成了以工序、环节、区段为对象的分工体系，呈现分工主体更加多元化、分工过程更加复杂化的特性，它的出现不仅极大地改变了全球经济运行方式，也促成了世界范围内产业结构和资源新一轮的深刻调整和配置。全球价值链分工不仅为先发国家跨国公司的全球要素资源优化配置提供了更为灵活、多样的渠道，亦将发展中国家的后发企业卷入全球化生产体系之中，使得整个世界演变为一个大"工厂"。后发国家的企业在经济全球化趋势的不断加强和全球价值链分工日益深化的时代背景下，为了避免被全球化生产体系所抛弃，或被动或主动地"嵌入"先发国家的跨国公司所主导的产品内国际分工生产网络中。这些后发企业纷纷立足于自身的资源禀赋优势，利用全球价值链分工为其全面融入全球化生产体系带来的机会，积极、主动地汲取跨国公司的技术、知识溢出和积累原始资金，依托全球化产业价值链逐步地由价值链的劳动密集型环节向技术密集型环节攀升，力图实现跨越式的产业结构升级和分享经济全球化的收益。

作为新兴市场经济国家的中国亦不例外。改革开放以来，中国立足于自身资源禀赋优势，定位于以国际代工为主导的外向型经济发展模式，迅速成为全球生产网络的关键节点，并以此缔造了国民经济连续30年高速增长的"中国奇迹"。然而，在"贸易大国"和"经济大国"等耀眼光环的下面却隐藏着一个无可回避的尴尬事实或者我们可以将之称为"贸易悖论"，即中国制造业出口量的持续超高速增长以及经济规模的不断扩大并没有逻辑地带来贸易条件的改善和本土产业结构的升级。可见，在全球价值链分工条件下，就以集群形式切入全球价值链的中国企业而言，全球价值链分工呈现明显的"双面效应",即"规模增长效应"和"结构锁定效应"。前者助推集群企业经济总量的增长,而后者则阻碍集群企业获取全球价值链内的高附加值。大量经济发展的实践都印证了上述"双面效应"的存在:众所周知,受益于全球价值链分工所带来的国际需求与国际投资,中国的长三角、珠三角、环渤海等东部沿海地区的外向型集群企业深度嵌入全球价值链分工体系,实现了企业规模、利润的快速增长。可以说,中国是全球价值链分工在现阶段的最大受益者之一。然而,伴随着时间维度的延伸,我们逐渐发现:这种国际代工主导的外向型经济发展模式下形成的强大生产制造能力并没有促进国内产业结构的升级与经济转型,反而通过"要素锁定效应"、"市场锁定效应"和"价值链锁定效应"等形成了比较优势和贸易模式的自我强化与锁定。可以说,这也是当前中国出口贸易悖论形成和贸易结构"镜像分离"的根源,即中国出口商品结构呈现向高级化演进的趋势,而出口贸易结构的升级却并未有效带动中国实际产业结构的升级。出口贸易的虚假繁荣表象性地、扭曲地映射了中国实际的产业结构、产品技术结构和附加值,贸易结构的"镜像"与产业结构的"原像"出现了严重背离。可见,在全球价值链分工模式下,中国本土集群企业固然可以通过这种分工模式形成的资源要素流动,引进跨国公司相对丰富的资金及其他稀缺的先进要素,如技术、标准、品牌、国际营销网络及企业家精神等,并与自身丰裕的生产要素如低价优质劳动力和自然资源等相结合,激发潜在的生产能力以获取一定的国际分工利益,推动国家经济规模的壮大,即获得"经济规模效应"。但是,这种主要依靠低级要素投入推动经济发展路径中的"结构锁定效应",对我的经济发展亦会形成巨大的挑战,如资源和能源的短缺、生态环境的恶化、贸易条件的恶化、众多产业甚至关键部门竞争优势的缺乏、外商企业控制中国诸多产业以及我国处于国际分工价值链的低端环节而导致的经济收益少,进而导致的启动内需困难等。可见,我国的集群企业虽然参与到全球生产网络之中，但在这种由跨国公司主导的全球价值链分工中，被跨国公司锁定于产业价值链某个特定生产环节的狭窄职能之中，成为全球化进程的"牺牲品"，深陷于"贫困化增长"的陷阱中。由此，我国本土集群企业不得不面临一个尴尬境地，即一方面已经普遍形成了规模巨大的生产和制造能力，很多产品在国际市场上甚至占据了非常大的市场份额；而另一方面，这些集群企业生产制造的产品总体上却属于技术密集型产品中劳动密集环节的产品，在跨国公司主导的全球价值链中处于低端位置，产品利润微薄，面临产业升级的巨大压力。在全球价值链分工体系背景下，世界范围内生产制造活动虽然以前所未有的速度向欠发达国家的产业集群及集群内的企业转移，但是核心的技术创新能力并没有随着生产能力发生转移，仍然集中在 OECD 国家的跨国公司中，相对于构建庞大的生产能力，如何有效地进行技术追赶，突破全球价值链内的"锁定效应"，实现从生产能力到创新能力的嬗变，对发展中国家的集群企业和国家来讲都是一个艰难而紧迫的问题。

（二）全球生产制造网络正成为集群企业进行知识创新的新环境

伴随着知识经济的到来，无论是学术界还是经济实践界都逐渐达成共识：知识自身的投资收益递增特性使其成为经济社会生活中最活跃的因素。经济增长的真正动因是知识增长，知识正在取代资本、土地和劳动力，成为推动财富增长的强劲动力（Drucker，1992）。知识是企业成长发展所需的关键资源，特别是隐性知识资源的难以模仿性能为企业在竞争中赢得显著优势。企业未来将主要通过知识而不是金融资本或自然资源来获取竞争优势，企业未来的发展主要是依靠知识创新推动的。

在信息经济、网络经济和知识经济日益明显的今天，在市场飞速变化和技术高速发展的超强竞争环境下，往昔那种有利于环境稳定的国界、规则与控制等因素正趋于瓦解，企业的经营环境正从过去相对稳定的较为确定的环境转向日益复杂多变、充满不确定性的环境。在这个外部环境瞬息万变的时代，企业进行创新的难度、风险自然也就大大提高，再加上创新过程本身的复杂性与长期性，任何企业都不可能独立拥有技术创新、成长发展所需要的各种知识资源及能力。因此，企业就不能再将创新的视角局限于内部进行知识的培育、孤立地自我开发知识，而需要通过从外部获取各种知识资源，如通过与外部诸多经济行为主体（包括上下游的供应商、客户甚至竞争对手）开展广泛的知识交流与合作获取创新所需关键性知识资源，以促进企业技术创新。也就是说，企业必须转换思维，由过去企业之间传统的你死我活式的纯竞争关系向既竞争又合作的竞合关系转变。

全球价值链通过组织的非一体化使后发国家的企业集群成为开放的系统，集群中的企业能够以较低的成本获得所需的资源以及互补的技能，更为重要的是，全球价值链作为强大的知识载体和知识流动的"管道"，为催生、增强地方企业集群的技术能力创造了大量机遇。全球生产网络的"大分离、小集聚"地理集聚效应不仅有助于规模经济的实现，而且其作为促进全球生产网络内部实现技术和知识创新的一个平台，还为企业获取知识、提升竞争优势提供了可能。在全球生产网络环境下，跨国公司在将后发国家集群企业融入其主导的全球价值链的过程中都会与其建立某种程度的产业关联，都不可避免地要与网络内集群企业进行不同形式的交流合作，都会不自觉地让链内集群企业观察到其在生产、经营、销售等环节上所运用的技术和手段，从而使集群企业能对这些从过去长期经营活动中积累起来的成功经验加以"免费"学习和模仿，使集群企业从中获取自身没有或不能及时产生的知识，这对促进网络内企业间知识的有效流动、提升集群企业技术创新水平、构建竞争优势都有积极作用。此外，全球价值链内跨国公司与集群企业之间的知识、信息资源的交流、共享极大地加速了新知识的产生，这也为提升集群企业国际竞争力提供了强有力的支撑。可以说，嵌入全球价值链内的集群企业的创新行为实际上就是集群企业与跨国公司及其他集群企业等之间所形成的一种相互交流、相互学习的知识互动过程，表现为"干中学""用中学""相互作用过程中学"。全球生产网络为集群企业的知识创新提供了知识时空背景，价值链内企业间的交互知识流动使任意企业都有机会通过捕获和解释与技术创新相伴的知识因素而扩张自身的知识占有，从而实现自身的知识创造与创新，同时完成自身的技术创新活动。

在开放经济条件下，跨国公司在全球价值链内的知识溢出已经成为嵌入其中的我国本土集群企业共享知识、增加知识存量以及实现知识创新的重要途径。在全球领先企业越来越多地把知识密集型活动外包给全球价值链内我国代工集群企业的过程中，集群企业逐渐从 OEM 向 ODM 和 OBM 升级转化，甚至使我国的上海等地形成了一些具有较强创新能力的专业化中心，可以说这已经成为当前我国集群企业在全新的竞争环境下取得成功的必要条件。然而，从总体来说，我国本地集群与发达国家集群如美国硅谷等相比差距依然比较大：集群企业的核心竞争力不强，大多数集群企业依靠成本优势、政策优惠而生存，整体缺乏国际竞争力。因此，就集群企业而言，如何借助全球生产网络与跨国公司实现深度合作，提升国际竞争力已经成为集群企业顺应经济全球化趋势、从网络知识经济环境中获取最大收益的必修课程。

（三）获取全球价值链内的知识溢出是我国集群企业转型升级、实现国际化成长的关键

2008 年全球金融危机后，学术界已逐渐形成共识：市场经济的全球扩张、信息网络技术领域的革命性突破以及新一轮经济全球化空前发展等因素共同作用下形成的新型国际分工格局是造成当前世

界经济结构严重失衡的根源。在这一分工体系的推动下，世界经济呈现"三足鼎立"的格局：一是已经步入信息社会的发达国家成为全球科技创新和国际金融中心，为世界提供消费市场；二是处于工业社会的发展中国家成为全球制造业中心和加工中心，为世界提供廉价商品；三是包括石油输出国组织成员国在内的自然资源大国成为全球初级产品供给中心，为世界提供原材料。在这一新型国际分工体系中，中国依靠改革开放所释放的"制度红利"以及自身的低成本竞争优势融入全球价值链（GVC），并作为各种生产要素集聚的东道国，成为全球重要的新兴制造业基地。得益于这种 GVC 下的出口导向型经济发展，中国外贸"爆炸式"成长，并有力地推动了 GDP 的持续快速增加。然而，在令人瞩目的经济成就面前，应该客观看到，这是一种"大而不强、快而不优"的增长：一方面我国付出了高能耗、高物耗、高污染的生态成本；另一方面"大进大出"的发展路径和低成本竞争战略使我国企业，尤其是外资主导集群中的劳动密集型、出口导向型和贸易加工型中小企业，陷入廉价劳动力的"比较优势陷阱"，盈利能力和产品附加值长期处于低水平状态，同时，自主创新乏力，核心技术长期受制于人，在全球价值链中处于被"俘获"与"压榨"的悲惨境地。尤为值得注意的是，当前伴随着中国人口红利的消失、资源和环境的"硬约束"以及发达国家出现的"再工业化"和重归实体经济等情势变化，以往的长期倚重低级生产要素驱动、继续维持在"微笑曲线"底部的粗放型出口导向的经济发展模式已经走到了尽头，我国亟须转变经济发展方式，着力将经济发展由要素驱动转向创新驱动。

在经济全球化和现代知识经济体系下，知识溢出和技术创新成为地方和企业竞争力提升的重要驱动力，而跨国公司主导全球价值链形成的全球生产网络是当前知识溢出的重要载体。价值链的全球布局不仅能够实现生产要素全球范围内优化配置，而且更为重要的是链内组织间知识的外溢能够提升东道国本土企业的生产效率，从而进一步改进和提高东道国资源配置方式，促进其经济增长方式的转变。因此，许多处于经济转型阶段的国家和区域纷纷采用优惠措施加速引进外资，期望通过跨国公司的知识溢出促进本国产业结构升级和本土企业创新能力提升。在这种"引进来"战略的指引下，许多后发国家主要利用本国生产要素低成本优势和巨大的市场潜力，吸引发达国家和地区的跨国公司，重组国内的生产要素，使本国融入跨国公司产业链的全球布局，并通过跨国公司在本国的投资、采购、定牌生产和来料加工等形式使本国的产业、产品以及市场与国际接轨，成为经济全球化的参与者。可见，通过嵌入跨国公司主导的全球价值链已经成为经济全球化条件下后发国家集群企业参与产业全球化、实现自身国际化成长的一种重要战略模式。然而，在我国长三角地区形成的以跨国公司为主导的产业集群或生产网络中，当地的集群作为一种组织形式虽然参与到全球化生产分工中，成为全球生产网络中的节点，集群内的企业亦因此成为本地生产网络和全球生产网络联系的重要纽带。但是，在经济发展的实际过程中，我们发现外资企业与本土企业之间缺乏产业关联，本土企业被"边缘化"的问题，即集群内外资经济与本土经济发展的二元化、引资区域"飞地化""松脚型"等现象显著，这些似乎都与政府的战略意图大相径庭。那么在这种外资主导的集群中是否存在知识溢出效应以及本土集群企业如何利用跨国公司的知识溢出效应实现创新以提升国际竞争力就成为当前值得研究的问题。

二 选题意义

在知识经济时代背景下，全球生产网络的形成为嵌入网络内的企业的知识交流和知识创新提供了大量的机会。依托全球价值链逐步融入全球生产网络的中国地方集群企业如何更好地进行知识交流、合作及创新进而获取竞争优势正成为当前研究的热点。然而，在现有的文献中，国内外学者分别从组织内部以及组织间视角运用各种经济、管理领域的相关理论、观点探讨和实证研究了集群企业如何获取竞争优势，但较少在一个统一的关系框架中探讨这些理论以及研究要素的内在联系。鉴于此，本书基于"嵌入性"理论、知识租金理论、企业能力竞争优势理论以及企业国际化成长之间的逻辑关系分析，构建了网络嵌入性、吸收能力、网络能力、知识租金获取与集群企业国际化成长之间关系的概念模型，这既有利于整合不同学者关于网络背景下企业竞争优势源泉的不同观点，亦有利于深入剖析网络嵌入性、动态竞争能力对于集群企业知识租金获取及国际化成长的内在机理。这种概念模型在一定程度上具有更强的理论支撑，也便于实证研究的开展。

另外，广泛的经验性研究对于政府政策制定具有重要参考价值。知识经济全球化时代，知识创新正成为一个国家经济发展的关键因素，这一点无论对政策制定者还是学术界来说都已经是一个共识，即把知识创新放在讨论发展中国家产业发展和成长的核心位置。本书立足于我国创新型国家建设以及经济结构转型的大背景，基于微观视角探讨苏州等地外向型集群企业依托全球价值链实现国际化成长的经济特征事实，这对于我国政府如何推进经济第二波全球化、培育"持续性"区域经济竞争力、打造产业技术创新联盟、知识创新服务平台和知识创新型企业建设都具有一定的政策指导意义。

此外，从微观层面来看，对集群企业来说，本书可以使旨在实现国际化成长的企业更好地认识和理解在知识经济全球化的背景下，网络嵌入性、动态竞争能力、知识租金获取及实现国际化成长的内在作用机制，从而使它们能够在开放式创新环境下更为主动和有针对性地制定各种知识创新战略和推动策略，进而逐步走上创新驱动发展的国际化成长道路。因此，本书为我国集群企业在国际化成长中实现有效知识交流、提高创新能力提供了有益的建议与指导。

第二节　研究问题的提出

一　现有研究的不足

知识经济时代，网络竞争环境下全球价值链内关联企业的行为和绩效逐渐成为当前企业战略管理领域的一个新的研究热点。越来越多的学者对网络中企业的知识创新、学习与绩效进行了研究，为本书奠定了良好的理论基础。然而，通过对产业集群、网络嵌入性理论、租金理论、知识管理和企业竞争优势动态能力理论等研究领域的文献的阅读与梳理，我们认为现有的文献并不能从以下视角较好地阐释相关问题。

如果我们将集群企业的国际化成长视为一种国际竞争力提升的状态，则集群企业依托全球价值链实现升级可被视为实现这种状态的一个必经过程；如果我们将集群企业国际化成长视为一个目的，那集群企业通过知识创新实现技术升级则是实现这一目的的重要手段。可见，集群企业依托全球价值链实现升级是集群企业实现国际化成长的重要途径。因此，在知识经济背景下，集群企业国际化成长的内涵已经发生了变化，那么，从这一变化的新视角出发，如何理解集群企业国际化成长的内涵？这种新的内涵具体包含哪些内容？我们是否能对其进行有效的测度？

倘若我们将集群企业依托全球价值链进行知识创新以实现转型升级视为集群企业实现国际化成长的重要途径，那么接下来的一个重要问题就是如何推动全球价值链内集群企业的升级行为？这也就要求我们深度剖析集群企业依托全球价值链进行转型升级的内在机理。在全球生产网络背景下，集群企业的一个重要特征就是其内嵌在一个由相同或相似产业的企业以及其他一些相关机构所构成的组织间网络（拥有发达的本地集群内网络）中。此外，在经济全球化浪潮的推动下，地方产业集群也日益融入跨国公司主导的全球价值链中，因此，集群企业的非本地（集群外）网络也得到迅速发展。我们有必要依据集群企业的外部网络特征属性分析集群企业如何实现国际竞争力的提升，即从网络嵌入性视角切入，探寻集群企业在国际化成长进程中获取知识租金的驱动因素和内在机制。

在对当前相关领域的文献进行梳理的过程中，我们还发现现有研究对于集群企业微观层面上的知识交互机制缺乏深入探讨，它们通常把集群企业设定为同质企业，忽视了嵌入全球价值链内集群企业个体的异质性，把链内企业个体间的知识交换行为看成一个"黑箱"过程。以往的研究认为跨国公司的知识溢出外部性的存在使得集群企业在技术创新方面比集群外部的企业具有优势（Levin，Klevorick，Nelson，Winter，1987）。然而知识溢出外部性本身是一个模糊的概念，在研究中是很难被观察和测度的，这种产业集聚产生的知识溢出并不会自动提升集群企业的创新绩效，只有集群企业与全球产业价值链内的跨国公司之间的协同和交互作用才会对创新绩效产生积极的影响。因此，我们应当充分认识到企业个体在知识协同和交互作用中所扮演的关键性角色，因为个体企业的行为可以影响全球产业价值链层面的经营环境，并且最终影响到企业自身的技术创新行为（Giuliani，1996）。因此，本书拟从集群企业自身的动态竞争能力视角去分析集群企业是如何依托全球价值链实现知识创新、提升国际竞争力的，即从动态竞争能力视角切入，探寻集群企业在国际化成长进程中获取知识租金的驱动因素和内在机制。

上述研究视角都是在当前研究中为人们所轻视的，因此，我们有必要从新视角出发，基于理论廓清集群企业国际化成长、技术升级以及知识创新绩效之间的关系，并运用适当的统计技术加以验证，从而为集群企业成功对接国际市场找到一条切实可行的新途径。

二 本书拟解决的关键问题

如前所述，随着信息技术现代化、经济全球化、产品定制化以及市场快速响应机制的发展，企业的技术创新活动已经突破了传统的组织边界，深深嵌入创新资源和信息流动的各种商业联系当中。本书中由于产业关联性"嵌入"全球生产网络中的集群企业与跨国公司容易在技术开发、生产及市场等方面展开分工合作，这种分工与协作关系也会带来知识的分工，可见外资主导的外向度较高的集群企业比其他一般意义上的企业更依赖通过网络形式获取技术创新中需要的知识资源，集群企业的创新行为必然受到其外部网络的影响。此外，动态竞争优势能力的组织内能力——吸收能力和组织间能力——网络能力均被视为集群企业在知识经济全球化背景下，在大规模知识转移中获取竞争优势的关键要素，它们对于企业自主知识创新的重要性也毋庸置疑。因此，基于前人已有的研究成果，本书将综合运用"嵌入性"理论、资源基础观、企业能力观、全球价值链分工等理论和观点，分析集群企业依托全球价值链实现国际化成长的关键和内涵，并在此基础上构建企业网络嵌入性、动态竞争能力、知识租金获取及集群企业国际化成长之间关系的概念模型，探讨刻画集群企业外部网络的基本特征属性和联系企业内外资源的吸收能力、网络能力及两者之间耦合与企业知识租金获取及国际化成长的关系以及它们之间的相互作用方式，以期能揭示出以集群企业为中心的外部网络特征属性、动态竞争能力对于集群企业国际竞争优势构建的作用机制。具体地，本书拟探讨的主要问题如下。

问题一：在当前知识经济和网络环境下，集群企业国际化成长的内涵是什么？集群企业在国际化成长中竞争优势的经济学表征是否能以租金来描述？如果能，那么这种获取的租金是什么性质的，与以往的租金形式有何区别与联系？集群企业在国际化成长进程中获取知识租金的具体机理是什么？

问题二：在网络嵌入性视角下，集群企业双重嵌入的网络（本地产业集群网络和全球生产制造网络）主要有哪些基本特征属性？这些特征属性对集群企业知识租金的获取有什么影响？

问题三：在动态竞争优势能力视角下，集群企业的网络能力和吸收能力的概念内涵和基本组成是什么？是否具有多维性特征？这两种知识创新的能力系统以及两者之间的耦合对集群企业的知识租金获取及实现国际化成长有何影响以及具体的作用机理是什么？

第三节 研究对象与关键概念界定

作为研究开展的基础性工作之一，首先必须对研究中涉及的一些基本概念进行界定和说明。为了便于后文论述的展开，本节对研究涉及的几个基本概念进行简要的界定和介绍，具体包括：集群企业国际化成长、知识租金、网络能力、吸收能力。

一 研究对象

本书主要是基于企业层面深入探寻在知识经济背景下深度嵌入跨国公司主导的全球价值链组成的全球生产网络中的集群企业如何依托产业价值链进行知识创新、获取知识租金，最终实现国际化成长的作用机理。嵌入全球价值链这种跨企业网络组织中的发展中国家的集群企业一般而言具有以下三个明显特征：第一，片段化导致的全球价值链环节的地理分布特征是"大区域离散、小地域集聚"，因此，发展中国家企业往往是以集群的形式实现嵌入；第二，发展中国家企业嵌入的一般是网络型全球价值链；第三，这些企业一般处于全球价值链中低价值增值环节。鉴于上述特征属性，本书将我国外向型区域内嵌入网络型全球价值链和位于低价值增值环节的本地集群内企业视为研究的对象。此外，本书中所研究的网络具体内涵主要是指在知识经济全球化背景下，由全球价值链内具有产业关联的跨国公司与本土集群企业间合作关系所构成的网络。在集群企业所嵌入的网络中，与企业建立联结关系的成员主要包括供应商、客户、竞争对手、研发机构、政府机构、中介组织等，其中，客户与供应商对集群企业知识创新有重要促进作用。

二 关键概念界定

在社会科学的研究中，由于研究视角的差异和研究问题的不同，学者们可以对同一概念赋予不同的内涵，由此也会产生迥异的结论。为了清晰界定本书所要研究的问题，保证研究的科学性、规范性和严谨性，以下我们对本书中出现的主要关键概念进行基本界定。

（一）吸收能力

众多研究表明：企业的自主创新往往都是以知识的应用为基础的，知识是实现自主创新的关键，特别是企业自身对外部知识资源的吸收能力是知识创新的源泉。学者 Choelsoon（1998）就曾在其研究中指出，外部的网络资源为企业提供了寻找知识、信息的机会，但是在企业把从外部"搜寻"的信息"转换"成对企业创新有用的知识的过程中，吸收能力必不可少。本书中嵌入全球价值链的本土集群企业的技术进步主要是通过不断地向链内跨国公司进行外部学习和知识创造获得的。因为在全球生产网络中，集群企业与网络内其他企业之间形成的较强网络关系是知识流动的主要通道，它对于促进网络内知识溢出的高效传递及集群企业吸收能力的形成具有重要作用。

吸收能力的概念首先是由学者 Cohen 和 Levinthal（1990a）提出的，他们认为"企业具备发现外部新信息的价值，随之将其吸收并应用于商业目的的这些能力的集合就是企业的吸收能力"，它是研发活动的副产品，主要是由识别评价、消化和应用外部新知识这三个能力成分所组成的一个相承的连续过程，具有路径的依赖性。吸收能力对企业来说最重要的意义在于提高了企业通过学习、发展和吸收新知识创造竞争优势的能力及创新绩效。在此基础上，Zahra 和 George（2002）从动态能力的视角出发，将吸收能力定义为企业获取、消化、转化和利用知识产生组织动态能力的惯例和流程（Processes），该定义明确辨析了企业吸收能力的四个维度，这有利于企业知识吸收能力的实证测度，也明确阐释了知识是如何流动以及被企业吸收并产生创新绩效的。

集群企业在全球价值链内的知识创新过程可以被视为有效整合链内企业内外部知识资源的非线性过程，这个过程与吸收能力的几个维度——知识的获取、转移、整合、创造和应用是密不可分的。因此，在本书中我们将集群企业的吸收能力视为一种动态能力，即集群企业通过向全球价值链内跨国公司以及外部网络环境中的知识来源进行学习，获取、消化、转化和利用这些外部知识的能力。

（二）网络能力

网络能力的概念是随着网络经济时代的到来而提出和发展的，但鉴于网络属性的多样性、演化的动态性，国内外学者就其的认识与界定莫衷一是。最先提出网络能力思想的是学者 Hamel（1991），他认为企业的网络能力主要包含两方面内容：一是企业改善其在网络中位置的能力；二是处理某单个关系的能力。徐金发、许强和王勇（2011）将网络能力界定为企业发展和管理外部网络关系的能力，其核心就在于通过寻求和运用网络资源来获得竞争优势。学者邢小强和仝允桓（2007）从动态能力的视角将网络能力诠释为企业基于内部知识和其他补充资源，通过识别网络价值与机会，塑造网络结构，开发、维护与利用网络关系以获取稀缺资源和引导网络变化的能力。在学者们的研究基础上，本书拟通过特定的集群企业嵌入全球价值链的网络情境来界定网络能力的内涵。

由上述对集群企业国际化成长的内涵可知：网络已经成为集群企业国际化成长的环境特征，网络的形成、结构、内容与治理等方面对网络内各个节点的创新过程与结果均会产生重要影响,因此通过企业的网络行为改变其网络属性自然成为其提升创新产出和构建国际竞争优势的有效手段。基于此,本书将网络能力界定为集群企业在嵌入全球价值链的进程中所具有的集聚、整合和配置网络中内嵌的关键性战略资源——知识,并协同价值链内跨国公司内部知识资源旨在获取知识租金并构建国际竞争优势的动态能力。对上述界定,有两点认识需要厘清。其一,知识资源仅仅是企业构建持续竞争优势所必需的静态因素,其本身并不能自动产生收益,是集群企业的网络能力在运用知识资源的过程中激活了要素价值并形成了知识租金。因此,知识资源是集群企业构建持续竞争优势的天然禀赋基础,而网络能力则是实现这种优势的能动因素。其二,集群企业网络能力的水平高低决定了其能分享被激活的知识租金的比例。

(三) 知识租金

集群企业能力成功切入主流全球价值链的前提是企业具有一定的核心竞争优势,在战略管理研究领域中,企业的核心竞争优势是与"租金"密切联系在一起的。而在全球价值链的众多"价值环节"中,并不是每一个环节都创造等量的价值,主要的附加值会集中在那些能免于竞争的环节上,因为在那里参加者控制了特定的资源,从而能够通过利用和创造对竞争者的进入壁垒而免于竞争(Keith, Eliot, Wilkinson, 1995),借此获取超额的经济利润,可见,在全球价值链理论中,"租金"是理解价值分配的关键性概念。

所有的企业经营理论都强调:企业经营和参与市场竞争是为了获取超额利润或经济租金,而企业的经济租金来源于生产要素。在知识经济时代,知识已经超越土地、劳动、资本成为推动生产力发展的第一要素。知识基础观的基本假设就是组织犹如一座知识库(Knowledge Repository),企业的本质为知识的整合机构,一切组织活动都是知识的获取、转移、共享和运用的过程。企业的竞争优势来源于企业拥有的独特性知识，知识资源正成为企业能够获得和保持超额经济租金的源泉。可见，知识正成为企业生存和发展的首要因素，企业如果不能有效利用外部知识就将陷入严重的竞争劣势。因此，在本书中，我们将这种源自企业内外异质性知识资源的租金称为"知识租金"，它强调企业跨组织地利用内外部知识进行知识创造及应用。在当前知识经济迅速发展的背景下，伴随着全球价值链和本地产业集群内企业间信息和知识互动的程度逐步加深，通过异质性的知识资源的积累、应用以及成功商业模式的运用而产生的知识租金俨然已成为提升集群企业国际竞争力的关键因素。

（四）集群企业国际化成长

学者 Kogut 认为企业全球战略实际上是国家比较优势和企业竞争能力两者相互作用的结果。一方面，国家比较优势决定价值链各环节在国家或地区之间如何配置；另一方面，企业竞争能力决定企业应该定位于价值链上的哪个环节以及在哪个环节的技术层面上倾其所有，以确保竞争优势。

就嵌入全球价值链的诸多代工集群企业而言，力图实现价值链内的价值增值的过程就是逐渐由简单的加工制造环节向更为复杂的产品零部件装配、设计、营销以及成品制造等附加值更高的环节转移的过程，这一过程我们可以称为"升级"，是企业通过知识创新活动增加其制造产品附加值的过程。集群企业的升级并不能自然而然地发生，这是一个极其复杂的非线性过程，是集群企业对价值链内溢出的新知识不断积累、传播和应用的过程，它在很大程度上取决于企业自身的知识基础和组织学习能力。

产业集群和全球价值链都是具有地理集中性、地域植根性和社会网络性特征的网络环境，在这个特定的环境中，集群企业的升级在很大程度上都依托于全球价值链，集群企业的升级即成长，包括企业规模扩大和企业素质不断提高的过程，集群企业嵌入全球价值链而升级则属于国际化成长范畴。企业的国际化成长就本质而言就是集群企业利用比较优势嵌入全球价值链，在全球范围内寻求生产要素的最佳配置，将企业的边界延伸到国外市场的跨国经营过程。由此，可以将集群企业的国际化成长理解为以实现价值链攀升为特征、以提高产品附加值为导向进而获取国际竞争力的过程。

根据全球价值链理论以及中国当前实际情况，可以将集群企业国际化成长划分为两条路径（见图1-1）：一是另起炉灶，构建本土集群企业主导的全球价值链，即从原有的由跨国公司主导和构建的全球生产网络中退出来，然后通过构筑自主的价值链，进入自己主导的国际市场网络之中；二是提升自身的能力，顺势向"微笑曲线"两端延伸，即利用链内与先发企业的互动关系，获取知识的溢出，从而强化自主创新能力，在保持原有的通过代工等形式所具有的进入国际市场网络优势的同时，逐步沿着国际分工的阶梯由低附加值环节向较高附加值环节攀登。可见，在产品内分工的背景下，集群企业国际化成长的路径就是其成功切入主流全球价值链，顺利实现升级

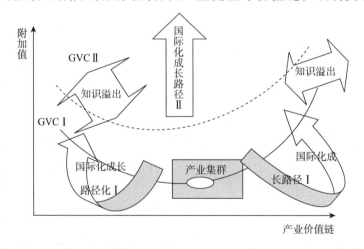

图1-1 新国际分工背景下集群企业国际化成长内涵

注：GVCⅠ代表原全球价值链；GVCⅡ代表自主构建全球价值链；○代表内嵌入全球价值链和本地集群中的企业。

的过程。然而有一点是无法回避的：无论是路径I还是路径II，实现国际化成长的基础和关键都在于先期集群企业能够利用与跨国公司的网络协作关系获取知识的溢出实现自身知识与技能的积累和提升。

第四节 研究思路与方法

一 研究思路

本书主要研究"集群企业国际化成长进程中如何获取知识租金"这一核心问题，揭示出同处于网络环境中的集群企业知识租金获取的差别及知识租金获取的机制。

在具体的研究进程中，本书进一步将上述核心问题细分为以下三个子问题进行探讨。

一是集群企业在嵌入全球价值链的过程中改善国际分工地位的重要经济学表征是什么？二是集群企业的网络环境特征是否会对集群企业在国际化成长进程中知识租金的获取产生影响，即外部网络特征属性与集群企业知识租金获取之间的关系。三是集群企业自身的动态竞争能力在集群企业国际化成长进程中获取知识租金时如何发挥作用，即作为组织间的网络能力和作为组织内的吸收能力与集群企业的知识租金获取和实现国际化成长之间的关系如何。

紧密围绕上述问题，我们从对当前理论界主要的相关文献综述出发，分别从嵌入性和动态竞争能力的分析视角切入，深度剖析集群企业国际化成长进程中知识租金的获取机制，构建本书的概念模型以及提出研究假设。接着，在通过大规模问卷调查与统计实证检验的基础上，归纳出本书的主要研究结论，并为国际化的集群企业和政府相关管理部门提出政策建议。技术路线是科学合理解决研究问题的指导性框架，本书的具体技术路线如图1-2所示。

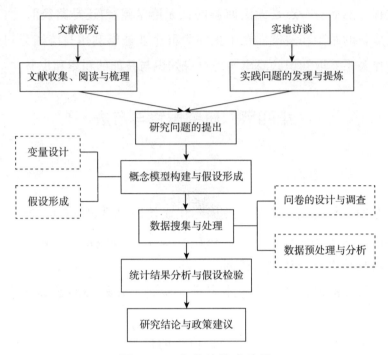

图 1 - 2　本书的技术路线

本书是在上述技术路线及研究流程的具体指导下紧密地围绕研究主题依次展开理论分析和实证检验的。具体而言，本书针对所要研究的问题将研究内容的整体结构从以下八个部分展开，即导论、理论基础与文献综述、概念模型与研究假设、研究设计与方法论、实证分析与统计检验假设（嵌入性视角下集群企业国际化成长进程中知识租金获取机制实证研究、能力视角下集群企业国际化成长进程中知识租金获取机制实证研究、基于网络能力与吸收能力耦合的集群企业国际化成长进程中知识租金获取机制实证研究）、研究结论与政策建议，具体的研究结构安排和拟解决的主要问题如图 1 - 3 所示。

第一章：导论。该部分从研究的现实和理论背景及意义出发，提出拟研究的主要问题，明确研究的对象和关键性概念，并对全书的技术线路、研究方法、章节安排以及可能取得的创新之处进行介绍。

第二章：理论基础与文献综述。该部分分别对网络嵌入性理论、网络知识经济时代的企业能力、后发国家集群企业依托全球价值链实现国际化成长相关研究进行了总结和述评，并为后续章节构建集群企业国际化进程中知识租金获取机制概念模型提供了一个理论支撑平台。

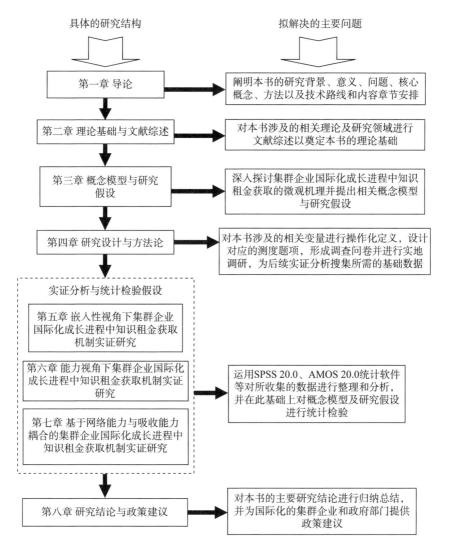

图 1-3　本书的章节安排

第三章：概念模型与研究假设。基于文献综述及理论基础的探讨，该部分提出本书的概念模型，同时结合现有学者的研究成果，就网络嵌入性、知识租金获取及集群企业国际化成长和网络能力、吸收能力、网络能力与吸收能力耦合、知识租金获取及集群企业国际化成长之间的影响关系提出假设，从而形成本书待证实的经济模型。

第四章：研究设计与方法论。该部分主要阐述了本书的设计过程和采用的研究方法，主要包括以下工作：其一，对调查问卷的设计过程及避免产生偏差的措施、样本对象的选择及数据搜集方式进行了基本介绍；其二，在第三章所构建的概念模型的基础上，参考相关领域的成熟量表及学者的研究，对本书中嵌入性、网络能力、吸收能力、知识租金及集群企业国际化成长的相关概念进行操作化定义，并提出具体测度题项；其三，对本书所选用的因子分析、相关性分析、结构方程建模分析以及灰色关联分析进行了简单介绍。

第五章：嵌入性视角下集群企业国际化成长进程中知识租金获取机制实证研究。该部分首先对正式研究的数据进行了描述性统计分析；其次运用 SPSS 20.0 和 AMOS 20.0 进行问卷的信度、效度分析，确定变量的因子结构和数据质量；最后利用获得的问卷调查数据、结构方程模型对概念模型和研究假设进行了检验，分析了变量间的作用机制，将检验结果与理论假设、已有的研究结论进行比较、分析和讨论。

第六章：能力视角下集群企业国际化成长进程中知识租金获取机制实证研究。该部分的研究过程与第五章类似。

第七章：基于网络能力与吸收能力耦合的集群企业国际化成长进程中知识租金获取机制实证研究。该部分首先对网络能力与吸收能力耦合机制作用的外部环境、全球生产网络中的跨国公司知识溢出的经济效应进行阐述；其次从集群企业的网络能力与吸收能力这两个企业竞争优势能力子系统的耦合关系出发，分析在嵌入跨国公司主导的全球价值链组成的全球制造生产网络中，集群企业网络能力与吸收能力的交互耦合机理；最后探寻集群企业网络能力与吸收能力耦合的知识租金获取及实现国际化成长的逻辑，并在此基础上构建"网络能力与吸收能力耦合、知识租金获取及集群企业国际化成长"的概念模型。鉴于概念模型中作为组织间能力的网络能力与作为组织内能力的吸收能力在协同演化过程中存在相互影响和相互制约的关系，且该关系会受内外环境的影响而不断变化，具有不确定性，即具有灰色模糊性，因此，采用灰色关联分析方法对该系统要素之间的关系进行分析计算。

第八章：研究结论与政策建议。该部分主要从以下两方面展开：其一，对本书的研究结论再次进行归纳、提炼与总结；其二，基于实证研究的结论，为国际化进程中的集群企业与政府相关管理部门提供政策建议。

二　研究方法

伟大的思想家培根指出"方法掌握着研究的命运"。在选择具体方法进行科学研究时，首先需要考虑以下三个基本问题。其一，我们所从事的科学研究需要回答的问题属于什么类型？其二，作为研究的当事人对研究对象及研究过程本身有控制力吗？其三，我们所从事的科学研究的时间维度，即它主要属于当前发生的事情，还是过往发生的事情？本书的主题是旨在探讨集群企业在国际化成长进程中的知识租金获取机制，本书主要分为两个研究视角、五个子模块。由于各个子模块关注的焦点不同，因此我们在进行具体研究时所选择的研究方法也必将有所不同。

本书严格遵循规范研究与实证研究相结合、定性研究与定量研究相结合的原则，按照"文献阅读与理论推演—形成假设—数据采集—实证分析—纵向延伸—形成结论"的研究思路逐层深入，并根据五个子理论模型各自的特征属性选择不同方法与之相匹配。本书实证研究了网络嵌入性、动态竞争能力、知识租金获取对集群企业国际化成长的影响机理。在大量查阅国内外相关文献的基础上，通过理论演绎构建本书的概念模型并提出了研究假设，同时通过大样本问卷调查的形式对苏州地区外向型集群企业进行了调查研究，对回收的数据采用 SPSS 20.0 和 AMOS 20.0 等软件进行了分析和假设检验。主要的研究方法包括文献研究与理论分析、实地调研与专家访谈、调查问卷及大规模统计分析、灰色关联分析等，具体阐述如下。

（一）文献研究与理论分析

通过检索和阅读国内外相关资料，价值链、吸收能力、网络能力等相关理论的基本观点，描述了集群企业网络的关系性嵌入、结构性嵌入和吸收能力、网络能力的分析维度、概念内涵、过程模型及研究现状，为本书理论视角的奠定、研究假设的提出、测度量表的设计以及分析工具的运用提供了素材。本书在对相关文献进行深入分析和梳理的基础上，通过理论演绎分析，构建了理论分析框架及概念模型，为实证分析奠定基础。

（二）实地调研与专家访谈

2013 年 5 月至 9 月，笔者参与了 2011 年国家社科基金项目"新国际分工背景下集群企业国际化成长机制研究"，得益于该基金项目的支持，笔者与课题小组成员深入苏州及长三角区域外向度较高的产业集群，对当地的集群企业进行实地调研与访谈。在调研过程中，课题小组曾多次与上述地区集群内的相关专家、管理者进行深入访谈（访谈的对象主要涉及集群企业内中、高层管理者，企业技术、营销骨干以及当地政府内分管集群服务部门的领导等）。通过与上述多位专家、管理者的深度座谈及交流，我们对中国长三角区域的外向型集群和集群企业有了较为详尽的了解，更为可贵的是，当地专家及管理者对访谈中相关内容的解释和介绍为本书内容的展开提供了大量的第一手研究素材，这些能够帮助本书尽量与嵌入全球价值链的集群企业经济发展的实践贴近。

（三）调查问卷及大规模统计分析

在本书中，我们在前期文献研究和调研访谈的基础上采用了问卷调查方法，即通过科学的调查问卷设计，利用相关资源和各种渠道大规模发放与回收问卷，采集到了足够数量的网络嵌入性、吸收能力、网络能力、知识租金获取及集群企业国际化成长等数据，为下一步的统计、实证分析做了准备。

基于大规模问卷调查收集到的数据，本书使用 SPSS 20.0 统计软件对调研数据进行描述性统计分析，信度、效度检验以及 Person 相关统计分析，对研究模型中包括的各研究变量以及变量之间的关系进行了统计分析和假设验证；同时运用 AMOS 20.0 软件进行验证性因子分析、分析测度模型和结构模型的整体拟合情况以及检验概念模型和本书提出的研究假设。通过科学的统计分析，本书得出若干对于助推嵌入全球价值链的集群企业顺利实现国际化成长的理论和实践均有一定参考价值的结论。

（四）灰色关联分析

在集群企业国际化成长的进程中，作为组织间能力的网络能力与作为组织内能力的吸收能力在协同演化过程中存在相互影响和相互制约的关系，但其受内外环境的影响而不断变化，不是完全确定的，而是一种灰色关系，鉴于上述变量间的这种关系，本书采用灰色关联分析方法对该系统要素之间的关系进行分析。

第五节　本研究的创新点与不足

一　研究的创新点

本书围绕全球价值链分工、知识租金、网络嵌入性、动态竞争能力以及集群企业如何实现国际化成长这些基本问题，在现有研究的基础上，通过严密的理论分析与逻辑推导，形成了概念框架"嵌入性—动态竞争能力—知识租金获取—集群企业国际化成长"，并在此基础上通过问卷调查和大样本数理统计分析，检验、分析了该框架的正确性和有效性。与以往的企业国际化、产业集群、嵌入性、全球价值链理论等研究领域的研究成果相比，本书在以下方面进行了深化和拓展。

第一，为集群企业国际化成长的研究提供新视角。已有的理论研究虽然勾勒了企业网络的特征属性或动态竞争能力给企业带来的竞争优势，但对于集群企业的外部网络嵌入性、自身动态竞争能力影响知识租金获取进而实现国际竞争力提升的机理及其作用机制的研究仍显不足，并且当前的诸多研究结论尚存分歧。有鉴于此，本书严格遵循"结构—行为—绩效"的分析逻辑，构建"嵌入性—动态竞争能力—知识租金获取—集群企业国际化成长"的理论框架，旨在充分揭示企业网络与自身动态竞争能力的协同演化机理及其对知识租金获取的影响，这为我国外向度较高的集群企业在全球制造网络中的学习演化和战略上转型升级进而实现与全球市场的顺利对接提供了一个崭新的视角。

第二，对全球价值链内跨国公司知识溢出对集群企业创新绩效提升及国际化成长的作用机理进行了深度剖析，揭示了全球生产网络影响集群企业国际竞争力的本质过程。本书旨在通过研究网络知识经济时代、网络嵌入性特征及企业自身的动态竞争能力来间接地讨论网络间知识溢出效应对集群企业竞争优势的影响效果。在对以往文献进行梳理的基础上，本书创造性地构建了包含网络嵌入性、动态竞争能力、知识租金获取、集群企业国际化成长等变量的概念模型，从而将知识与集群企业的价值创造、价值分配过程和结果有机地联系起来，将知识资源纳入集群企业竞争优势构建的统一分析框架。通过问卷调查和大样本统计分析发现，从价值创造的视角来看，知识租金的获取直接作用于集群企业国际化成长，网络嵌入性和动态竞争能力通过增强集群企业知识创新能力，促进知识租金的获取从而助推集群企业实现国际化成长。从价值分配视角来看，全球价值链内跨国公司的知识溢出在促进嵌入链内集群企业的价值创造的同时也导致了其对跨国公司的依赖，损害了它在创新成果中的利益分配，即知识租金分配，而集群企业通过自身动态竞争能力的提升则会提升知识租金的获取能力，改变双方相对议价地位，从根本上提升本土集群企业的产品附加值和全球价值链地位。这些发现对全球制造网络中集群企业有效管理网络和运用全球价值链内知识溢出效应提高创新绩效、获取持续竞争优势、实现国际化成长具有重要指导意义。

第三，对两个关键性构念"集群企业国际化成长"及"知识租金"在网络组织情境下的内涵进行重新诠释与解读。在网络组织（本地集群网络与全球生产网络）情境下，在前人研究的基础上，本书将集群企业通过结网协作进行跨组织知识创造获取的超额利润归纳为"知识租金"，将集群企业国际化成长的内涵解读为"集群企业依托全球价值链以实现链内价值攀升为特征、以提高产品附加值为导向进而获取国际竞争力的过程"，这些都将大大丰富与发展现有的企业国际化和租金理论。

二 研究的局限性与展望

当前，中国正致力于构建创新型国家，在这一实践背景下作为微观经济活动的主体——集群企业如何嵌入跨国公司主导的全球价值链中，实现转型升级和自身创新能力的提升的研究已成为管理学研究领域的重要热点之一。围绕这一前沿研究方向，很多学者的研究成果已经陆续发表于各类顶尖的国际学术期刊之上。本书继承性地综合运用了这些研究成果及分析方法，并结合中国外向型集群企业实地调研的现实情况，通过严密的理论分析与逻辑推导，分别构建了嵌入性视角下和能力视角下集群企业国际化成长进程中知识租金获取机制模型，而后再通过借助 AMOS 20.0、SPSS 20.0 等统计软件进行数理统计，以分析与验证所提出的理论假设的正确性与有效性，并对模型进行修正与完善，得出了一些重要而有意义的结论，可以说整个研究过程均力求做到科学、严谨。但是，囿于所研究问题的复杂性，笔者个人知识结构、研究条件以及科研能力等客观因素的制约，本书对集群企业国际化成长进程中知识租金获取机制的实证分析仍存在许多不足和有待完善之处，需要在未来的研究中加以改善，并进一步深化。本书中所存在的局限性和不足之处主要表现在以下几个方面。

第一，研究变量有待进一步丰富。集群企业依托全球价值链实现国际化成长的经济实践活动的展开是复杂的。而在本书中，我们仅仅将影响我国集群企业国际化成长进程中知识租金获取的因素设定为关系性嵌入、结构性嵌入、网络能力、知识能力，这可能会忽略其他一些潜在的重要变量。因此，在后续研究中，我们可以考虑在已经验证的概念模型中放入更多的变量，力图更为全面地探寻我国集群企业的国际竞争力提升与国际化成长的问题。比如，杨忠等（2007）认为企业家的个体特征是企业国际化动机产生的重要因素。从组织内部来看，企业家的个体特征、高层管理者的国际化经验、企业制度、企业文化等因素都会对企业的国际化产生重要影响。Martin 和 Wenpin 等（2003）认为作为企业经营活动的管理者和战略决策者，企业的高层管理团队可以帮助企业获得资源，形成内部核心能力，提升企业国际化的速度。因此，高层管理团队的国外工作经验、教育经历、全球化眼光、对环境的敏感程度会对企业的国际化产生重要的影响。值得一提的是，我们仅仅选择了从企业组织的微观层面来探讨集群企业的国际化成长，而没有考虑国家、社会等宏观层面的一些因素，比如，行业特征、国家的政策法规、汇率、政府的支持等。因此，在今后的研究中我们应该考虑引入更多的研究变量来丰富理论模型。

第二，对研究方法的进一步改进。在研究方法上，由于本书侧重于数理实证分析以及研究条件的限制，实证研究的主体部分主要采取了基于问卷调查的经验研究以获取具有统计意义的大量样本数据。这一研究方法一般用于验证概念模型的合理性和正确性，解释事实的现状，但不能探究事实的真实原因或逻辑关系，属于一种广度研究，而非深度研究。该方法具有规模性和广范围性，这也就限制了我们对某一特定产业集群、某一特定集群企业进行深入和细致的调查访谈。由于缺少较为详尽的一手资料，且囿于篇幅所限，本书没有针对理论研究结论进行系统的个案实证研究，进而体现为在研究方法上存在一定不足。故今后，我们在对集群企业国际化成长进程中知识租金获取机制的内在关系的探讨时还需要进行更加深入的实地研究和探索性的案例研究，以识别其他影响因素或中介变量，并将其纳入模型，从而建立更为完善的理论模型，以解释集群企业国际化成长进程中知识租金获取的内在机制。而且，这样的研究最好是纵向追踪性质的，将集群企业知识租金获取的具体过程与国际化不同时期的绩效表现联系起来，论证具有知识租金获取能力的不同企业具有不同的国际竞争力，处于国际化成长的不同阶段；知识租金获取随着国际化经验和知识的积累不断改善。

第三，研究对象进一步增加和细化。当前我国外向型集群企业开始陆续向内陆进行产业梯度转移，所以，未来我们应当采取更加随机的方式进行抽样，选取不同地域的企业作为研究对象，使样本更具代表性，既要选择发达地区（如上海、广东、浙江等地）的企业样本，也要选取欠发达地区（如江西、安徽等地）的企业样本。另外，样本除了在地域上要进行一定的扩充外，在行业类型方面亦要进行一定程度的丰富，因为伴随着改革进入深水区，我们在越来越多的领域与跨国公司进行了深度的合作，所以，在未来的研究中，我们可以选择现代服务类型企业、农业企业等作为研究对象。此外，为了提高研究结论的针对性，研究对象还需要进一步细分，如专门针对不同集群企业或者某一全球产业价值链展开研究。只有通过研究对象的增加和细化才能提升研究的概化程度，结论的可靠性、科学性。

第四，寻求对变量测度更为科学、客观的方法。在研究设计的过程中，对于本书涉及的相关研究变量，我们也曾考虑采取客观数据进行测度，比方说集群企业国际化成长数据可以通过企业统计报表来获得，但是这类数据对很多国际化集群企业来说具有高度敏感性，所以无奈放弃，最终决定全部采用问卷调查方式获取本书的样本数据。这种主观的评价方法不可避免地会存在测度偏差和缺陷，影响到数据的可靠性与准确性，自然也会对研究的结果产生影响。因此，在后续研究中，我们应尽可能采用多样的、客观的方式对上述变量进行测度，这样做出的研究可能更加精细，研究的结论就会更具可靠性、有效性与可重复性。此外，本书的一个潜在缺陷来源于所使用的表征集群企业国际化成长、知识租金获取、网络能力、吸收能力、关系性嵌入、结构性嵌入等构念的范畴。书中使用的构念均是在回顾大量的文献和听取相关专家意见的基础上构建的，尽可能地包含了多家理论观点。但是建立一个有效的、可靠的测度工具是一个持久的、不断改进的过程，没有哪一种测度技术能够充分反映组织学习的广度和复杂性，本书很可能遗漏了上述潜在变量，在未来的研究中，我们将进一步汲取相关研究领域的成果并进行量表的完善。

第二章　理论基础与文献综述

　　一个新理论的提出都基于一系列的假设条件和理论基础，理论构建的背后有着其内在的逻辑推演。因此，理论的发展不仅仅是提出新的概念与命题之间的组合，其逻辑前提与理论基础的阐释也是理论发展的重要组成部分。本章将围绕第一章中所提出的研究问题并结合研究方向进行相关领域的文献综述，以期能够在继承前人研究的基础上构建本书的理论基础。网络嵌入性是集群企业实现国际化成长的外部重要环境特征属性，因此，第一节首先对网络嵌入性相关领域的文献进行梳理；作为动态竞争能力的组织内能力——吸收能力和组织间能力——网络能力使集群企业激活网络中知识资源，实现经济价值——知识租金的能动因素，因此，第二节分别对吸收能力、网络能力相关领域的研究文献进行系统梳理。此外，在网络、知识经济全球化的背景下，集群企业实现价值的经济表征的租金形式和实现国际化成长的内涵都发生了变化，因此，第三节对上述领域的文献进行了梳理和归纳。以上三类文献综述研究构成了本书概念模型的理论基础。

第一节　网络嵌入性理论与研究综述

　　网络嵌入性（Net Embeddeness）——作为新经济社会学的核心概念，能够较好地表征企业在其所嵌入的网络中的地位及其与网络中其他合作伙伴间的关系属性。嵌入性理论认为，经济主体和经济行为融入不断发展的社会结构、关系模式之中,而这些社会结构与关系又会反过来作用于经济主体与经济行为(Granovetter, 1985)。企业的嵌入程度决定了企业在网络内聚集、整合和配置关键性战略资源的数量与质量,并最终影响企业在网络中的行为与绩效。目前,网络嵌入性作为连接社会学、经济学与管理学理论的有力桥梁,已成为网络经济背景下学者们研究企业行为的重要视角及工具。以下,本书从网络嵌入性概念的起源及发展、网络嵌入性的分类、网络嵌入性对企业知识转移及竞争优势的作用研究三方面对当前理论界就网络嵌入性相关研究状况进行梳理和总结,力图为本书探讨集群企业国际化成长进程中知识租金的获取机制概念模型构建寻找理论基点。

一 网络嵌入性概念的起源及发展

网络嵌入性的观点是在与主流经济学的"原子论"的学术争辩中产生的,在《大变革》(*The Great Transformation*)一书中,Polanyi 首次提出了"嵌入性"的概念并且将其纳入经济学的分析框架内。Polanyi 认为"人类经济嵌入或缠结在经济或非经济的制度当中,非经济制度的引入是非常重要的,因为在分析经济的有效性时,宗教和政府可能像货币制度或减轻劳动强度的工具与机器的效力一样重要"。在该书中,Polanyi 将经济活动划分为互惠、再分配和交换三种形式,在不同制度环境下嵌入性形态是不同的:以工业革命为界限,在工业革命之前的非市场经济中,经济生活是以互惠或再分配的方式为主的,是嵌入社会和文化结构之中的,因为这一阶段的市场交换机制尚不成熟,非市场经济占据主导地位;而在工业革命之后的市场经济中,伴随着市场交换机制逐渐完善、在经济活动中占据统治地位,人们在经济活动中往往遵循"利益最大化"的原则——主要由市场价格来决定,此时经济活动体现的是"非嵌入性"的特征,即不再受社会、文化结构、习惯、风俗、制度等的影响。

然而，在当时，Polanyi 所提出的嵌入性思想并未引起主流学术界（古典社会学和新古典经济学）的注意。此外，他的这种"市场经济的非嵌入性"的观点本身也是片面的，学者 Winter（1982）就曾反驳性地指出：理解市场问题的关键因素需要在行为人所处的社会关系中寻找。事实上，Polanyi 在其后来的学术著作中也修正了其"市场经济体制的非嵌入性观点"，认为市场经济同样嵌入社会和文化结构当中。

而真正对嵌入性研究的兴起起到推动作用的是 Winter 的学生Granovetter，他在《美国社会学期刊》（1985）上发表了一篇对嵌入性观点来说具有里程碑意义的重要文章《经济行动和社会结构：嵌入性问题》。此文一发表就引起学术界的广泛关注，在以后 20多年间被引用的次数累计超过了 5000 次，成为《美国社会学期刊》历史上被引用最多的文献。在该文中，他在批评新古典经济学在经济分析时存在"社会化不足"和古典社会学在社会分析时存在"过分社会化不足"的基础上，提出应该对上述两者进行平衡折中，由此引入了对上述两种观点进行融合平衡的嵌入性观点。嵌入性理论认为：人类行为始终嵌入具体的、不断变化的社会关系之中，无论是在工业社会还是在前工业社会，只是在各个社会中嵌入的程度与方式有所不同而已。自此，嵌入性思想受到主流学术界越来越多的关注，诸多学者对经济活动中的嵌入性展开了不同的主题研究：有的学者探讨了网络构成主体，有的学者探讨了网络治理的影响因素，有的学者探讨了网络演进的事前因素与过程因素，还有的学者探讨了网络绩效的测度及网络绩效的影响因素等。

二 网络嵌入性的分类

随着嵌入性理论研究的逐步深入，不同学者根据自己确定的不同研究主题对嵌入性进行了一些分类，以下为本书梳理出的其中较为经典的且在主流研究中被认可的三种网络嵌入性分类。

（一）关系性嵌入与结构性嵌入

关系性嵌入和结构性嵌入分析框架是由经济学家 Granovetter（1985）提出来的，它是嵌入性理论分析中最为经典且在与其他理论研究领域的融合中应用最为广泛的分析框架。

社会学研究领域中的社会资本是关系性嵌入的主要理论溯源，其主要聚焦于网络内各类合作主体基于互惠预期而发生的双向关系（如信任关系、协作关系等），强调直接联结作为交换优质信息的机制所起的作用（Granovetter，1985），可以从联结关系的内容、方向、延续性及强度等方面来衡量联系的强弱。目前在学术界的相关经验分析中，学者们主要从互动的频率、亲密的程度、关系持续的时间以及相互间提供服务的内容等方面对关系联结的强弱进行刻画。他们的研究结论也陆续证实了关系性嵌入对组织间的合作、资源的交换和组合、共享性知识的开发等方面都产生深刻影响，特别是行为主体间的紧密程度、信任、合作规范等都会影响到企业对未来经济绩效以及合作的价值预期（Granovetter，1985）。

经济学中的社会网络理论则构成了结构性嵌入的理论溯源，结构性嵌入理论的研究视角主要聚焦于网络参与者间相互联系的总体性结构，它旨在强调网络的整体功能和结构，同时也关注企业作为网络活动中的节点在整体网络中的结构位置，一般来说是通过网络规模、密度、中心度、中介度等定量指标对其进行描述和刻画的（Granovetter，1985）。在结构性嵌入理论研究中，以经济学家 Burt（1992）提出的"结构洞理论"最为瞩目：企业在网络中拥有"结构洞"数量的多少决定了企业在整个信息传递网络中占据有利位置的可能性，"结构洞"位置能够较好地体现企业在网络中的"桥梁"作用。

（二）结构嵌入性、认知嵌入性、文化嵌入性与制度嵌入性

从企业所处的社会情境出发，Zukin 和 Dimaggion（2002）将嵌入性划分为认知嵌入性、制度嵌入性、文化嵌入性和结构嵌入性四个维度，它们对于企业的行为和绩效都会产生重要影响。

认知嵌入性是指经济活动主体在进行行为选择时会受周边环境和原有思维意识的引导或限制，企业组织长期以来形成的默会的群体认知对企业的战略选择、执行和日常运营会产生重要影响。制度嵌入性是指行为主体所处的政治环境、政治体制、权力结构会对主体行为产生影响，它强调了法律系统、税收、阶级政治等制度因素对经济行为的制约，认为企业会根据其所处社会情境的制度安排及知识图式来约束自身行为。文化嵌入性是指行为主体在进行经济活动时受传统价值观、信念、信仰、宗教、区域传统的制约，它侧重于关注共同的信念与价值观等社会文化因素对于组织的经济行为、组织的结构及组织的管理过程产生的影响。而结构嵌入性则与 Granovetter（1985）提出的网络嵌入性概念内涵基本接近，同时涵盖了网络的结构属性和关系联结属性对经济主体在网络中所处位置及其与经济绩效之间的关系，强调经济活动行为及绩效受到网络嵌入性的影响和制约。上述分析表明：Zukin 和 Dimaggion（2002）对网络嵌入性的四个维度的划分建立在 Granovetter（1985）嵌入性概念基础上，这种划分进一步拓宽了网络嵌入性研究的内涵，使其在社会学、经济学与管理学的交叉研究中彼此交融。

（三）业务嵌入性与技术嵌入性

以上两种典型嵌入性分类框架主要是将研究的视角聚焦于企业的外部环境、网络结构特征与社会关系，而学者 Andersson、Forsgren 和 Holm（2002）则将研究的视角聚焦于企业内部运营和价值链，将嵌入性划分为业务嵌入性与技术嵌入性两个维度。前者主要强调企

业改变自身业务行为以适应外部业务合作伙伴，能够较好表征企业与外部供应商、顾客间关系的亲密程度；而后者则强调企业凭借外部业务联系进行产品调试或工艺开发的过程，能较好地反映出嵌入网络内的企业间在进行产品开发过程中的相互依赖程度。

除上述三种经典的网络嵌入性分类理论框架外，学者们还提出了其他理论分类框架，其中较有影响力的代表性分类主要包括：学者 Hagedoorn （2006） 从嵌入性的层次角度出发将网络嵌入性划分为环境嵌入性 （Environmental Embeddedness）、组织间嵌入性 （Interor-ganizational Embeddedness） 和双向嵌入性 （Dyadic Embeddedness） 三种类型；许冠南等 （2011） 从产业链的角度出发将嵌入性划分为上游嵌入性和下游嵌入性两种类型等。

总之，在通过对当前学术界涉及嵌入性分类框架的梳理过程中，我们不难发现结构性嵌入与关系性嵌入的二分法是最为基础和经典的，其他的对网络嵌入性的划分大都是由此演化而来的。所以，在本章中，我们将采用结构性嵌入与关系性嵌入的分类方法对网络嵌入性进行分析。

三 网络嵌入性对企业知识转移及竞争优势的作用研究

诸多研究都证明，外部网络主要以两种嵌入的方式影响网络内行为主体的经济行为绩效。一是关系性嵌入 （Relational Embeded-ness），即经济行动者嵌入其所在的关系网络中并受其影响和决定。它以双边交易的关系质量为基础，表现为交易双方重视彼此间的需要与目标的程度以及在信用、信任和信息共享上所展示的行为。二是结构性嵌入 （Structural Embededness），即从更为宏大的层面描述网络内经济行为者所构成的关系网络嵌入由其构成的社会结构之中，并受到来自社会结构的文化、价值因素的影响或决定。它关注的是网络内行动者在整个网络结构中所处位置的信息问题。在集群企业国际化成长进程中，企业通过与全球价值链内的跨国公司的密切产业关联嵌入一个以自身为核心、以知识租金有效获取为目的的外部网络中，集群企业知识租金获取的效果必定会受到这种网络嵌入性的影响。以下，本章借鉴主流嵌入性分析框架，分别从关系性嵌入和结构性嵌入的视角对网络嵌入性如何促进集群企业竞争优势的构建的代表性研究进行总结归纳。

（一）关系性嵌入视角

嵌入网络中的企业可以通过创造关系资产实现网络内协作伙伴间的共同学习与知识交流，降低外部不确定性，并以较低交易成本获取构建竞争优势所必需的各种关键性资源和能力，所以说企业所嵌入的外部网络是影响企业经济行为与绩效的重要因素。

我们参考学者 Rowley（2000a），Coniraetor 和 Lorange（1998）对战略性联结的分类方法，根据联结中资源承诺程度的高低将内嵌在网络环境中的企业间联结划分为强联结和弱联结两种类型。强联结具有较高程度的资源承诺性，网络内合作双方必须在获得利益之前进行投资，包括权益联盟、合资、研发的风险合作等；而弱联结的资源承诺性相对而言则小得多，类似于距离型的交易，网络内的合作双方可以进行即时的价值交换，包括市场协议、许可以及专利协议等。当前学术界关系性嵌入视角的研究主要探讨的就是网络联结的强、弱对内嵌在网络中的企业知识转移及竞争优势的影响，通过对近年来学术界该领域研究成果的梳理发现，研究结果大相径庭，以下具体阐述学术界涉及关系性嵌入对企业竞争优势的影响机制，主要形成了四种观点。

观点一：弱联结优势

该观点认为弱联结是指网络内的行动者与网络内其他主体的一种松散联系，弱联结能够赋予网络内行为主体更多的接触、获取高异质性的信息和知识的机会（Granovetter，1999；Nelson，1985；Krackhardt，1992）。其中最具代表性的学者便是 Granovetter，在其

1973 年发表的著名论文《弱联结的优势》（The Strength of Weak Ties）中首次提出关系性嵌入的概念，并将其划分为强联结与弱联结。在该文中他表达了以下观点：强联结产生于特征相似的个体之间，因而该群体内部个体所了解的事物、事件往往相同，所以通过强联结获得的信息重复性很高；相反，弱联结产生于属于不同群体、社会经济特征各不相同的个体之间，由于其分布范围较广，拥有信息量充足，因而它能将其他群体的重要信息带给不属于这些群体的个体，也就比强联结更能充当跨越社会边界来获取信息及资源的桥梁。另外，在他公开发表的另一篇题为"弱联结的优势：一个网络理论的回顾"（The Strength of Weak Ties：A Network Theory Revisited）文章中提出"弱联结充当信息桥"的观点，即并非所有的弱联结都比强联结更具优势，只有成为"桥"的弱联结才能比强联结更具优势（Granovetter，1985）。

有的学者也持有类似的观点：网络内的行动主体通过弱联结的构建来保持组织个体间的差异性，以此来促进网络内各种新颖、异质性的信息和知识的流动和传播，而具备上述特征属性的信息或知识对于网络内行动者的知识创新更具价值；强联结的构建往往需要行为主体花费相对较多的资源和精力，这有可能影响组织内决策者对外部环境变化的迅速响应能力。此外，强联结通常是由相似背景、价值取向趋同的网络成员形成，所以成员间彼此提供的信息或知识的新颖性、异质性不足，这对于企业的创新价值不大。

观点二：强联结优势

该观点认为强联结虽然在提供多样化、异质性、新颖性的信息及知识资源上不占优势，但是它们往往能够通过高频率的互动、面对面的交流等多种方式来促进网络内协作伙伴间亲密关系的建立，并以此为手段来助推网络内经济活动主体间复杂信息的交换和高质量隐性知识的获取。此外，强联结虽然对于组织决策者最大化外部环境变化的认知和潜在适应性反应存在短处，但是其擅长帮助网络内行动者辨认外部威胁的影响和评估这些威胁的潜在反应，并通过增加彼此间的交流和信息共享增进彼此间信任，降低资源（包括知识）获取的不确定性和风险，这些对于知识（特别是复杂的隐性知识）的获取和转移，增强适应性的社会学习，降低外部环境的不确定性和提高组织或个人的危机处理能力都有积极意义，这些都有利于企业获取网络内竞争优势。

国内外的学者们通过一系列的经验性分析来证实强联结对知识转移、信息共享及创新的影响。

McEvily 和 Areus（2005）以日本汽车产业中的 234 家制造商与其供应商为样本，对关系性嵌入与企业竞争优势之间的关系进行实证分析，结果发现：企业间信任、知识共享以及共同解决问题的安排这三个作为网络结构的组成元素可以很好地表征企业的关系性嵌入，三者在彼此独立的同时亦存在一定的关联性。企业间信任是指交易一方对另一方不会"乘人之危"，利用自己的弱点来获取机会性利益的信心；知识共享既涉及组织的显性知识，也涉及只有通过"干中学"才能传递的隐性知识；共同解决问题的安排，不仅能够降低交易合作双方的摩擦成本，提高组织的运作效率，降低生产误差，加速产品推出周期，同时还能够促进企业自身学习与创新水平的提升。总之，企业间信任、知识共享和共同解决问题的安排大大促进了企业间的合作与交流，特别有利于"黏滞性"知识的共享与转移，最终帮助企业构建核心竞争力。

吴晓波和韦影（2005）在以中国江浙地区的医药企业为样本的问卷调研中发现：企业与网络内协作伙伴间较强的关系性嵌入为企业间复杂、隐性知识的顺利转移搭建了高质量的流通渠道，这大大促进了企业自身技术创新能力的提升。

王炯（2006）对外向型中国制造行业的 128 家代工集群企业进行了样本抽样统计分析，实证分析的结果表明：跨国公司与代工企业间较强的关系性嵌入能促进本地集群企业从国际旗舰企业获取知识溢出，进而有助于提升本地集群企业的创新绩效。

观点三：非线性关系

前面阐述的两种观点：强联结优势和弱联结优势理论均将关系性嵌入与网络内行动主体的经济行为与绩效视为线性的，然而学者Uzzi（1996）在前人研究的基础上，以美国纽约地区23家制衣行业的企业为样本进行实地调研分析，深度探寻关系性嵌入与企业绩效的关系，在此基础上提出了著名的"关系性嵌入悖论"：嵌入性的联结是企业获取有价值知识的重要渠道，它比距离型交易更加有效率，其通过信息共享、信任与共同解决问题等作用机制，更有利于非独立知识与隐性知识的转化与传递。强联结的确有利于知识（尤其是复杂的隐性知识）的顺畅传递与转移，但是过度嵌入又可能会使企业决策者的视野受到限制，从而导致企业绩效下降。换言之，网络嵌入性的理想强度需要处于适度状态，"过度嵌入"或"嵌入不足"都不利于企业的绩效提升，网络嵌入性和企业绩效之间存在倒"U"形关系，企业只有在市场交易关系和长期稳固联系之间取得平衡才能获取竞争优势。类似地，Rowley（2000b）也认为，强联结比弱联结需要更高程度的资源承诺性，而高程度的资源承诺性可能会阻碍组织内高层决策者对网络进行动态性的调整。

观点四：权变观点

此后，诸多学者在上述理论观点的基础上引入了"权变"的思想，在不同的外部情境下，强联结和弱联结对企业的知识转移和知识创新会产生不同的影响。因此，在构建经济模型的过程中，应当考虑引入行业特性、知识特性、网络结构等情境因素，将它们视为调节变量来调节网络嵌入性。

学者Rowley（2000c）在对美国钢铁产业和半导体行业进行实证研究中发现：无论是弱联结还是强联结均有利于企业打造自身的核心优势，只是在不同的状况（时间、目的等）下两者之间的关系不同。此外，网络嵌入性对企业的影响是与企业所处的外部行业环境密切相关的，于是其引入产业环境动态性这个情景变量，以作为嵌入性与企业绩效之间的调节变量。在企业外部产业行业环境相对稳定时，企业的战略导向侧重于对现有资源的利用，在此种境况下，强联结与紧密的网络合作关系能促进企业绩效的提高；而在企业外部产业行业环境相对波动时，企业的战略导向则侧重于对新机会、新资源的探索，在此种境况下，弱联结与松散的网络合作关系则能促进企业绩效的提高。

Hansen（1999）的研究同样表明：弱联结擅长传递公共信息或简单、显性知识，而强联结则擅长传递私有信息或复杂、隐性知识，两者在传递不同类型的信息和知识上存在显著性差异。而学者 Rowley、Behrens 和 Krackhardt（2000）的研究则认为：应该综合考虑关系性嵌入与结构性嵌入的交互作用给企业绩效带来的影响，而考虑被研究网络形成的目的、其行业特点、关系联结的类型以及网络成员的特点，是充分理解结构性嵌入对企业绩效影响的必要条件。

戴维奇等（2011）以中国江浙地区传统行业内的集群企业为样本进行大规模问卷调查分析时发现：集群内网络结构（主要包括网络规模、网络密度、网络中心性、网络中介性四类）对"非本地政治网络关系嵌入与公司创业"之间的关系起到负向调节作用。

范志刚、刘洋和吴晓波（2014）认为，网络嵌入性虽然能够帮助企业获得更多的资源，但真正地高效利用资源，还需要组织加强学习以提供协调柔性。

梁娟和陈国栋（2015）认为，只有当企业的动态能力与多重网络的嵌入方式相匹配时才能实现企业绩效。研究进一步指出，当网络嵌入类型为知识嵌入和关系嵌入时，企业应着重提高吸收能力，而网络嵌入类型为知识嵌入和结构嵌入时，企业则应着重提高创造能力。

胡雅蓓等（2017）以苏南国家资助创新示范区为研究对象，通过构建产业集群网络治理概念模型，利用 Ordered Probit 方法实证检验高科技产业集群网络嵌入关系下集群治理机制对创新绩效的影响。其研究结果显示：在产业集群网络内部，契约、政府公序与组织私序构成的正式治理机制与信任、声誉与集群文化构成的非正式治理机制之间，无论在强联结网络还是弱联结网络中均存在相互促进的互补关系。

由此可见，对于关系性嵌入对网络内企业知识获取和竞争优势构建的影响，学者们的观点虽然多种多样，但他们基本上都达成以下共识，即强联结和弱联结对于企业的知识创新都是有价值的，只是两者在不同的情境下对不同知识资源的获取发挥不同的作用。由此，本书将以网络嵌入性的影响机制为切入点，探索集群企业如何通过适度的关系性嵌入在全球制造网络中更好地整合、利用知识资源以获取竞争优势。

（二）结构性嵌入视角

网络结构性嵌入视角考察的是网络节点在所嵌入的网络中的联结强度和在整个网络结构中所处的位置状况，描述的是网络整体特征属性。企业通过合理的结构性嵌入可以从外部整体优化其所嵌入的网络，这对于密切网络合作伙伴间的关系、实现网络内关键性战略资源的充分共享具有积极意义。

具体而言，结构性嵌入主要是通过以下两个方面影响网络内集群企业竞争优势构建的。其一是网络的异质性。网络的异质性一般能给企业带来种类丰富或非冗余性的网络资源。资源的异质性能为企业技术创新的实现和竞争力的提升提供更多的选择或更多种创新要素组合的机会（Limingetal，1995；Franke，2004），这是企业核心竞争优势构建的资源基础。其二是企业在网络中的位置中心性或者结构中心度。企业在网络中占据不同的位置，即处于网络内不同节点位置，就会产生迥异的信息优势，一般而言，处于中心节点位置的或具有可达性（或者说网络密度较大）的网络会获得较多的信息和资源控制优势。换言之，企业在网络内对关键性战略资源的获取就是依靠其不断改变，形成有利于自身的网络结构，并逐渐获取网络中心位置来实现的，因为网络中的位置优势能够为企业的可持续成长提供优质资源。

以下我们主要借鉴社会网络的分析范式，分别从个体结构性嵌入层面和整体结构性嵌入层面来考察网络内行为主体的结构性嵌入状况。个体结构性嵌入层面的考察是层面分析范式的逻辑起点，也涉及网络结构的关键层面，它着重关注网络节点在网络中的位置，如中心度、结构洞、介数等。而整体结构性嵌入层面则将视角延伸到整体网络的分析层面，着重关注网络内行为主体所属的整体网络属性，如网络密度、网络规模等。

视角一：以个体为中心所形成的网络结构

在学术界将网络位置当作企业赖以采取行动的依据的相关研究早已存在（McEvily, Zaheer, 1999），经济学家 Lin（1982）就是在对网络位置进行深入研究的基础上提出了社会资本理论。他在研究中将社会资源划分为个人资源和位置资源两大类型，并指出位置资源不仅涵盖嵌入网络组织位置的经济资源，还涵盖位置赋予组织自身的权利、声望等社会资源。在社会网络中，位置的占据者或许会经常变换，但是资源依附在位置上，不随位置占有者易主而发生变化，所以位置资源通常比个人资源要有价值得多。网络内不同的网络位置代表不同的信息、资源的获取机会，网络位置对网络内资源分布和网络内成员的经济行为会产生深刻影响。网络内处于关键节点的企业比较容易形成资源优势从而实现其自身核心竞争优势的构建。以下，我们根据研究的需要考察个体层面的两个重要网络位置参数：网络中心度（Centrality）与结构洞（Structural Holes）。

作为网络位置的重要研究参数——网络中心度是一种能衡量组织个体在网络中重要程度的有效工具，它表征了焦点企业通过介入复杂的网络联系而在网络中占据战略位置的重要程度（Wasserman,

Faust, 1994), 反映了焦点企业在网络中所处的地位次序 (王宇露、李元旭, 2009)。通过网络中心度我们可以判断企业是否处于网络中心枢纽地位和考察企业对信息、资源的控制程度。由于根据资源流分析的逻辑,网络联结是资产、信息和地位三种网络资源流动的通道,企业网络的高中心度会带来更大的资产流、信息流和地位流的容量和速度 (Gulati, 1998)。此外,中心行为者通常还享有较高的威望和更好的声誉,这有助于企业吸引网络内外的投资和优秀人才,帮助企业建立新的价值联结,并从这种积极的资源非对称性中受益。同时,由于中心行为者占据网络中心位置,其自身在网络内具备较高的可见度并拥有和控制更多网络节点间的资源转移路径,自然能够将网络内更多组织成员凝聚在一起,进行多层面的技术合作和交流,从而形成高密度的协作网络,这对于整体网络协作范式的形成与调整也会产生积极意义。

许多经验研究亦表明:集群企业的网络中心度越高,其知识获取能力、知识吸收能力以及知识创新能力也就可能越高。Rowley (1997) 等学者证实中心企业与网络成员间的多重联结促进了网络成员间的资源承诺,这种高水平资源承诺促进成员间的交流,提高了关系质量,有利于网络成员协调冲突,共同处理、解决问题。另外,中心位置的企业往往具有较强的创新意愿,自然也成为市场占有率、管理方式、生产技术或研发水平等方面的领导者。

Tsai (2001) 对美国食品制造业和石油化工业的 120 家企业进行实证研究的结果表明:网络中心性与企业的创新成果呈现显著的正相关关系。此外,他还引入吸收能力作为调节变量,考察企业吸收能力和网络中心度交互作用对企业创新绩效的影响,研究的主要结论为:网络中心度与企业创新绩效呈正相关关系;企业吸收能力与创新绩效呈正相关关系;企业吸收能力对网络中心度与企业创新绩效关系起正向调节作用。

郭劲光 (2006) 认为,企业网络中的成员按其在网络中位置的不同而差别地占有资源和结构性地分配资源，其中那些具有自主性、整合网络的能力，且能够形塑其他成员的核心成员或关键要素是网络中心的焦点企业，其往往占据了更多的网络资源，具有更强的网络控制力和影响其他网络成员的能力。

上述在对网络中心度与企业创新绩效及竞争力的提升的关系的探讨中，我们发现学术界主流观点认为二者之间是呈现显著正相关关系的，因此，占据网络中心位置的企业往往具有较好的创新绩效表现，但也有少数学者得出了不一致的结论，这主要是因为网络中心度高的企业可能存在关系锁定与束缚的危险，限制了企业对网络外部互补性信息、资源的利用和自身创新绩效的提高。

结构洞是又一个网络位置的重要研究参数。"结构洞"指的是两个联系之间的非冗余的关系。假设 A、B、C 三个节点组成一个封闭网络，若三个节点之间都有联结，则此时网络是封闭的，因为任何一点都可与其他两点直接联结。现假定 A、C 之间没有联结，但它们都与 B 相连，此时，B 所处的位置就是一个结构洞。"结构洞"是一个与"桥联结"类似的概念，意指在两个网络中的行为者之间成为相互联系的唯一途径（Friedkin，1980）。扩大结构洞或减少冗余联结是构建一个高效和信息丰富的网络的重要内容，所以它长期以来被视为知识的独特源头（Burt，1992）。

受熊彼特的创新理论和 Granovetter 的弱联结力量理论等思想的启发，Burt（1992）从结构视角提出了结构洞理论。该理论的核心思想内涵在于：网络中关系稠密地带之间的网络位置——结构洞是没有直接联结的，即"洞"中没有或很少有信息和资源的流动，但它能为活动于其间的其他企业提供获取新的信息和资源的机会，起到"桥联结"的作用，而这些占据"洞"的行动者亦因此获得了对跨越结构洞的资源流的掌控，借此实现自身社会资本的提升，获取独特的竞争优势，因此相对于网络内其他关系稠密地带的企业，占据"结构洞"的企业更具竞争优势。

从上述结构洞理论的内涵表达的核心思想中我们不难发现：相对于高密度、封闭特征属性的网络而言，Burt 的结构洞理论则涉及一种更为开放的网络。它描述了一个与科尔曼、布迪厄和普特南等所阐述的封闭网络完全相反的状况，主要旨在指导那些嵌入稀疏的、相互不联结的网络中的企业的经济活动。因为，封闭性或紧密性特征属性突出的网络更强调网络内部的凝聚力，它关注的是紧密或等级制网络如何降低网络内外与制裁、信任等相关的风险，而开放性或稀疏性特征属性明显的网络则更强调的是与自身不同个体之外的联系，它很好地诠释了机会如何为跨越结构洞的"中介人"增加价值，这是与社会资本使用者的表现密切相关的。此外，相对于封闭网络倡导的合作导向的价值取向，结构洞理论则倡导的是一种更具竞争意识的价值取向，因为处于结构洞位置的企业都力图通过在网络中进行信息资源的隔离和再分配使自身处于一个优势网络位置。

MeEvily 和 Zaheer（1998）在研究中发现地理集群企业与区域机构的"桥联结"为集群内的企业提供了新的信息、思想和机会。

Reagans 和 Zuckerman（2001）以公司研发团队为样本进行研究，分析、描述了科学家如何利用公司研发团队外部的非冗余网络资源提升研发创新效率。科学家的外部联结能够填补缺口或结构洞，跨越结构洞的科学家能够获取独特的知识和信息，以提升创造力与创新能力，提高整个研发团队的创新效率。

Bell（2005）在探讨网络结构对企业创新绩效的关系的实证研究中发现：企业内部的创新能力和外部网络的结构洞都能帮助企业提升创新绩效。他们认为结构洞赋予了企业快速获取非冗余、高质量信息的能力，而更新、更丰富、更多元化的信息或知识能提升企业产品和服务的创新能力，亦能加速其市场推广，最终提升企业绩效。

Tiwana（2008）在对创新搜寻项目联盟的研究中发现：跨越结构洞的"桥联结"虽然能提供创新潜力，但缺乏整合能力；网络内合作伙伴间的强联结虽然能提供整合能力，但缺乏创新潜力。"桥联结"提供创新潜力但缺乏整合能力的本质原因在于：桥联结跨越了结构洞，为获取多样化知识提供了机会，但是，企业只有凭借能力将这些知识有效地转移到企业内部，才能将其真正转化为企业的创新能力，而作为弱联结的"桥联结"不擅长转移知识。

总之，在企业网络中结构洞是普遍存在的，当前学术界许多研究都已经证明：占据结构洞的企业可以获得更多、更新的非冗余知识，具有网络关键性战略资源——知识资源获取收益和资源控制收益两大优势（见表2-1）。

表2-1　结构洞的竞争优势

优势类型	优势特征	产生优势的社会结构条件
资源获取收益	通路先机举荐	关系冗余与结构洞、网络信任大小、多样性内聚力、结构对等效率、有效网络结构洞与弱联结
资源控制收益	第三方收益、企业家动机	结构自主性、洞与企业家机会、初级洞及其限制、次级洞及其限制、洞的信号与结构自主性

资料来源：笔者根据现有文献整理所得。

视角二：以整体网络为分析焦点

以下我们将逻辑分析的视角转换到整体网络层面，亦是从微观层面分析上升为宏观层面。本书通过梳理目前学术界结构性嵌入领域的相关文献发现，学者们主要是从网络密度（Density）和网络规模（Size）对网络整体层面结构性嵌入状态进行考察。网络密度描述的是网络内企业间实际存在的联系数量占可能联系数量的比例。Coleman（1988）在其研究中指出：高密度网络会产生大量的企业间联系，这有利于缩短信息、资源等传递的平均路径，提高网络内信息、资源等的流动速度，因此，嵌入高密度网络内的企业更容易发展出组织间的信任关系、共享准则以及共同的行为模式。而网络规模则较好地刻画了企业所有直接联系的数量，它的大小决定了内嵌在网络中资源的规模及异质性，即网络成员之间的差异程度。一般来说，企业的网络规模越大，它就越有机会接触到更大范围的网络资源，并在更大范围内寻找到网络协作伙伴，在资源的共享互动过程中实现创新及自身竞争力的提升。

以下，我们分别对这两个从整体层面描述网络结构性嵌入特征属性的重要参数展开详细阐述。

网络密度是指实际拥有的连线数与最多可能拥有的连线数之比，它能较好地衡量网络内部成员发生相互联系的整体密集程度，一般而言，网络成员间相互联结程度越高，密度就越大。此外，网络密度还能描述网络中企业间的可达成度，大量的文献研究（Granovette，1985；Coleman，1998a；Zhao，Aiam，1998）都表明网络密度的提高对网络内各节点会产生影响：高密度网络缩短了信息传递的平均路径，这对于企业获取外部知识具有正相关作用；高密度网络会产生大量的企业间相互联结，这些联结会帮助网络内信息、知识或其他资源快速、大容量流动；高密度网络内企业间比较容易衍生相互信任的关系、共享的准则以及共同的行为模式。Granovette（1985）在其研究中指出：作为"封闭"系统的高密度网络更容易形成网络内组织成员间相互合作的信任、共同规则和共同行为模式，而且会对机会主义行为起到放大制裁的效果。因为网络内行动者的机会主义行为的相关信息会很快地扩散到网络内其他行为者处，使其遭受网络内集体制裁的威胁。因此，高密度网络能有效防范机会主义行为，促进信息的沟通和共享，从而保证了创新合作的信任、规范、权威和制裁等制度的建立和维持。上述分析表明：密集的网络关系是保证网络内相互信任、规范、权威和制裁等制度建立和维持的关键因素（Coleman，1990），嵌入密集网络中的企业成员更容易拥有共同的行为预期，形成和实施共同行为规范，这将大大促进网络内的分工协作，加速网络资源的传递和分享，提高企业决策者的创新决策和创新行为效率（Oliver，1996）。因此，网络密度越高，越有助于企业间的长期、稳定及持续性合作，促进创新。

　　然而，一些学者却在自己的研究中提出与上述文献研究相反的观点，其中比较有代表性的观点如下。

　　Burt（1992）的研究认为：高密度的网络内蕴含同质性知识、信息的可能性较大，网络内行动者间的联系很多都是重复过剩的，即彼此间的频繁接触并没有带来丰富、多样化、有意义的信息，因此高密度并没有产生实际效用和价值。而分散的、低密度的网络却往往更有利于网络内行动者获取多元、异质性的信息和发展机会。值得一提的是，网络内行动者彼此间扩大联系是需要投入大量时间和精力的，这是为增加联系而付出的经济代价，而消除冗余的联系反而能使行动者在稀疏的网络中获取更多益处。

　　Hite 和 Hesterly（2001）主要探讨究竟是社会嵌入联结的"黏滞性"网络还是富含"结构洞"的"稀疏性"网络能更好地促进企业创新绩效的提高。研究结果表明：企业成立之初，为了适应外部动荡变化着的资源环境，需要借助密集黏滞联结的社会嵌入关系来获取资源以帮助其自身成长，而伴随着企业的发展壮大，它们的网络关系需要朝着更多依赖经济成本与收益的联结方向进化。

　　网络规模则是另一个被视为从网络的整体层面出发对结构性嵌入进行考察的重要参数。网络规模是指网络内包含的节点的数量，即企业在网络中构建联结的广泛程度，它较好地描述了网络内企业已经建立的联系及合作关系的成员等的数量（Burt，1992）。更为通俗的说法就是指与企业有联系的网络协作伙伴有多少。网络规模大就意味着企业拥有丰富的创新关系资源，无论是强联结还是弱联结，都能产生创新的规模效应，这对企业实现自主创新都能产生积极影响。

　　Dyerhe 和 Singh（1998）的研究指出，企业间特定的联结是竞争优势的一种关键资源，其数量的多少代表着企业拥有的资源多寡，并且这种关键资源很可能会跨越企业边界，嵌入企业的惯例和过程中，最终形成企业的竞争优势。

Gulati（1999）明确地将企业间纵横交错的联结视为一种不可模仿的网络资源。他认为企业的网络规模越大，就越能够在较大的范围内接受新的知识、吸收和整合新知识，越能够在更大范围内寻求知识的合作者；企业的网络规模越大，就越能与网络中的其他成员分享共同知识和信息，也就越有可能在知识的交流与互动过程中有效降低知识创新的成本、风险，推动跨组织界面的知识、技术诀窍的转移，最终实现知识创新；企业的网络规模越大，就越有利于企业理解什么是自身所需要的知识，增强对新信息和知识的吸收能力，就越有利于建立合作双方共享网络知识平台和知识协调机制。

Landryctal（2002）在以加拿大蒙特利尔的 440 家制造业企业为研究样本的过程中对企业外部网络与知识创新的相关性进行实证分析。结果显示：企业所处的网络规模越大，占有的网络资源就越丰富，就越有可能为企业提供多样化的资源，这些资源包括商业网络资源、信息网络资源、参与网络资源、关系网络资源和研究网络资源等，这些都可以从多方面、多角度有效促进企业知识创新活动的开展，提升企业的创新绩效。

通过梳理当前嵌入性领域的主流相关研究，我们发现网络嵌入性对企业获取竞争优势、提升绩效有重要作用。但是，我们也发现当前此类研究比较集中于探讨网络嵌入性与创新绩效的相关性，而具体关于网络嵌入性究竟通过何种机制来影响企业技术创新的实证研究尚缺，特别是结合中国等后发国家具体情形进行的研究更是少之又少，可见，网络嵌入性影响知识创新机制的"黑箱"有待打开。

第二节　网络知识经济时代的企业
能力研究综述

Rubin（1973）认为资源本身是不产生任何经济价值的，就企业而言，如果仅仅是占有资源而不能能动地对原始资源进行有效处理和配置，以激活资源所蕴含的潜在价值，企业就无法在残酷的市场竞争中立足。有的学者在对静态资源基础观的理论分析框架进行批评和完善的过程中逐渐意识到：企业能够获取经济租金和竞争优势，不仅在于其拥有异质性的优质资源，还在于其自身具备对这些资源进行适当组织、营运、管理从而实现价值创造的能力。所以，在资源基础观的后续发展演化过程中，学者们逐步强化了能力在获取和保持企业持续竞争优势中的核心作用，提出了以能力为基础的企业竞争优势观点，即企业能力论，如企业竞争能力（Company Competence）、核心能力（Core Competence/Capabilities）、吸收能力（Absorptive Capacity）、网络能力（Network Capability）等。其中，尤为值得注意的是，伴随着网络化知识经济的到来和推进，网络内蕴含的资源对于企业创新的重要性日渐凸显，知识和网络研究领域的学者在拓展传统资源观的基础上，分别提出了网络能力和吸收能力的理论观点。

学者 Ritter（2000）、Moller 和 Halinen（1999a）、Hagedoom（2006）从网络治理的视角提出网络能力的理论观点，他们将基于企业网络形态特征所形成的网络规划、关系管理以及网络占位等类型的各种能力视为企业在网络环境下获取和保持竞争优势的关键性因素。这些网络内组织间的动态竞争能力——网络能力能够帮助企业在复杂的网络环境下有效避免潜在冲突，并通过与网络内合作伙伴展开互动交流获取自身所需的知识，从而最终推动创新水平的提升和网络竞争优势的巩固。新经济时代企业越来越依赖外部知识资源来推进自身创新和提高绩效，面对网络化时代组织间知识转移存在的诸多管理挑战，作为组织内的一种动态竞争能力——吸收能力能够成为企业竞争优势的来源。具备高水平的吸收能力的企业往往能够更好地利用网络内其他合作伙伴的新技术、知识，推动其创新活动的顺利开展。企业吸收能力的强弱将直接决定企业从外部知识获取利润的难易程度。鉴于此，以 Cohen 和 Levinthal、Zahra 和 George 等为代表的诸多学者提出了吸收能力理论并开展了一系列后续研究。以下我们将根据本书的需要分别就上述两种企业能力进行综述。

一 网络能力研究综述

网络经济时代，创新模式逐步由简单的线性模式、交互作用模式向网络模式演化，网络成为当代企业创新的重要环境特征。企业唯有主动对所处的外部网络进行管理，充分挖掘和使用网络内其他企业的知识、资源与能力，优化企业外部网络关系，不断组织新产品生产、上市，才能在复杂而多变的网络竞争环境中获取持续的竞争优势。因此，企业开发、管理网络内组织间各种关系的网络能力亦被视为一种核心能力。企业的网络能力关注的就是企业在处理其外部网络关系的技巧和效果上的差异，这种企业外部网络化的能力是能够给企业带来显著的创新绩效和竞争优势的。鉴于此，本节将首先对网络能力的相关研究展开综述，以便为后续研究奠定基础。

（一）企业网络能力的概念

对网络能力的直观理解就是一种网络化的能力，也就是处理网络关系的能力。学术界有关企业网络能力的思想，最先是由 Hakansson（1987）提出来的，他在研究中指出：企业在处理与外部网络间关系方面的技巧和效果上是存在差异的，有些企业在网络规划、网络构建、网络关系维护和网络利用方面经验比较丰富，对外部网络资源的利用程度较高，而另外一些企业则往往在上述网络关系处理方面显得简单和外行，对外部网络资源的利用程度不高，故引入了网络化能力（Networking Ability）的概念，即"企业改善其网络位置的能力和处理某单个关系的能力"。

Gulati（1999）认为企业外部环境的不断变化会在客观上使企业与供应商、顾客、竞争对手等外部组织之间的关系不断增强，这种关系将直接影响到企业竞争方式的改变与企业竞争优势的构建。因此，他明确提出决策层管理者必须意识到与外部组织之间的相互利害关系，而且要妥善处理好这些关系，即要求企业具有发展和管理外部网络关系的能力，也就是企业的网络能力。

Moller 和 Halinen（1999a）将企业对网络管理的行为划分为：产业、企业、关系组合以及交换关系四个网络层次，并在此基础上构建了网络愿景、网络管理、组合管理和关系管理的网络管理理论框架，且提出了网络管理能力（Network Management Capability）的概念。

学者 Ritter（2000）则较好地对网络能力进行了较为深入和可操作化的研究，他将网络能力定义为"企业通过掌控、利用和开发其外部网络关系形成竞争优势的一种技巧，且具体可以通过网络管理任务绩效和网络资格管理条件来衡量"。在此基础上，他还开发了测度网络能力的量表，在量表中网络能力被划分为任务执行和资格条件两个维度：资格条件是执行网络任务的前提，而在任务执行的过程中又可以提升网络管理的资格。

国内学者徐金发等（2002）将网络能力定义为一种"关于企业发展和管理外部网络关系的动态能力"，其本质在于通过寻求和运用网络资源来获得竞争优势，并以战略、关系和过程三个层次划分网络能力的三个维度：网络构想能力、网络关系组合能力和网络角色管理能力。

邢小强和仝允桓（2007）将网络能力界定为"企业通过识别网络价值和机会，塑造网络结构，开发、维持与利用各层次网络关系以获取稀缺资源和引导网络变化的动态能力"。网络能力是网络环境下企业核心能力在战略与管理层面上的拓展，是企业获取竞争优势的重要源泉。

张君立、蔡莉和朱秀梅（2008）基于战略层次和执行层次界定企业的网络能力，将网络能力定义为企业构建、维护、管理和利用网络关系来获取各类有限资源以赢取长远竞争优势的能力，并将其划分为网络愿景能力、网络构建能力、网络管理能力和网络利用能力四个维度。

朱秀梅、陈琛和蔡莉（2010）基于关系网络视角将网络能力定义为：企业在网络导向驱动下，利用关系技巧和合作技巧进行一系列网络构建和网络管理活动以实现资源获取的能力，其本质上是企业有效管理关系的能力，是企业通过开展构建、管理、有效利用网络关系以获取外部资源等一系列网络活动实现生存和成长的能力。

任胜钢（2010）认为，企业网络能力是企业通过识别外部网络价值与机会，发展、维护与利用各层次网络关系以获取信息和资源的动态能力，他认为网络能力主要涵盖网络愿景能力、网络构建能力、关系管理能力和关系组合能力四个方面。

李贞和张体勤（2010）则基于知识管理的视角将网络能力定义为企业构建外部知识网络的能力，它是网络规划、网络管理、网络知识吸收和网络知识传送四个维度能力的有机结合体。

综上所述，我们发现学者们对网络能力概念内涵的界定主要是从以下两个维度展开的：其一是从网络能力对网络整体的掌控入手，将其视为网络内行动主体开发、利用组织内外关系的一种能力；其二则是从网络能力对组织间关系的影响入手，从操作层面对网络能力进行界定。但是无论是从网络整体层面展开还是从操作层面入手，落脚点都在对网络关系的控制和影响上。

（二）网络能力的构成维度研究

随着企业网络能力研究的不断深入，学者们依照不同的划分标准和分析视角对网络能力的构成维度提出了不同的看法，以下梳理其中较具代表性的三种理论分析框架。

其一，Moller 和 Halinen 的网络能力理论框架

Moller 和 Halinen（1999c）从网络整体性视角出发，将企业的网

络能力划分为网络构想能力（产业网络层面）、网络管理能力（网络中企业层面）、关系管理能力（单一关系层面）、关系集合管理能力（关系集层面）四个维度，而且认为这四个维度的能力之间是密不可分、相互作用的，无论哪个维度的能力出现"短板"，都将对企业整体网络能力的发挥产生重要影响。

网络构想能力（Network Visioning Capability）是企业从战略层面管理网络的能力，这种能力能够帮助企业发展有关企业网络的有价值的看法和预测其潜在演化方向，从而使得企业能够挖掘到网络组织系统内有利于自身发展的机遇。网络管理能力（Net Management Capability）则是焦点企业从整体网络的角度对网络内部的企业进行分工、定位的能力，它能够帮助企业动员、协调网络内其他行动者拥有的资源或活动，并通过规划、分配以及执行各种不同的网络管理工作来推动网络的变革，借此来实现不同类型企业的价值。网络内的个体企业往往都同时处于多个不同的网络之中，由此，企业就会不可避免地与网络内的其他企业构建不同性质与形式的联结。关系集合管理能力（Portfolin Management Capability）则是个体企业对这些不同网络联结关系进行管理的能力（譬如企业管理供应商、合作伙伴和客户关系等的能力）。关系管理能力（Relationship Management Capability）则是指对网络内企业的二元关系的管理，即企业对某个特定企业或组织之间的关系进行管理的能力。这种能力构成了上述三种能力的基础，也是企业网络能力的基本分析单元。

其二，Ritter 的网络能力理论框架

Ritter（2000）将网络能力视为企业的一种技术特征，它能够帮助企业主动地控制、利用和开发其外部网络关系，并以此形成自身竞争优势。他将网络能力划分为任务执行（Task Execution）和资格条件（Qualification）两个维度。任务执行是指企业为达到组织目标而实施的一系列活动，即通过任务的执行实现个体资格的展示。而资格条件是指个体执行某项任务所不具备的工作特征，具体到网络管理中可以被理解为帮助个体发展、维持和利用关系的特征（见图 2-1）。两者密切关联，资格条件是执行各种网络管理任务的前提，它能保证网络任务执行的效率，而个体在执行网络任务的过程中又可以提升自身网络管理的资质、资格。

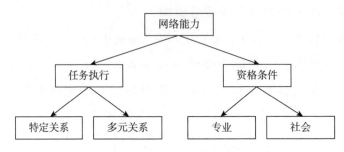

图 2-1　Ritter 对网络能力维度的划分

鉴于网络内管理某项特定的单项关系任务与跨关系任务或多关系任务存在巨大差异，学者 Fords（1980）、Moller 和 Halinen（1999d）等将网络能力的任务执行维度划分为特定单项关系任务和跨关系任务。而鉴于网络管理活动的复杂性对管理者资质条件的多元要求，学者 Jackson（1993）则将网络能力的资质条件维度划分为专业技术资质和社会交际资质。具体而言：特定单项关系任务主要涉及建立新关系（Initiation）、交换（Exchange）、协调（Coordination）等方面的内容；跨关系任务主要涉及计划（Planning）、组织（Organizing）、员工参与（Staffing）、控制（Controlling）等方面的内容；专业技术资质主要涉及技术能力（Technical Skills）、经济能力（Economic Skills）、法律能力（Skills in Legal Matters）、网络知识（Net Konwledge）等方面的内容；社会交际资质主要涉及个体的沟通能力、网络冲突管理能力、独立思考、合作意识等方面的内容。

其三，徐金发、许强和王勇的网络能力理论框架

在徐金发、许强和王勇（2011）的研究中，企业运用网络能力开发外部网络合作关系被划分为战略、网络、关系三个层面（见图 2-2）。战略层面上，企业对外开发网络关系被视为企业的一种战略

目标；网络层面上，企业对自身在网络中的角色和位置进行清晰界定以期能与合作伙伴共同合作完成任务目标；关系层面上，企业充分挖掘网络组织关系中蕴含的网络资源并将其转化为企业的竞争优势。在对上述三个层面分析的基础上，网络能力被解读为涵盖网络构想能力、角色管理能力和关系组合能力的集合能力。

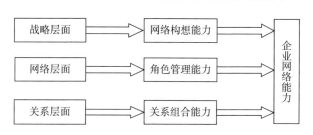

图 2 - 2　徐金发、许强和王勇（2011）关于企业网络能力的理论构成模型

具体而言，网络构想能力是企业从战略层面上对外部潜在网络关系进行识别和发展网络关系的规划能力，它能够帮助企业从潜在的各种网络组织系统中挖掘自身发展所需的知识、能力和资源。角色管理能力是企业根据自身在网络组织中所扮演角色的要求履行职能的能力，强调企业自身能力的发挥，主要涉及的是企业在网络中的定位、任务和管理职能方面的内容。关系组合能力是企业将其自身与网络内供应商、顾客、竞争对手的网络关系视为资源和能力的组合，通过组合来发挥协同效应，从而提升企业网络竞争优势的能力，而不再停留在合约层面来履行规定的职能。两者相比，角色管理能力强调企业的专业能力，而关系组合能力则强调企业的整合能力。

此外，还有相当一部分学者（Timothy J. Sturgeon，Robert C. Feenstra，2010）研究认为，企业网络能力的维度具有历史性和动态性，即其实随着企业成长环境的变化，或者在网络生命周期的各个阶段，企业网络能力各个维度的侧重性有所变化。在网络结网期，企业对网络规划能力的要求比较高；在网络发展期，企业侧重于强调网络构建能力；在网络稳定期，网络关系管理能力则成为企业网络能力的重点维度。

综上所述，学者们不仅对于网络能力的具体维度划分存在某些差异，而且在以下方面仍存在共识：认同网络能力的整体特征属性，强调战略性网络能力或网络构想能力对网络构建的导向作用，并在实际研究中将这种宏观层面的能力与操作性较强的具体层面的网络能力（比如网络建构能力、网络运作能力、角色管理能力等）严格区分开来；鉴于网络具有层次性的特点，应对整个网络层面的管理能力与企业层面的关系组合的管理能力以及某一具体关系的管理能力加以严格区分。总之，对企业网络能力进行科学划分是从理论上深入研究网络能力和在实践中提高网络能力效用的前提和基础。

（三）网络能力与企业创新绩效关系研究

网络能力是集群企业基于嵌入全球生产网络中构建竞争优势的一种重要能力，企业着力培育网络能力旨在实现网络内合作伙伴间的高效互动、获取高质量的知识溢出以及提升企业的创新绩效。国内外的学者就网络能力与企业创新绩效之间关系进行了诸多研究。

Lorenzoni（1999）研究了意大利药品、食品与纸制品包装机器制造业三个领导企业的网络演化进程。研究发现：网络能力在决定企业选择与哪些供应商建立伙伴关系方面起了重要作用。网络能力强的企业不仅能够准确判断供应商的竞争优势是否可以为自己所利用，而且更善于组合自己的供应商网络，把各种能力适当地在其之间进行分配。

Sarkar（2001）在对美国182家技术密集型企业的实地调研中发现：较高的网络能力可以帮助企业挑选出最合适的网络合作伙伴，从而以最小的代价构建最优的外部网络架构，并进而提升企业的销售额、市场份额与产品研发水平等市场绩效。

Ritter（2003）分别以德国、英国、丹麦和马来西亚的企业为样本进行实证研究，结果显示：企业的网络能力与吸收能力存在显著正向关系，通过网络能力，企业可以参与到其他企业技术开发过程中，这对网络协作伙伴间技术交流和创新成功会产生直接影响。

方刚（2008）从资源观的视角以统计分析的方法检验了网络能力对网络企业创新绩效的影响，研究发现：企业的网络规划能力、网络配置能力和网络运作能力对知识转移具有显著性影响；企业的网络规划能力、网络配置能力、网络运作能力和网络占位能力对创新绩效的提升具有显著性影响；知识转移在网络规划能力、网络配置能力和网络运作能力与创新绩效之间能够起到中介作用，尤其值得一提的是，上述网络能力通过知识转移进而影响创新绩效的间接效应都要大于其影响创新绩效的直接效应。

马鸿佳、董保宝和常冠群（2010）在以我国 377 家高科技企业为研究样本的抽样调查中发现：企业网络能力的提升有利于信息资源的获取，信息资源的获取与高科技企业的绩效呈正相关关系，网络能力对信息获取与企业绩效之间的关系具有正向调节作用。

任胜钢等（2010）在对我国长三角地区的 346 家制造业企业的调研中发现，网络愿景、网络构建、关系管理和管理组合通过外部网络结构的中介作用对企业创新过程产生影响，具体而言，网络愿景、网络构建、关系管理和管理组合对企业创新绩效具有正向促进作用，联系强度、网络位置在模型内起到部分中介作用。

企业网络能力通过影响企业资源整合能力，间接影响企业创新能力，具体地，企业网络能力的不同维度分别通过影响资源获取、拓展、控制能力，综合影响企业创新能力。

上述学者对网络能力的研究表明：网络关系是作为企业所处的典型外部环境特征而存在的，它的形成、结构、治理与演化等行为都会对内嵌在复杂网络中的企业的绩效和竞争态势产生显著性影响。因此，嵌入复杂网络中的企业只有积极主动地对其所嵌入的外部网络进行管理，充分挖掘和利用企业外部网络成员的知识、资源与能力，持续地优化企业的网络关系，积极进行知识创新，加速实现新产品或服务的生产与上市，才能在复杂而多变的网络竞争环境中获取持续的竞争优势地位。

二　吸收能力研究综述

在知识经济迅速崛起和经济全球化深度推进的背景下，企业如何开发、利用外部环境中的资源尤其是知识资源变得尤为重要，而吸收能力作为企业处理知识的一种组织内能力，亦日益受到国内外学者的广泛关注。目前国内外学者对吸收能力的研究主要集中于其概念内涵、维度划分及与知识溢出及创新的关系分析等方面，以下我们对其中的主流观点进行梳理。

（一）吸收能力概念内涵

吸收能力的概念起源于宏观经济的研究，Adier（1991）认为吸收能力是一个宏观经济体系利用和吸收外部信息和资源的能力。Cohen 和 Levinthal（1990b）公开发表的文章《吸收能力：学习与创新的新观点》被学术界一致认为是吸收能力形成的奠基之作。在该文中，他们将这个原本属于宏观经济范畴的概念引入组织分析的微观视野中，将企业吸收能力定义为"企业从外部环境识别新知识的价值，消化并将之最终应用于商业化目的的能力"。

Mowery（1995a）在探讨国家创新体系时，将企业的吸收能力定义为企业处理外部知识中的隐形成分以及对这些知识加以调整所需的技能。

Kim（1998）从知识管理的视角探讨吸收能力，将知识吸收的手段和结果具体化，认为吸收能力包括学习能力和问题解决能力。学习能力是组织消化外部知识的能力，是一种模仿性学习能力；问题解决能力是创造新知识的能力，是一种创新性学习能力。他从知识存量、组织惯例和过程的角度证实了企业现存的知识基础和努力强度是影响企业吸收能力的重要变量因素。

Zahra 和 George（2002a）从学习过程的视角透析吸收能力，认为吸收能力是企业通过对知识的获取、消化、转化和利用，从而发展组织动态能力的一系列组织惯例与过程，这能够有效减少实证研究中吸收能力构念测度的模糊性。此外，他们还进一步将吸收能力分成潜在吸收能力（Potential Absorptive Capacity）和现实吸收能力（Realized Absorptive Capacity）：前者针对企业可能获取并利用的外部知识，主要指知识获取和知识消化能力；而后者则针对企业已经获取并利用的外部知识，主要指知识转化和知识应用能力，并在研究中强调了知识转化的作用。与以往研究中对吸收能力的定义不同之处在于，该定义侧重汲取知识管理领域的相关成果来对吸收能力的内涵进行界定。比如他们吸收了 Cohen 和 Levinthal 的研究中所强调的对知识的消化和利用，Mowery（1995b）、Kim（1999）的研究中的解决问题的能力来源、知识的转化等思想。

虽然我国学者在吸收能力领域的研究不及国外相关领域活跃，但是亦提出一些值得借鉴的观点。

譬如我国学者高展军和李垣（2006）在其研究中就将吸收能力的内涵概括为：吸收能力是企业对外部知识在评价、获取与消化的基础上，将企业原有知识进行有效整合和利用的一系列组织惯例和过程；吸收能力建立在企业知识和经验积累的基础上，具有领域限制和路径依赖的特点；吸收能力存在于企业个体和组织两个层次上，作为基于知识的能力，吸收能力的强弱最终表现在企业竞争优势的实现程度上。

陶锋（2009）着重关注国际代工过程中跨国公司的知识溢出与后发企业之间的关系，并从这一视角将吸收能力定义为企业获取、同化、转化、利用外部知识的能力，以分析全球价值链代工关系中的组织学习，即代工企业如何吸收客户外部知识以促进创新。

在上述国内外学者对吸收能力的概念内涵的梳理过程中，我们发现学者们都认为吸收能力从本质上讲是一种动态能力，它影响企业利用知识、资源来构建企业内部运作能力从而获得竞争优势的能力。

（二）吸收能力维度划分

鉴于学者们对吸收能力的理解角度各异，因此对于吸收能力的测度维度也是有差异的。在对以往的文献进行梳理过程中，我们发现当前学术界对吸收能力的分析主要从两个维度出发：其一是过程维度，它以 Cohen 和 Levinthal、Zahra 和 George 的研究为代表，核心观点在于认为吸收能力实质上是一种基于学习过程的组织能力；其二是结构维度，它以 Kim 等人的研究为代表，核心观点在于认为吸收能力是组织学习和解决问题能力的资源基础。以下我们将沿着他们的研究脉络依次梳理。

从过程的视角对吸收能力进行维度划分的研究主要如下。Cohen 和 Levinthal（1999）认为吸收能力是一个过程，主要可以分为对新知识的识别、理解和应用三个维度。而 Lane 和 Lubatkin（1998a）则在其基础上增加了"评估"阶段，将吸收能力划分为识别、评估、理解和应用四个维度。Van den Bosch 等（1999）则强调企业必须根据自身所处的外部环境选取相应的组织整合方式及组织结构，他们在构建模型时，提出了"吸收能力—学习—新的吸收能力"螺旋上升的反馈循环，证明吸收能力能提高组织学习的绩效，而组织学习反过来进一步提升吸收能力。Zahra 和 George（2002）从动态能力的视角出发，将吸收能力理解为企业获取、消化、转换以及利用外部知识的一系列组织惯例和流程的过程，此外，他们还将吸收能力划分为潜在吸收能力（Potential Absorptive Capacity）与实现吸收能力（Realized Absorptive Capacity）两个维度，潜在吸收能力强调获取与消化外部知识的能力，实现吸收能力则包含转换与利用知识的能力，实现吸收能力与潜在吸收能力之间的比率则为效率因子。

从上述文献的梳理过程中，我们可以看出基于过程维度对吸收能力的剖析能够较好地从整体层面把握企业的知识吸收过程，这对于理解外部知识的溢出具体如何促进企业创新是有利的。但是，这种维度划分下的吸收能力包括获取、同化、转化和应用阶段吸收能力或潜在吸收能力、现实吸收能力，这些在实际研究过程中都难以被清晰度量，即便是企业内部的管理层人员也无法做到对这四个阶段吸收能力大小的辨析。可见，过程维度的吸收能力无论是在管理实践过程中还是在科学研究的实证分析中都遭遇到操作性的障碍，这些都需要在进一步的实践中加以克服。

以下我们从结构的视角对吸收能力进行维度划分。与吸收能力过程视角的诠释不同，结构视角对吸收能力的维度划分主要是基于企业内外的资源基础观形成的，先验知识、R&D 投入、人力资本、社会资本和组织知识管理制度等都被视为影响企业自身有效吸收外部知识溢出的关键性因素。因此，我们借鉴学者 Tu（2006）的研究分析，将吸收能力的成因作为结构视角。以下，我们将回顾现有文献中的主要观点和近期较有针对性的实证研究。

Cohen 和 Levinthal（1990c）认为个体成员的先验知识水平是组织吸收能力的主要决定因素，先验知识包括由管理者和工人掌握的相关工作技巧、技术和经验，先验知识与企业的 R&D 水平有关。充分的先验知识有利于正确预见未来的技术变化，促进了组织学习；先验知识不足则难以正确预见未来的技术走向，不利于组织学习。特别是在对国际战略联盟和合资企业研究中发现：适当的知识基础对于成功实现组织学习是非常重要的（Shenkar，Li，1999）。

Borensztein（1998）在其构建的"资本品生产模型"中指出吸收能力的阈值现象：FDI 对东道国经济增长的作用受东道国人力资本临界值（Threshold Effect）的影响，即只有当东道国人力资本存量足够丰裕时，东道国才能充分吸收 FDI 的技术外溢，东道国的人力资本水平只有越过 0.52 年（男性接受中等程度教育时间），FDI 才会产生积极影响。

Lane 和 Lubatkin（1998b）研究认为企业的组织结构弹性会影响吸收能力。他们分别在实证研究中发现，组织弹性越大，认知范围就越宽，吸收能力就越强。另外，为了适应不断变化的环境，成功的企业往往倾向于建立更灵活更有弹性的组织结构。

Lin（2006）考察了组织要素对组织吸收能力、组织创新与组织有效性的影响，用246个台湾企业的问卷调查数据进行了实证研究，分析中的组织要素包括组织学习文化、组织结构和集体导向，结果发现组织学习文化是吸收能力和创新最重要的影响因素。

Lyles 和 Salk（1998）认为具有弹性的（非官僚的、非等级的）组织结构和管理方法将获得更多的知识，决策集权化与流程形式化运行的组织，对其动态地解决问题的行为有负面影响。

Welsch（2001）的实证研究证明了吸收能力与企业响应性的关系，发现由于小企业减少了官僚制、等级观念和高成本的信息系统投入，其更容易对变革做出响应并进行创新。他认为对于作为衡量组织适应外部环境的吸收能力，企业响应性越高，其吸收能力就越强。

Schmidt（2005）较全面地考察了内部因素对企业吸收能力的影响，实证分析了企业研发活动、内部知识转移激励和员工素质对吸收能力的作用，把企业吸收能力的影响因素归纳为三个方面：企业研发活动、先验知识与个人技能、组织内部的知识共享机制。在实证测度中，企业研发活动用研发支出、持续的创新活动及是否设有研发实验室来衡量；先验知识与个人技能用员工教育水平、技术看门人、经验、技能来衡量；组织内部的知识共享机制用部门协调程度、员工交流程度、知识共享激励、组织文化等来衡量。

刘常勇和谢洪明（2003）从理论上分析了企业吸收外界知识的主要影响因素，认为企业的吸收能力主要受到先验知识的存量与内涵、研发投入的程度、学习强度与学习方法、组织学习机制的影响。

许小虎和项保华（2005）的研究指出：企业的知识吸收能力不仅取决于内部的知识积累，还取决于企业外部的社会网络环境，社会网络通过关系要素、结构要素、社会资本等对吸收能力的搜寻、吸收和应用阶段均产生影响。

吴晓波、韦影（2005）以我国长三角地区的集群企业为样本实证分析吸收能力在社会资本与技术创新绩效关系中的作用，研究结果显示：外部社会资本的结构维度、关系维度与认知维度三个维度均通过提高企业吸收能力，最终影响企业技术创新绩效。

吴伯翔等（2007）结合上海地区企业的 142 个问卷调研样本数据，实证研究了在与跨国公司合作过程中，本土企业吸收能力的影响因素，研究结论表明企业员工专业知识水平、企业与外部机构联系的紧密程度、企业对吸取先进知识的努力程度、企业内部员工间的互动、企业与合作跨国公司间的信任水平等因素对本土企业吸收能力存在显著影响。

崔志等（2008）运用大规模调查问卷统计分析的方法对中国企业的知识吸收能力的影响因素进行了实证研究，结果表明，企业内部人力资本水平、企业的先验知识、企业内部组织管理因素、企业R&D 活动水平及企业的外部社会资本五个因素对知识吸收能力具有重要的影响作用，企业吸收知识的意愿对知识吸收能力的影响作用不显著。

由上述对吸收能力维度划分的主流文献的梳理可知：相对于基于过程维度的吸收能力划分，基于结构维度的吸收能力划分在测度问题上得到了较大改进，无论是在企业内部管理人员的管理实践过程中还是在科学研究的实证分析过程中都便于操作和应用。

（三）吸收能力与知识溢出及创新的关系分析

目前学术界的许多研究都证明，吸收能力对于企业间的相互学习、知识转移、知识创新都有明显促进作用。

Cohen 和 Levinihal（1990）的研究认为外部知识资源对企业创新非常重要，吸收能力能够部分表征企业创造新知识的能力，这与"干中学"的模式截然不同，该模式强调的是企业如何在现有的知识基础上实现技术改进，而吸收能力则能够让企业做一些以前从未尝试的事情；他们的研究还发现企业的研发投入能够直接促进技术进步，增强企业对外来技术的吸收、学习、模仿能力，这为企业有效吸收外部知识溢出奠定坚实的技术基础。

Szulanski（1996）通过研究证实知识转移"黏滞性"的主要障碍在于接受方吸收能力的缺乏，即吸收能力的"短板"会阻碍知识实现有效转移。

Lane 和 Lubatkin（1998）在对国际合资企业知识转移的现象进行研究时发现：经济合作者的特性在企业培育吸收能力过程中会起到作用，所以，他们认为应该基于一组企业（"学生企业"和"老师企业"相匹配），以组织知识的相似性或匹配性来评估吸收能力。因为"学生企业"的吸收能力与"老师企业"相关并随着"老师企业"自身能力的变化而变化。鉴于此，他们提出了"相对吸收能力"（Relative Absorptive Capacity）的概念，认为吸收能力是一种相对能力，企业的吸收能力不仅取决于知识接受方自身拥有的相关知识存量，而且取决于其与知识发送方——"老师企业"的知识相关度。

Lane 和 Lubatkin（2001c）在研究吸收能力对跨国合资企业的学习和绩效的影响时将吸收能力分为理解、消化和应用外部知识的能力三个维度。其研究结果表明，在知识从转移到实现绩效产出这一过程中，理解和消化外部知识能力影响知识的获取和学习，并非企业的绩效，而应用外部知识能力影响企业的绩效，并非知识的获取。因此，将吸收能力分为两个部分似乎更为恰当：一部分与知识的获取相关；另一部分与企业的绩效相关。

Murray 和 Chao（2005）在对影响知识接受方知识获取进而影响新产品开发和绩效进行实证研究的过程中发现：知识接受方的潜在吸收能力越强，获取知识就越多；同时，企业知识获取还受到知识发送方资源强度的正面影响，而双方的关系越紧密，接受知识就越多。双方知识资源对知识获取的影响还受到知识特性和知识发送方对知识接受方的拥有权的调制作用。

部分国内学者根据全球制造网络中本地企业的情况，对本地企业的吸收能力与知识获取之间的关系进行了经验分析，他们利用因子分析识别了吸收能力的三个维度（获取外部知识的能力、吸收外部知识的能力和应用外部知识的能力），并且验证了获取外部知识的能力、吸收外部知识的能力与本地企业知识获取呈正相关关系，应用外部知识的能力与企业绩效呈正相关关系。

徐二明和张晗（2008）在对我国不同行业近 200 家企业的问卷调研的基础上探寻企业知识吸收能力与创新能力和绩效水平的关系，实证结果表明企业知识转化能力会在很大程度上影响企业的绩效水平，而其对知识创新能力的影响不明显。

周培岩等（2008）在对企业知识吸收能力、先验知识、组织协调、R&D 投资以及企业绩效之间的关系进行定性分析的基础上认为，企业知识吸收能力受到先验知识、组织协调、R&D 投资的影响，同时企业知识吸收能力对企业绩效具有促进作用。

吴隆增等（2008）用我国珠三角地区 117 家高科技企业的样本数据，实证研究了吸收能力、组织学习与组织创新之间的关系，结果显示组织学习是吸收能力与组织创新中的中介变量。

蒋殿春和黄静（2007）对我国 FDI 技术溢出效果的影响因素进行了实证研究，从技术研发角度对吸收能力和市场结构两个方面的影响因素进行考察，结论表明技术差距、研发人员质量、研发投入三个指标对 FDI 的技术外溢效果均有显著影响。

上述分析表明：近年来学者们对吸收能力的研究趋势渐热，着重探讨企业吸收能力对其创新绩效、知识转移等方面的影响，并得到了多角度的理论或实证检验。虽然学术界多角度探讨了吸收能力的建构维度，但是对吸收能力对于企业创新的具体作用尚未达成共识，这导致现有研究存在一定的不足。

第三节　后发国家集群企业依托全球价值链实现国际化成长的理论与研究综述

伴随着经济全球化与贸易自由化的不断深入发展，世界价值创造体系在全球范围内出现了前所未有的垂直分离和重构。在这种新国际分工背景下，集群企业积极融入全球价值链并实现在链内的升级已成为其跻身全球市场，并不断提升在国际市场上的地位的重要途径。这种世界贸易演变的新情势在为后发国家的地方集群企业嵌入全球价值链以提升自身技术水平提供机遇的同时，也使后发国家劳动密集型制造业集群企业直面更为激烈的国际市场竞争。然而，在跨国公司主导的全球价值链推动全球经济加速一体化的过程中，链内的权力关系和利益分布是不平衡的，发展中国家的集群企业在嵌入全球价值链的过程中往往面临链内先发国家主导企业所引致的"专业化模式"（Specialization Pattern）、"锁定"（Lock in）和"路径依赖"（Path Dependency）等微观层面的问题。此外，从宏观层面来看，后发国家集群企业国际分工贸易结构"镜像分离"、环境污染（雾霾、水质恶化等）、生态平衡破坏、社会成本加大、经济发展不可持续性等问题亦日趋凸显。因此，近年来发展中国家集群企业如何依托全球价值链实现升级及国际化成长的命题逐渐成为企业国际化、产业经济学、区域经济学、企业管理学等研究领域关注的焦点。以下本书将分别从全球价值链理论及价值链分工、全球价值链分工背景下集群企业国际化成长研究、全球价值链背景下集群企业租金形式的演化及其分配等展开综述，以期为后续研究的展开奠定理论基础。

一　全球价值链理论及价值链分工

（一）　全球价值链理论溯源

全球价值链理论源于 20 世纪 80 年代国际商务研究者提出和发展起来的价值链理论。哈佛商学院教授迈克尔·波特（2005）是最早提出价值链这一概念命题的，他在《竞争优势》（*Competitive Advantage*）一书中指出：企业的价值创造过程主要是由五项基本活动（含内部后勤、生产运作、外部后勤、市场和销售、服务）和四项支持性活动（含采购、技术开发、人力资源和企业基础设施）两大部分完成的，这些互不相同但又相互关联的生产经营活动构成了一个创造价值的动态过程，即价值链（Value Chain）。

乔治·S. 伊普（2005）在其著作《全球战略》中使用价值增值链（Value Added Chain）的概念来分析国际商业战略优势，他认为价值增值链是由技术、原料和劳动力融合而成的各种投入环节结合起来成为商品，并通过市场交易、消费等最终完成价值循环的过程。他还指出：国际商业战略的设定形式实际上是国家的比较优势和企业的竞争能力之间相互作用的结果。国家的比较优势决定了整个价值链各个环节在国家或地区之间如何配置，企业的竞争能力决定了企业应该在价值链上的哪个环节和技术层面倾其所有以确保竞争优势。换句话说，一个国家的比较优势或一家企业的竞争能力，不可能体现在商品生产的每一个环节上，国家或地区之间资源禀赋的差异最终决定了国家比较优势所在的价值环节。与波特强调单个企业竞争优势的价值链观点相比，这一观点将价值链的概念内涵由企业扩展到了区域和国家，更能反映价值链的垂直分离和全球空间配置之间的关系，这对于全球价值链观点的形成至关重要。

保罗·克鲁格曼（2006）对企业将内部各个价值环节在不同地

理空间进行配置的能力问题进行深入探讨，该领域其他相关学者对价值链片段化和空间重组方面予以关注，"价值链切片""外包化生产""产品内分工""垂直专业化"等描述全球化生产过程的分割现象、价值链片段化和价值链重组现象的概念"蜂拥而至"。这些研究都阐释了伴随着经济全球化的不断深入，先发国家纷纷通过全球采购、服务外包等方式将非核心的生产和服务业务等转移到后发国家，后发国家的企业借此获得了融入全球价值链的机会，只不过这种融入往往都是从价值链低端环节切入的。自此，先发国家的主导企业与后发国家的企业在价值链中治理模式与产业空间转移之间的关系成为全球价值链理论中的热点研究领域。

在 2000 年 9 月意大利贝拉吉尔国际研讨会上，为了促进全球价值链研究的共同进步，在美国洛克菲勒基金会的发起下，学者们在吸收商品链、价值链、全球商品链以及全球网络等观念的基础上，一致认可将全球价值链（Global Value Chain，GVC）作为共同的术语和分析框架，因为其最具有包容性，能系统地反映经济全球化下涉及不同活动环节的整个过程，体现不同类型价值链和网络的内容，从产业的组织层面（链条的全球组织）、空间层面（全球与地方）、产品和服务层面（链条各环节）等角度，研究环节分工、产业转移等全球化下的经济现象。

联合国工业发展组织（UNIDO）在 2002～2003 年度工业发展报告《通过创新和学习来参与竞争》中指出：全球价值链是指在全球范围内为实现商品或服务价值而连接生产、销售、回收处理等过程的全球性跨国公司网络组织，涉及从原料采集和运输、半成品和成品的生产和分销，直至最终消费和回收处理的过程。它包括所有参与者和生产销售等活动的组织及其价值利润分配，并且通过自动化的业务流程和与供应商、合作伙伴以及客户的连接，提高机构的能力和效率。该定义强调不同国家和地区在全球业务活动中的价值链环节间的关联互动和博弈。联合国工业发展组织对全球价值链的定义突出了不同国家和地区在全球生产和创造活动中价值链环节的联系，本身就突出了国际分工的性质，但是为了和原有的产业间分工、产业内分工保持术语表达的一致性，同时，也能突出发展中国家在这个分工中的贸易利益与发达国家的不对等关系，其在价值链后面再缀上"分工"两个字。

此外，学者符正平等（2011）的研究认为，相比传统价值链在企业组织中的纵向维度特征，全球价值链则是价值增值在国际经济关系中的一种体现，而全球生产网络则更进一步成为全球价值链发展的高级形式。

由上述分析可见，全球价值链理论是国际学者对经济全球化研究不断深入的结果，它的理论渊源历经了价值链—价值增值链—全球商品链—全球价值链这样一个动态演变的过程，在这个过程中学者们对于价值链研究的视角也逐渐从企业内部的闭环系统（国内、企业内部商品流动）转向企业间开放的系统（全球、企业间价值流动）。全球价值链理论是从国家、产业和企业三个层面全面阐述全球产业结构和动态性的理论，因此能够有效地解释和指导企业如何在新的全球产业组织网络范式下实现可持续发展。

（二）全球价值链分工

20 世纪 80 年代以来，经济全球化进程促使国际分工发生巨大变化，以产品为界限的传统国际分工逐渐演变为同一产品内某个环节或某道工序的专业化分工——全球价值链分工。学者曹明福和李树民（2005）将全球价值链分工定义为，"一种产品在多国或地区分工连续生产，伴有中间品的进口和最终产品出口的国际分工形式"，其核心内涵是特定过程不同工序或区段通过空间分散化展开成跨区或跨国性的生产链条或体系，因而有越来越多的国家参与特定产品不同环节或区段的生产或供应活动，它是在经济全球化条件下国际分工呈现的新特点，也是当代国际分工的一种重要发展趋势。在全球价值链分工条件下，价值链的不同环节形成跨国分工，它将国家或地区之间的比较优势由最终产品或服务的优势转移到全球价值链的各个环节的自然禀赋或技术要素优势，这种特殊的经济国际化过程或展开结构已经成为任何一个国家、地区参与国际分工的必经之路。

全球价值链分工降低了产品的生产成本，推动了世界财富的增长，产生了明显的"分工利益"，但与分工相伴生的"贸易利益"在参与国之间的分配发生了严重倾斜（曹明福、李树民，2006）。因为各国及地区都是在自己特有的要素资源禀赋优势基础上承接同一产业甚至同一产品价值链内部不同环节以获取各自环节的价值增值与收益。全球价值链分工中不同环节蕴含的附加值差异巨大，企业位于全球价值链分工不同环节就意味着截然不同的投入产出状况。一般而言，占据全球价值链分工体系研发、设计、物流、营销等高端位置的跨国公司牢牢地控制着合作契约签订的主动权，主导整个价值链分工体系，能在最大限度上攫取世界各国比较优势带来的整合利益。而其他位于价值链生产、制造、加工等低端位置的后发国家企业却不得不执行由链内旗舰跨国公司所制定的技术参数、规则等以换取参与全球价值链分工的机会，这种不公平的境况无论是在传统劳动密集型产业还是在新兴高科技产业都比比皆是。学者普雷维什（Raul Prebish）、伊曼纽尔、阿明等在研究这类现象的基础上提出"中心—外围"理论，该理论的核心观点就是位于"中心"的发达国家在向"外围"的发展中国家出口高附加值的工业品的同时亦从其进口低附加值的原材料或初级产品，这样其几乎占有了全部国际分工贸易利益。总之，从近年来看，如何改变全球价值链分工利益分配的非均衡性已经成为当前学术界和经济实践界研究的热点。

二 全球价值链分工背景下集群企业国际化成长研究

全球化背景下的世界经济版图呈现"一串串珍珠"，而将颗颗"珍珠"（内嵌在地方产业集群内的企业）穿起来的条条"金线"，就是全球价值链，这一比喻形象地说明了全球价值链随着跨国公司的迅猛发展得以在全球深度推进。其间，发展中国家的集群企业伴随着全球生产网络的构建和形成以及全球产业转移的浪潮，通过参与全球分工获得了实现国际化发展的重要机会。在这个发展背景下，地方集群经济的发展已经不可避免地被纳入全球经济整体框架中，地方集群中的企业（特别是后发国家地方集群中的企业）是依托全球价值链来实现与全球市场对接的，全球价值链以及链内跨国公司与地方集群内企业之间存在密不可分的联系。

一般来说，后发国家集群企业嵌入全球价值链的方式有两种：一是"引进来"的全球化，即通过加工贸易、合资或并购等方式纳入链内主导企业的国际生产和销售体系，以进入国际市场；二是"走出去"的全球化，即通过在发达国家进行直接投资并将产品打入其市场或者通过收购跨国公司的业务，购买其技术性资产，以自己的品牌和产品参与全球价值链分工。因此，在集群企业依托全球价值链实现国际化的研究领域中，链内各参与主体之间的关系治理问题及链上企业特别是发展中国家链上企业如何利用链上关系进行学习、创新和获得技术能力从而实现升级就成为 GVC 研究中的热点问题。

从 20 世纪 90 年代开始，国外诸多学者从外部资源汲取、跨境结网协作、全球价值链分工等方面研究集群企业的升级及国际竞争力提升的问题。联合国工业发展组织（UNIDO）在 2002～2003 年度工业发展报告《通过创新和学习来参与竞争》中是这样描述全球价值链产业升级机制的，"全球价值链扩散功能和工艺流程为发展中国家企业提供了改善各种能力的机会。就发展中国家的企业或企业集群而言，当务之急是将其融入更广泛的系统中去"。他们的研究证明：为了进入国际市场，发展中国家的集群企业必须获得初始技术能力。当地企业一旦进入全球价值链，由供应联系所引发的学习效应就会出现。因此，通过积极嵌入全球价值链，加强与全球的联系的确为集群企业的国际竞争力提升提供了可行路径和机会。但是许多经验及案例分析都发现：并非所有参与全球价值链的集群企业都能够自动提升技术创新能力和国际竞争力。

学者 Kaplinsky（1998）认为升级就是制造更好的产品、更有效地制造产品或者从事需要更多技能的活动。那么，从全球价值链的角度来研究集群企业的升级，就可以被理解为：价值链之中或尚未嵌入的地方集群企业通过嵌入价值链来获取技术进步和国际市场联系，从而提高国际竞争力，进入附加值更高的生产活动中。由于一个国家或地区在全球价值链中所处的功能环节直接决定了其在该产业获得的附加值，因此要想改变在价值链中的被动局面，发展中国家的产业必须进行升级。

英国 Sussex 大学创新研究小组的学者 Humphrey 和 Schmitz（1999）等将全球价值链中的产业升级归纳为四种方式：工艺流程升级、产品升级、功能升级和链条升级。工艺流程升级是指通过整合生产系统或者引入技术含量较高的加工工艺，把投入更为高效率地转化为产出，从而保持和强化对竞争对手的竞争优势。产品升级是指通过提升引进新产品或改进已有产品的效率达到超越竞争对手的目的，具体体现为从低附加值层次的简单产品转向同一产业中高附加值的更为复杂、精细的产品。功能升级是指企业通过重新组合价值链中的环节来获取竞争优势的一种升级方式。企业在从低附加值生产环节转向高附加值生产环节的过程（即从低端制造环节逐渐转移到高端营销、研发设计、物流服务等价值环节的过程）中，将更多地掌控战略性价值环节。在后发国家企业的价值链内升级实践中，往往把"委托加工—贴牌生产—自有品牌创造"的转换看作功能升级的基本路径。链条升级则是指企业从一条产业链转换到另外一条产业链的升级方式，即企业利用、凭借在一条价值链上获得的知识跨越到另一条新的、附加值更高的价值链。比如，某些后发国家集群代工企业将从自行车价值链上学习的某种竞争优势复制到摩托车或汽车价值链上。对于上述四种升级方式，学者们普遍认为产业升级遵循工艺流程升级、产品升级、功能升级和链条升级的循序渐进过程，其渐进过程实质上体现了要素禀赋的比较优势的变化过程，即企业在技术升级的进程中，资本化程度不断得到加深，企业不断地以资本代替劳动以进一步提高资源配置效率，企业在全球价值链中的生产环节也逐渐由劳动密集型价值环节向资本、技术密集型价值环节转移。

但是，在当前知识经济时代，这一规律常常被快速出现的技术突破性创新所改变。另外，有一点值得注意：随着产业升级的不断深化，附加值不断提升，参与价值链中实体经济活动的环节变得越来越少，产业空心化程度也将不断提升，因此，后发国家的集群企业在融入全球价值链的过程中要注意通过有意识的创新和学习参与到附加值高的研发、营销、设计等无形产业环节。

Gereffi（2005）的研究认为发展中国家参与全球价值链是实现产业升级的重要途径，企业可以通过加强组织学习提升创新、管理等方面的能力，改变其在国际分工中的地位，并引用东亚服装价值链的案例证实：企业依托全球价值链实现产业升级是一个过程，即一个企业不断提升创新、技术管理能力，进入链内附加值更高环节的过程。他还乐观地认为链内先发企业通过对价值链的治理能够帮助后发国家集群企业顺利实现阶梯式升级。

Pack（2001）等通过案例分析的方法进行研究发现：发展中国家通过"接包"会获得技术外溢，但技术在更多企业间的扩散的结果会让更多企业涌入代工环节，使代工企业数量激增，竞争加剧。与此同时，发达国家的跨国公司则可以用更低的价格进行"发包"，结果发展中国家的"接包"企业只能分配到更低的收益，这种恶性竞争格局迫使发展中国家的企业只能处于价值链的底部，且被锁定在低附加值的制造、加工、组装环节。

Schmitz（2004）在其研究中认为：发展中国家的企业参与的是

"俘获型"的价值链，发达国家的领导型企业应凭借其市场实力阻止发展中国家企业获得功能升级和链条升级所需要的创新能力，以避免发展中国家企业与其共享核心技术能力，从而对其垄断地位和既得利益构成威胁。

学者 Kaplinsky 和 Morris（2001a）在其研究中具体区分了集群企业嵌入全球价值链的两条道路：低端路径和高端路径。低端路径是指集群企业以低工资、低价格、简单技术、高污染、大量的资源浪费为代价参与到国际市场竞争中，它较少地考虑劳动、环境标准及职工福利的提高，甚至企图逃避纳税，这与经济可持续增长的思想是完全不相容的。高端路径则是指集群企业通过使用新技术、不断调整并改进产品和生产过程、增加产品的附加值来构建自身的核心竞争力以实现对国际市场的开拓。

我国国内学者对全球价值链的研究视角主要聚焦于全球价值链分工背景下低端环节的集群企业如何嵌入链内实现升级转变，研究的过程具体表现为介绍、引进和借鉴性运用。

张玉来（2007）对全球价值链理论中的动力机制、治理结构、产业升级等诸方面进行了概括和探索，以期在经济全球化时代，为发展中国家企业进入全球市场、在动态竞争环境中构建持续竞争力从而实现价值的攀升以及提升全球价值链分工背景下国际分工收益提供理论借鉴。

吕文栋等（2005）通过对嵌入全球价值链的西班牙 Castellon 建陶产业集群进行分析发现：该集群利用在与全球市场销售商频繁联系、沟通中获取的信息积极实现了功能升级，然后借助功能升级带动了集群内部建陶产业产品的升级以及集群整体竞争力的提升。在后续研究中，他们也将研究的视角转向国内，对浦东 IC 地方产业网络进行了实证研究，结果显示：浦东 IC 地方产业网络在与全球领先公司互动过程中，的确实现了一些"过程升级"（快速获取国际上成熟的制程技术），但是，另一些"过程升级"（获取纳米级别的制程技术）被压制。因此，他们认为，全球领先公司对地方产业网络升级的推动或阻挡，取决于地方产业网络的升级行为是否侵犯了其核心竞争力，而不取决于地方产业网络升级的"类型"。领先公司为了自身的利益，会推动地方产业网络实现不侵犯其核心权益的非关键性升级，而一旦地方产业网络的升级行为侵犯领先公司核心权益，不管是"产品升级""过程升级""功能升级"还是"链的升级"，都会被领先公司所阻挡和压制。这是对国外相关领域学者提出的后发国家集群企业只要嵌入全球价值链就能自动实现升级的观点进行的补充和修正。

俞荣建等（2009）分别对长三角国际代工企业以及苏州制造业进行了实证分析，证明了全球价值链理论关于企业在价值链中的位置和企业竞争力两者之间的正向关系，提出发展中国家后进企业可以利用组织间的竞合关系分工合作，形成相对完整的自主价值体系，实现 GVC 升级。

刘志彪等（2007）等认为：从被俘获的全球价值链中突围，发展中国家竞争战略的焦点就要从过去的物质资本的竞争转化为人力、技术和知识资本的竞争，重新调整区域间的产业关系结构，构建基于现代产业体系的国家价值链，以实现产业功能升级。

刘仕国等（2015）的研究认为全球价值链是市场经济全球化基本规律的新体现，要利用全球价值链促进中国的产业升级：对外开放融入全球产业大循环，成为全球价值链的一部分；利用全球价值链升级直接促进升级；利用全球价值链上频密的国际中间品贸易和国际直接投资促进产业创新；整合国内价值链，支持国内企业"抱团"加入特定的全球价值链，增强在其中的话语权；促进区域市场融合，充分发挥区域价值链在产业发展中的作用。

邱国栋、郭蓉娜和刁玉柱（2016）基于全球价值链深度分解与"创新链"的特征，研究提出"苹果皮"路线的概念模型和"技术性嵌入隔离与协同"的理论观点，并分析其机理与效应，在此基础上揭示了"由皮到核:从技术嵌入到战略蜕变"的演进机制和转化路径。研究认为,中国更适宜采用"苹果皮"路线,采取以技术性嵌入研发为主导的创新战略对策。通过技术性嵌入创新取得差别优势,形成与领导厂商的隔离与协同,最终嵌入全球价值链高端。

三 全球价值链背景下集群企业租金形式的演化及其分配

企业经济租金范式是经济学家运用经济租金理论对企业竞争行为和企业经济租金获取机制进行论述和解释的一种学问。在从传统经济理论向现代经济理论的演变过程中,"经济租金"的概念外延有一个逐步扩大的过程,经历了从早期经济学家特指的地租到地租的一般化——准租金的产生,再到现代租金理论将其定义为一切生产要素的超边际收益等阶段。而在全球价值链理论中,Kaplinsky(2004)则将"租金"定义为:链内参加者因为控制了特定的资源而限制其他竞争者进入从而获取全球价值链内各个功能环节的收益或超额利润。

(一) 网络视角下租金范式演变脉络梳理

长期以来,学者们从不同的角度提出了许多具有代表性的租金理论,其中较具代表性的租金形式有:李嘉图租金、张伯伦租金(或称垄断租金)、熊彼特租金、网络租金(组织租金)、信息租金和知识租金等。鉴于本书的集群企业嵌入本地生产和全球生产网络的特殊情境,我们将从网络视角出发,分别从网络内单个行动者、企业层面和网络内群体行动者、企业间层面进行梳理。

网络内单个行动者的经济租金研究主要针对企业个体,这个层面的研究主题包括:网络内集群企业获取超额利润的源泉是什么,企业如何获取租金,企业如何阻止经济租金的外溢等。国内外诸多学者给出了不同的答案,亦产生了诸多不同类型的租金理论,最具代表性的有李嘉图租金理论、张伯伦租金理论、熊彼特租金理论、彭罗斯租金理论等。

李嘉图租金理论可以说是早期租金理论的典型代表，它是基于资源的稀缺性、不可替代性以及价值性而产生的，也就是说它的产生是企业拥有独特资源要素的结果，是由于短期内资源供给短缺所带来的经济租金。张伯伦租金则是指企业因政府保护或利用经济规模、高额的转移成本等机制建立较高的行业进入壁垒所产生的垄断性质的租金，它的产生是由于改变现有的消费者需求曲线而增大企业的剩余，是企业市场势力被加强的结果。熊彼特租金则是基于创业的租金，即由具有特殊知识与技能的企业在一个不确定性或复杂多变的环境中，基于大胆创业而承担了不确定性和创业风险所产生的创业租金。彭罗斯租金则是源自企业内部独特的知识资源和运作知识的能力相结合的结果，它的贡献在于将企业内部的资源和能力看作企业获得经济租金和保持竞争优势的源泉。

而网络内企业群体间的经济租金视角则将个体层面的"原子论"竞争拓展到网络中的竞合模式。该层面租金理论研究的主要议题涉及企业在动态的网络环境中经济租金的来源、经济租金的创造及分配、经济租金的保护以及网络中组织间关系的治理等。网络内企业群体间层面的经济租金主要包括关系租金、网络租金。

Dyer 和 Singh（1998）在研究日本丰田汽车全球产品内分工生产网络时发现，在汽车制造商与其中间产品供应商之间的关系专用性投资和厂商绩效间存在正向相关关系。由此，他们提出了关系租金的概念，并将其定义为企业之间通过专用性投资和有效的规制结构形成"特质的企业间联结"，并不断进行资源、资产和知识等要素的交易与结合，从而产生大于单个企业收益之和的超额利润。关系租金产生说明在合作网络状态下，企业间的交易行为并不都是去人格化的，企业只有重视网络间组织关系以及网络的构建才能参与到伙伴共同专属性投资而创造出超额利润。需要强调的是，全球价值链中的伙伴关系可以创造关系租金和竞争优势，具体来说，可以通过关系专有资产投资、知识共享惯例、互补资源和能力以及有效治理这四种渠道来实现，它们或者能降低交易成本，或者通过资产、知识和能力的协同性组合来创造租金。

网络租金的概念是由学者卢福财（2006）提出的，所谓网络租金是指在网络组织制度条件下，所有网络组织成员所创造的总利润在抵销了其单个利润总和（或其一体化经营利润）后的一个正的剩余，相当于经济学中的"超额利润"或"净利润"，它不仅表现为交易费用的节约，还反映了网络成员核心资源共享形成的交易增值效应（即交易收益）。网络租金的产生主要缘于网络组织内成员之间的组织分工效率的提高而带来的组织费用的节省和交易收益的增加。

上述从网络内个体层面阐述的租金（比如李嘉图租金等）能够清晰解释为什么拥有异质性资源的企业更容易获得超额利润，彭罗斯租金则可以解释为什么拥有同样资源的企业会有不同的绩效表现。但是，上述两种租金分析范式都难免存在孤立性思维的缺陷，即它们都将企业视为封闭性的实体，认为经济租金仅取决于企业内部资源和知识，过于强调租金的内生性，忽略了在当前经济背景下，企业是个开放性系统，它时刻都在与外界进行物质和能量的交换，总之，它们对企业外部知识和资源的重要性认识不够。而垄断租金、关系租金、网络租金虽然将视角转向了企业外部，强调经济租金的外生性，突出了关系、信任对企业价值创造的作用，但是，它们同样忽略了企业内部的知识资源及知识创新所带来的竞争优势，这显然是与当前的经济实践不符合的。可见，目前这些"泾渭分明"的租金分析范式都片面地、单一地将企业获取超额利润归因于某种资源或能力，这已经严重制约了知识经济时代和网络背景下对经济租金理论范式全面的理解和诠释，因此，学术界必须提炼出一种新的租金范式以增强租金理论对经济现实的解释力。

（二）全球价值链内租金的分配

以上我们对租金的一般概念内涵及其演化脉络进行了梳理，那么在全球价值链内的情境中，租金的内涵有什么特殊性呢？通过对全球价值链的研究文献进行梳理，我们发现"租金"是与链内企业的竞争优势密切联系在一起的，并且成为理解全球价值链不同环节，形成不同价值分配的关键性概念。因此，在研究中我们把全球价值链作为理论分析框架，借此较为清晰、全面地分析全球价值链各环节价值的产生过程和各环节收益的分配过程。

Kaplinsky（2001a）认为链内企业的收益从本质上讲产生于那些能保护自己且让自己远离直接市场竞争的价值链内的经济活动。因此，他将那些参与全球价值链的行动者由于控制了特定的资源从而能够利用和创造进入壁垒以免于竞争进而获得的超额利润定义为"租金"。

后发国家的集群企业在以不同方式依托全球价值链嵌入全球生产网络的过程中，常常处于"全球价值链"内先发企业的"治理"之下，而链内企业实现"价值链"治理的终极目标就是获取各种形式的经济租金。通常来讲，进入壁垒较高的环节能产生较高的"租金"，而竞争激烈的低进入壁垒环节，"租金"较为微薄，而且往往是不可持续的，因为"租金"会随着进入壁垒的消失慢慢耗散。因此就全球价值链内的企业而言，要保持较高的收益——"租金"，其路径无非为以下两者：要么选择行业壁垒本身很高的垄断行业，其他行业的企业很难进入该行业与之相竞争；要么不断改变本行业的进入壁垒，即保持企业的创新和生产能力的动态发展，不断从事新的经济活动，在该领域形成新的进入壁垒以限制其他竞争者进入。

在全球化知识经济时代，企业的边界得到极大的扩展，它们与外部环境的边界变得愈来愈模糊，企业的创新模式发生了巨大变化，任何企业都不可能拥有技术创新的全部知识资源，企业逐步通过多样化的知识资源与其内部的存量知识资源进行有机整合以实现知识创新。自此，全球价值链内低技术含量的制造环节的进入壁垒不断降低，越来越多的发展中国家的集群企业参与到经济全球化的生产（组装）过程中，链内生产环节附加值不断降低，这一环节的"租金"亦随之日趋耗散。与这一趋势相适应，能产生较高的"租金"的领域开始逐渐向无形环节（如研发、营销等环节）转移。而在经济实践中，上述环节往往因为凝聚较多知识因素而形成较高的进入壁垒、较长时间的知识产权保护，成为当前全球价值链中租金收益的重要来源。因此，在知识经济时代，全球价值链上经济租金的产生源泉正逐渐由建立在生产要素禀赋优势基础上的有形活动转变为建立在知识和技能基础上，并且根植于组织体系中的无形活动。

一般来讲，全球价值链内的经济活动主要由以下三个基本环节构成：其一是技术环节，主要涵盖研发、创意设计、提高生产加工技术、技术培训等环节；其二是生产环节，主要涵盖采购、系统生产、终端加工、测试、质量控制、包装和库存管理等分工环节；其三是营销环节，主要涵盖销售后勤、批发及零售、品牌推广及售后服务等分工环节。从全球价值链内附加值增值能力的角度来看，上述三个环节呈现"U"形，这也是学术界公认的"微笑曲线"。全球价值链内上述三个环节所创造的附加值是不同的，所以承担不同环节的企业借此获取的经济租金自然也是不一样的："U"形曲线中间底部的环节，如零部件、加工制造、装配等环节在全球价值链中创造出较低的附加值，因而获得较低的经济租金，而靠近"U"形曲线两端高部的环节，如研发、设计、市场营销、品牌等在价值链中创造出较高的附加值，因而获得更多的经济租金。

全球价值链内的租金性质和种类是复杂的，学者 Kaplinsky 和 Morris（2001b）将租金分为两大类：链内企业或企业群构建的租金、外生于全球价值链的租金。具体阐释如下。链内经济租金的内容主要涵盖："技术经济租金"、"人力资源租金"、"组织—机构经济租金"（主要是指一些企业依托新的生产组织形式力图降低存货，做到优质和低成本，迅速推进新产品上市以及在企业对产品或服务的创新和设计方面更加灵活机动）、"营销—品牌经济租金"、"关系经济租金"（主要是指基于一定数量的中小企业的聚集效应、规模效应而产生的经济效应），此外还包括一些以商业秘密和知识产权的形态存在的进入壁垒。链外经济租金的内容则主要涵盖："自然要素经济租金"、"政策经济租金"（政府政策赋予企业间有差别的进入机会）、"基础设施经济租金"（不同区域间基础交通设施差异）、"金融租金"（银行赋予不同的企业间融资机会）等。此外，两位学者还指出经济租金自身的累加性，即指租金永远是处于变动中的，一方面，已经获取的经济租金会由于技术不断扩散使进入壁垒降低而引致大量其他同行竞争者进入，这使经济租金逐渐流失；另一方面，新的经济租金是会源源不断产生的，因为在市场竞争日趋激烈、进入壁垒逐渐降低的背景下，经济租金最终会以低价或高质形式转化为消费者剩余。

学者 Eece（1997）的研究认为全球价值链内存在三种类型的租金：一是基于受到保护的市场力量而产生的垄断租金（Monopolistic Rents）；二是凭借企业独特资源而产生的李嘉图租金（Ricardian Rents）；三是依靠企业动态能力而产生的熊彼特租金（Schiimpeterian Rents）。

Kaplinsky（2001b）认为决定全球价值链中收益分配的因素主要有三个：进入壁垒、治理和系统效率。全球价值链中的不同环节由于进入壁垒高低而导致租金（附加值）不同，但是进入壁垒高低所决定的租金分配格局并不是一成不变的。因为随着生产技术在世界范围内的逐步扩散，越来越多的后发国家的企业有能力生产高质量、低价格的产品，全球价值链内生产制造环节的进入壁垒随之不断下降，租金便越来越集中于设计、研发和品牌营销等价值链的无形环节。租金分布的动态性表明：企业如果想在价值链内的收益分配格局中占据一席之地，就必须保持创新的动态性，不断培育自身的核心竞争力以获取新的租金源泉。

全球价值链内的租金分配和全球价值链的治理是密切相关的。许多研究都表明：网络结构、讨价还价的力量和治理机制等都影响到全球价值链内租金的创造和分配的效果。Gereffi（2005）根据全球价值链内领导力量的不对称性将全球价值链的治理模式划分为市场型、模块型、关系型、领导型和科层型五种类型，租金分配比例的多少取决于企业在不同治理模式中的地位。

Sacchetti 和 Sugden（2003）认为全球价值链是典型的方向型网络。链内发达国家的跨国公司掌握战略控制权，是全球价值链形成和进化的驱动者，拥有对价值链的协调和管理力量，根据自己的垂直分工战略构建起供应链体系，并获取高额的租金；而嵌入全球价值链的广大欠发达国家集群企业则大多处于该体系的底端，面临高度激烈的逐底竞争，获得微薄的代工利润，两者在租金分配上的极度不公取决于双方在链内力量的不对称性。

第三章　概念模型与研究假设

基于对第一章中研究问题的深入构思分析以及第二章中文献综述的理论铺垫，本章构思了集群企业国际化成长进程中知识租金获取机制的总体研究逻辑和概念模型。在上述总体概念模型构建的基础上，结合本章的研究内容和研究视角，我们对上述总体概念模型框架进行了细化与扩展，形成了细化后的五个子概念模型及相关研究假设，即基于嵌入性视角的"关系性嵌入、知识租金获取及集群企业国际化成长"及研究假设，"结构性嵌入、知识租金获取及集群企业国际化成长"及研究假设；基于能力视角的"网络能力、知识租金获取及集群企业国际化成长"及研究假设，"吸收能力、知识租金获取及集群企业国际化成长"及研究假设，"吸收能力与网络能力耦合、知识租金获取及集群企业国际化成长"及研究假设。

第一节　总体研究逻辑框架

集群企业在跨国公司主导的全球生产制造网络中的嵌入性能够很好地刻画其在生产网络中的位置、地位及其与网络中协作伙伴之间的关系，这种网络的嵌入性决定了集群企业在其所处网络中所能聚集、整合和配置的网络关键性战略资源——知识的多少，这将直接影响到集群企业自主创新能力的提升以及依托全球价值链实现国际化成长的进程。集群企业只有通过构建高效、具有相对优势的外部网络获取相对高质量的知识资源才能在日趋激烈的国际竞争市场中占据一席之地。

然而，需要注意的是：这些知识资源并不能直接转换为企业的创新绩效与国际竞争力，需要通过企业自身的能力来激活知识资源内蕴含的经济价值来实现。在网络经济时代的背景下，且鉴于本书的研究视角，我们选择了其中的两种动态竞争优势能力：作为组织内能力的企业吸收能力和作为组织间能力的企业网络能力。按照学者们的研究，企业具备高水平的网络能力就可以高效地实现网络内合作伙伴间的互动，提升知识获取或转移的效率，进而顺利实现知识创新。可以这么说，企业知识创新的实现就是企业网络能力较好地运用以及优化配置网络内资源的结果，企业将网络能力和网络内资源相匹配以获取竞争优势的最终体现。此外，作为这种竞争优势表征的租金——知识租金（租金在不同的历史语境中有不同的分析范式，在知识经济时代表现为知识租金的形式），将通过提高创新绩效进而实现成为市场领先者、推出更多新产品或服务、降低企业运营成本或扩大目标客户群等具体目标，并最终通过增加企业的利润而具体实现。我们所探讨的作为组织间能力的网络能力恰恰是上述逻辑链条中最为重要的一环，它在与企业其他的能力互补过程中，通过激活、利用以实现企业内外资源所蕴含的经济价值，最终为企业赢得竞争优势。而企业具备高水平的吸收能力则可以识别、获取、消化及吸收外部具有价值的知识，并将这些知识加以开发、应用以获取商业化的成果，从而获得创新成功并形成企业持续的竞争优势。换言之，外部网络的嵌入性并不直接对企业的创新绩效产生影响，而需要通过企业自身的能动性共同完成对企业创新的影响。

上述思想可以体现在图 3-1、图 3-2 中：图 3-1 描述了本书模型构建的"环境—行为—资源—主体"逻辑框架，而图 3-2 则具体描述了本书的整体概念模型。

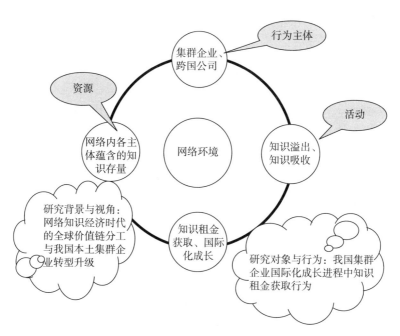

图 3-1 模型构建的"环境—行为—资源—主体"逻辑框架

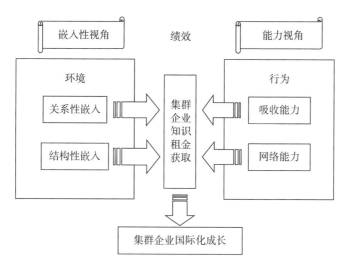

图 3-2 本书的整体概念模型

按照 Hakansson (1996) 对于网络的刻画, 网络主要涵盖三个基本构成要素: 行为主体、活动和资源。根据本书的研究目的和研究需要, 我们将网络内的行为主体定义为集群企业和跨国公司, 内嵌在全球生产网络中和本地生产网络（本地集群）中的企业，包括发包商、供应商、客户、制造商以及经销商等服务于同一价值链或相关价值链的各种类型企业；而网络中的活动则主要包括网络主体间的知识活动，如企业在生产或销售过程中所进行的正式或非正式的相互学习、技术或经验交流，有些研究将其概括为全球价值链内跨国公司的知识溢出行为以及链内集群企业的知识吸收、转化，知识租金获取以及知识创新等行为；资源则是行为主体借以实施活动的载体，在这里主要是指全球价值链内溢出的所有显性知识和隐性知识。网络的上述三个基本构成要素之间是相互联系、缺一不可的。一般而言，行为主体是控制资源和开展活动的主体，它们通过开展各种网络活动和利用蕴含在网络内的资源发展相互之间的关系以形成网络；活动则是网络内的行为主体用不同的方式将某种类型的资源变换成其他类型资源的行为，它是行为主体间交换资源的表现形式；而资源则是网络内行为主体开展活动的媒介，行为主体开展活动的目的就在于转换资源类型。由上述分析可知，由跨国公司主导的全球生产制造网络不仅具备一般意义上的网络结构特征，也具有典型的社会网络嵌入性和高度的空间集聚特征（如图 3-1 所示）。

本书的整体概念模型的构成可以分为两大主要部分（如图 3-2 所示）：集群企业如何利用外部网络的嵌入性获取知识租金以实现国际化成长和集群企业如何构建自身的动态竞争优势能力以获取知识租金从而最终实现国际化成长。依据上面的模型构建逻辑框架，本书的具体研究思路大致可以表述如下：在知识经济全球化时代，企业的知识存量将直接决定企业的创新绩效及国际竞争力，企业获取的知识租金越多，意味着其依托全球价值链实现国际化成长的进程就越快。特别是对嵌入跨国公司主导的全球生产制造网络这样一个特殊环境中的集群企业来说，集群企业的外部知识资源主要来自全球生产制造网络中跨国公司的知识溢出效应。正如本书之前的论述，集群企业外部网络的嵌入特征属性的差异和集群企业自身能力的特征属性差异均会对集群企业从网络内跨国公司知识溢出中获取知识的多少产生影响。因此，本书的整体研究思路体现了网络嵌入性特征、企业能力到知识租金获取，再到集群企业依托全球价值链实现国际化成长这样一个理论逻辑的演绎。

第二节　嵌入性视角下集群企业国际化成长进程中知识租金获取机制分析

本章在上一章文献梳理以及理论铺垫的基础上对网络嵌入性、知识租金获取以及集群企业国际化成长之间的关系进行逻辑性论证，在此基础上构建网络嵌入性对知识租金获取及集群企业国际化成长的影响机制模型。

网络经济时代，网络成员间的网络交互作用是企业获取外部知识的重要来源。社会关系网络通常是以两种方式影响网络内的经济活动的：其一是关系性嵌入，其二是结构性嵌入。关系性嵌入是结构性嵌入的基础，结构性嵌入则是关系性嵌入的拓展和延伸。一般来说，关系性嵌入关注的是双边关系的质量特性，表现为网络内合作伙伴重视彼此间的需求与目标的程度以及在信任和知识、信息等资源共享上所展示的行为，它体现了网络成员间关系的紧密程度以及在此基础上产生的连续交易和相互依赖性。网络成员的关系性嵌入不仅能增加网络内交易双方获取知识、信息等资源的机会，还能够有效提升它们获取的知识、信息的质量，从而大大降低企业的信息搜寻成本、增加交易的机会和提升交易的成功率。而结构性嵌入关注的则是网络成员间的多边关系属性，因为网络组织成员间不仅具有双边关系，还会因与第三方的联系而相互发生关系，从而形成群体间的系统性关联结构。结构性嵌入主要是从以下两方面影响网络成员的绩效的：一是良好的网络结构能够促进交易信息的迅速传递、共享，这将大大降低网络内的信息交易成本；二是网络成员间的频繁交易和交流会促使网络成员之间逐步形成潜在的网络交易规则和共同的网络交易知识，从而衍生形成网络组织成员间共同的网络组织文化、社会规范和价值观，这些都为网络成员间的交易顺利达成提供了健全的保障机制。鉴于上述分析，我们将集群企业的网络嵌入性划分为关系性嵌入与结构性嵌入两个维度。关系性嵌入主要从网络联结强度和质量两方面展开，以分析集群企业与全球价值链内跨国公司之间的知识互动关系，主要从网络内行动主体间互动的频率、相互信任等关系属性进行考察；而结构性嵌入则主要是从网络的规模、位置等结构属性考察企业外部网络的整体性结构属性及其对企业知识租金获取及国际竞争力的影响。关系性嵌入主要考察的是集群企业在跨国公司主导的全球生产网络内纵向关系上的行为与表现；而结构性嵌入考察的则主要是集群企业在跨国公司主导的全球生产网络内横向结构上的行为与表现。通过对集群企业在全球生产网络嵌入性横、纵维度的分析，我们可以更为深入地、多角度地探究在网络知识经济时代，网络环境的嵌入性特征对企业知识创新绩效的作用机理。

基于上述嵌入性的关系性嵌入和结构性嵌入的二维分类，我们在本节将分别构建"网络关系性嵌入对知识租金获取及集群企业国际化成长的影响机制模型"和"网络结构性嵌入对知识租金获取及集群企业国际化成长的影响机制模型"，并在后续的实证章节中分别对构建的这两个模型进行实证研究。鉴于篇幅所限，本书不涉及结构性嵌入与关系性嵌入对知识租金获取及集群企业国际化成长的交互作用。

一　网络嵌入性与知识租金获取[①]

(一) 关系性嵌入与知识租金获取

企业网络增强企业竞争优势的一个关键原因是网络成员之间持

[①] 　该内容来源于笔者公开发表的论文《关系性嵌入、知识租金获取与集群企业国际化成长研究——以苏州制造业集群企业为例》。

久和稳定的交换关系能促进企业间的知识交换。企业网络关系成为企业间信息和知识流动的导管和通路，每一个成员企业既是信息的接受者也是信息的发送者（Ahuja，2000；Schilling Phelps，2007）。在企业网络中，企业既可以从那些具有直接联系的网络成员那儿获取知识，也可以通过各种桥梁关系从没有建立直接联系的其他网络成员那儿获取知识。

在新经济社会学中，关系性嵌入是指经济行为主体的经济行为是嵌入已有的社会经济关系网络之中的，深深地受到网络成员之间相互关系及整个关系网络属性的影响。关系性嵌入能够表征企业在网络中的位置、地位及其与网络中其他协作伙伴——企业间的相互关系，而正是这些属性决定了企业在网络中所能聚集、整合和配置资源的数量和质量，并最终影响到企业在网络中的行为绩效。从网络嵌入性的视角，可以将以代工方式嵌入全球价值链的集群企业所处的环境视为由跨国公司所主导的全球生产制造网络和本土产业集群网络组成的一个大网络，因此从网络视角探讨集群企业的国际化成长就顺理成章。

近年来，不同研究领域的学者逐渐转移视线，开始注重从企业外部尤其是组织间网络寻找企业竞争优势的来源。譬如知识管理、新经济地理学等领域都认为集群企业的竞争优势主要在于增强集群企业间和企业与各种机构的网络组织化程度，通过知识溢出效应实现升级。而全球价值链等领域的学者则认为，集群企业升级的关键在于全球生产和分销体系的跨边界联系，后发国家的集群企业完全可以通过与全球价值链上先发国家企业的互动，接受知识转移和溢出，实现从低附加值的生产制造向高附加值的研发、设计和营销过渡，在赶超的过程中实现自身升级。可见，企业所处的外部关系网络是集群企业成功嵌入全球价值链以获取国际化市场、技术、运作知识的重要通道。而从网络和知识的视角考察集群企业升级，则需要具体分析其嵌入方式以及网络联系特征的影响。

在社会网络中，经济行为者之间存在的各种规则性期望、对相互赞同的渴求和互惠性交换等都是影响其经济行为的主要社会因素，此外，这些因素也能够有效地降低网络内成员违反个人互惠性义务的风险，大大减少由于机会主义和不确定性导致的交易成本。可以这么说，经济行为者所嵌入的社会网络密度越大，复杂程度越高，就越有助于网络内行动者间信任机制的形成、协作关系的维系和进一步强化，它具有明显的路径依赖性。学者 Foss（1996）进一步将网络的嵌入性划分为关系性嵌入和结构性嵌入。前者是指基于网络成员间的互惠预期而发生的对称联结，主要考察二元主体相互间的联结强度、亲密程度、联结久度和方向等的问题。后者则主要关注网络成员在网络中的结构与位置及其对行为和绩效的影响。本部分我们先关注网络关系性嵌入对知识租金获取的影响，而网络结构性嵌入对知识租金获取的影响，我们将在以后内容中依次展开。

以往的研究对网络关系性嵌入问题主要从联结强度和关系质量两个维度来分析。联结强度是指组织间联系交流的频率，其特征主要有：互动时间长度、亲密关系、相互信任和基于互惠的维护。它主要可以分为强联结和弱联结两种类型。强联结主要是指网络内合作主体间频繁的沟通交流、长期的持续合作以及由此产生的相互信任。它通过鼓励网络成员相互间联系交流，促进彼此间的信任和深度合作，从而达到降低传播交易成本，实现成员之间知识、信息和资源共享的目的。而弱联结则是具有不同社会文化背景的网络内合作主体之间知识、信息流通的"桥梁"，特别值得注意的是正是由于合作主体间背景的差异，弱联结传递的往往是具有更高价值的非冗余信息。总之，强联结可以加深组织间的互动，提高组织效率，但容易形成网络锁定，使网络产生惰性并受到束缚；弱联结能够扩展互动内容，并保持网络关系动态演进的弹性，增加组织的灵活性。关系质量则是指网络内合作主体之间拥有共同的目标、行为范式及基于互惠期望的信任。网络中主体之间关系质量的高低对网络内主体之间知识的溢出及共享具有重要作用。一般来说，处于高质量网络联结内的组织成员愿意为共同的利益与目标而努力的意愿比较强烈，这能够有效促进成员间的知识创新行为及创新绩效的提升。学者 Uzzi（1996）就曾指出，相对于弱联结，强联结在帮助网络内成员解释外部机会和威胁及做出反应方面更为有效；而学者 Forelli（1986）也认为网络紧密程度会影响到网络内信息和知识流动的容量及速度；学者 Hsu（1997）认为网络的强联结有助于网络内组织成员间的深度互动，这将对组织生产管理的方式与技术创新的能力产生深刻影响。而就我国的经济发展实践而言，长期以来，我国沿海、江浙地区的外向型制造业集群企业往往是通过代工的形式进入跨国公司主导的全球产业网络参与经济全球化进程的，因此可以认为在跨国公司主导的全球产业网络中，总部与代工企业间存在强联结，这种强联结不仅为集群企业搭建了输入技术知识的"桥梁"，而且构建了高质量信息转移的渠道，推动了复杂知识的高效转移，促进了集群企业自身技术创新能力的提升。由此，我们可以认为网络的关系性嵌入有利于集群企业获取知识租金以及成功嵌入全球价值链中。

据此推理，我们提出以下假设：网络的关系性嵌入对集群企业知识租金获取及国际化成长的影响显著；网络联结的强度越大，对集群企业知识租金获取及国际化成长的影响就越显著；网络联结质量越高，对集群企业知识租金获取及国际化成长的影响就越显著。

（二）结构性嵌入与知识租金获取

以上我们关注二元层面上的个体/企业之间的关系特性对集群企业知识租金获取及其国际化成长的影响，分析的是二元关系的本质特点，如信任、互惠等。以下我们将研究的视角转向整个网络系统，即关注整体网络层面上的结构特性，如中心性、网络密度和网络范围等造成的影响。

在网络经济全球化背景下，世界范围内的各国企业均不可避免地受到来自全球竞争市场的影响，地方产业集群中的企业直接地或间接地参与到了跨国公司主导的全球价值链中。全球生产网络和全球产业链转移带来了知识的溢出效应，然而并非所有的企业都能够在这种网络经济环境中获取经济效应，只有具备一定特征的网络才可以为市场参与者带来竞争优势。只有在跨国公司主导的全球价值链构成的全球生产网络中占据优质网络结构或者说占据优质网络位置的集群企业才能实现知识溢出，获取知识租金以及依托全球价值链实现国际化成长。

社会网络理论强调社会结构中的位置决定了行动者可获得的机会以及受到的约束（Stuart，Sorenson，2002）。结构性嵌入或网络位置观侧重于网络参与者间相互联系的多维总体性结构问题，强调网络的密度、企业在网络中的位置对企业的行为和绩效带来的影响（Granovetter，2001）。这种结构位置分析法较好地界定了网络内经济行为者在行为体系中的位置，能够有效分析网络内经济行为者之间的关系模式。通过第二章对文献的梳理我们发现，目前学者们大多是从网络的位置、规模、结构洞等网络结构特征出发分析其对企业的知识溢出、技术学习等行为的影响的。鉴于此，在本书中，我们参照主流文献中的做法，选择了网络规模、网络密度和结构洞三个变量探讨企业网络中的结构性嵌入。

网络规模通常被界定为网络内网络联结的数量。一般而言，网络规模越大，就意味着产业网络中的企业数量越多，企业的上下游、同行企业和中介机构也越多，这就为企业从网络中获取信息与资源提供了大量的机会，从而有利于企业获取异质性的技术、知识及企业销售渠道的拓宽，最终大幅提升企业的创新绩效。同理，集群企业在跨国公司主导的全球价值链内的网络规模越大，则其与越多的本地和全球网络内的经济主体存在网络连带关系，进而可以建立更多的联系渠道，得到更多的资金与资源，获得更多潜在的客户与供应商，汲取更多的技术知识与管理经验等（Inkpen，Beamish，1997）。换言之，在网络规模较大的情况下，集群企业在全球生产网络中就能较为容易地获取知识创新所需的各种显性和隐性知识。据此推理，我们提出以下假设：集群企业网络规模越大，对集群企业知识租金获取以及国际化成长的影响就越显著。

网络密度则是指网络内实际存在的联系数量占所有可能联系数量之和的比例。学者 Kraatz（1998）指出经济活动主体加入网络的初衷就是期望通过构建、维系稳定、高质量的网络关系以获取大量且异质性高的知识资源以应付外部环境的不确定性。学者 Coleman（1998b）认为，高密度网络会产生大量的组织间联系，这将帮助网络内的知识、信息等资源得到快速流动；此外，高密度的网络也更容易发展出网络成员间相互信任的关系、共享的准则以及共同的行为模式，这对于知识尤其是默会、隐性知识的转移尤为有利。同理，若集群企业内嵌的本地生产网络与全球生产网络的网络密度越高，则越能得到跨国公司和网络内其他协作伙伴的信任和支持，这将帮助集群企业获取自身创新所需的各种知识资源与信息。据此推理，我们提出以下假设：集群企业往来的网络成员数量越多，即网络密度越大，对集群企业知识租金获取以及国际化成长的影响就越显著。

所谓的结构洞则是指社会网络中的某个体或某些个体和有些个体发生直接联系，但与其他个体不发生直接联系、无直接或关系间断（Disconnection）的现象，从网络的整体视角上看就好像是网络结构中出现了"洞穴"。从对结构洞的定义中不难发现：结构洞针对的只是第三者，因为只有这样才能形成所谓关系的"传递性"。例如在 A－B－C 网络中，如果 A、B 之间有关系，B、C 之间有关系，而 A、C 之间没关系，则 A、C 是一个结构洞。A、C 如果要发生联系，就必须通过 B。假如 A、B、C 三个位置处于资源的竞争状态，A、C 结构洞的存在就为 B 提供了比较优势。因为"结构洞"的存在使得第三方将关系断裂的另外两方连接起来，由此，它就形成了两种比较优势。其一是占据结构洞的行动者可能比网络内其他成员更早、更多地获取有价值的信息和更及时地把握信息带来的机会，并以此形成了信息优势。其二是占据结构洞的行动者还可以利用其占据的特殊位置来控制有价值的知识在网络中的流动而获得控制优势，这也就是学者齐美尔关于第三者得利的观念，即可以采取"第三者渔利"的策略。由此可见，结构洞表征了一种网络位置利益，网络环境下经济活动者的竞争优势就在于其能够找到并有效控制社会网络关系中的"结构洞"。在本书中，倘若集群企业在与跨国公司的网络协作过程中能够占据结构洞位置，则意味着其有机会接触到全球生产网络内更多异质性的知识或信息流，因为跨越结构洞所获取的知识、信息冗余度通常是很低的，这能够帮助集群企业清晰辨别全球生产网络内蕴含的威胁或机遇，借此来形成网络内的信息优势。此外，占据结构洞位置的集群企业往往能够在某种程度上阻断全球生产网络内知识或信息的流动或者在跨国公司知识溢出的过程中扭曲其内容，并以此来控制全球生产网络内跨国公司或其他企业协作成员的思想和行为以形成控制优势。可见，在全球生产网络中集群企业占据结构洞位置而形成的"信息优势"和"控制优势"，将帮助跨国公司获取溢出的异质性知识或信息，以实现知识租金的创造，最终实现国际化成长。据此推理，我们提出以下假设：集群企业占据结构洞位置对集群企业知识租金获取以及国际化成长的影响显著。

二 知识租金获取与集群企业国际化成长

产业集群是一个具有地理集中性、地域植根性和社会网络性特征的新型产业组织，因处于这个特定环境中，集群企业升级在很大程度上依托于全球价值链。升级即成长，包括企业规模扩大和企业素质不断提高的过程，集群企业嵌入全球价值链而升级则属于国际化成长范畴。集群企业的国际化成长就本质而言就是集群企业利用比较优势积极嵌入全球价值链，在全球范围内寻求资源的优化配置，尤其是异质性知识资源，将企业的边界延伸到国外市场的跨国经营过程。显然，这一目标的实现有赖于集群内企业核心竞争优势的构建。根据全球价值链理论，集群企业持久竞争优势的构建主要是通过获取技术和市场能力，从事更高附加值的活动来实现的。因而，集群企业国际化成长的过程就表现为一个不断提升技术能力和市场能力的过程，其最终结果表现为生产更好的产品，更有效率地生产产品或进入需要更多技能的活动。

嵌入全球价值链的前提是企业具有一定的核心竞争优势。而在战略管理研究领域，核心竞争优势与租金密切地联系在一起。在全球价值链的众多"价值环节"中，并不是每一个环节都创造等量的价值，主要的附加值会集中在那些能免于竞争的环节上，而"租金"则是理解这种价值分配的关键概念。所有的企业经营理论都强调，企业经营和参与市场竞争是为了获取超额利润或经济租金，而企业的经济租金来源于生产要素。当前，知识已经超越土地、劳动、资本成为推动生产力发展的第一要素。知识基础观的基本假设是组织犹如一座知识库（Knowledge Repository），企业的本质是知识的整合机构，一切组织活动都是知识的获取、转移、共享和运用的过程，企业的竞争优势来源于企业拥有的独特性知识。知识正成为企业能够获得和保持超额经济租金的源泉，故将这种源自企业内外异质性知识的租金称为"知识租金"。在知识经济迅速发展的背景下，全球价值链和本地产业集群的知识溢出的规模和层次得到快速提升，通过知识存量的积累以及成功商业模式的运用成功获取知识租金已成为影响集群企业国际竞争力的关键因素。

三　理论框架与研究假设的提出

基于上述分析，我们提出本书的研究思路，即以"网络关系性嵌入"、"网络结构性嵌入"、"知识租金"和"国际化成长"为核心概念，从网络嵌入性和知识租金获取的视角构建一个分析全球价值链中集群企业国际化成长的概念框架（如图 3 - 3 所示）以探讨上述变量间的关系。

在图 3 - 3 所示的分析框架中，集群企业关系性嵌入的两个维度（联结强度和联结质量）均对知识租金的获取存在显著的正向影响；在集群企业关系性嵌入对其国际化成长影响的过程中，知识租金的获取起到中介作用。针对上述研究框架提出以下假设：

H1：网络关系性嵌入对知识租金的获取有显著影响。

H1 - 1：关系网络的联结强度对知识租金的获取有显著影响。

H1 - 2：关系网络的联结质量对知识租金的获取有显著影响。

H2：知识租金的获取对集群企业国际化成长有显著影响。

图 3 - 3   基于知识租金获取的网络关系特征与集群企业国际化成长关系的概念模型

图 3 - 4 所示的分析框架中，集群企业结构性嵌入的三个维度（网络规模、网络密度、结构洞）均对知识租金的获取存在显著的正向影响；在集群企业结构性嵌入对其国际化成长影响的过程中，知识租金的获取起到中介作用。针对上述研究框架提出以下假设：

H3：网络结构性嵌入对知识租金的获取有显著影响。

H3 - 1：网络密度对知识租金的获取有显著影响。

H3 - 2：网络规模对知识租金的获取有显著影响。

H3-3：结构洞对知识租金的获取有显著影响。

H4：知识租金的获取对集群企业国际化成长有显著影响。

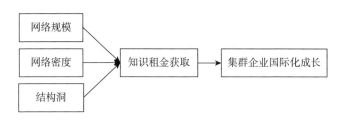

**图3-4　基于知识租金获取的网络结构特征与集群
企业国际化成长关系的概念模型**

第三节　能力视角下集群企业国际化成长
进程中知识租金获取机制分析

全球价值链理论认为：链内先发企业（多为跨国公司）与嵌入其间的后发企业（多为本土集群企业）主体间的知识溢出及转移是集群企业实现知识创新、提升创新绩效的重要来源。集群企业可以通过与跨国公司构建良好的网络关系来获取关键战略资源——知识，以激发和促进创新，依托全球价值链实现国际化成长。然而，有一点不容置疑，即如果集群企业不能持续积累和提升自身的能力基础，则即使是内嵌在全球生产网络中也无法保证企业具备足以应对全球化竞争的实力，这些自身能力匮乏的企业要么被逐出全球网络，要么只能面对一场"逐低"的价格竞赛丧失基本的竞争力。因此，对参与国际竞争的集群企业来说，如何充分利用外部网络中蕴含的各种知识资源来强化自身的能力是集群企业获取持续竞争优势实现国际化成长的关键。以下，我们将基于能力视角探讨集群企业在获取知识租金时实现国际化成长的机理。

一　吸收能力、知识租金获取及集群企业国际化成长①

（一）吸收能力与集群企业国际化成长

在前述研究中，我们通过深刻剖析集群企业国际化成长的内涵提炼出集群企业国际化成长的实质就是凭借自身的禀赋优势、依托全球价值链实现升级的过程。产品内国际分工形式的出现，将国与国之间基于比较优势的分工从产品贯彻到产品内部的工序和流程，极大地改变了全球经济运行方式。这种新型的国际分工形式不仅为发达国家的跨国公司重新定位自身发展战略和强化竞争优势提供了可能，也为发展中国家的集群企业融入全球化生产体系，并沿着全球价值链不断地由劳动密集型环节向技术密集型环节提升，进而实现跨越式升级提供了一条有效而便捷的途径。然而，不容忽视的是，这一跨越发展过程并不是自然产生的，如何在新型国际分工条件下实现企业升级已经成为当前我国集群企业顺利实现国际化成长亟待解决的问题。

在网络经济和知识经济时代，伴随着商业环境动荡性的加剧和网络化进程的推进，集群企业对于事关核心竞争优势构建的重要战略性资源——信息、知识诀窍等的争夺必将愈演愈烈。但企业自身内部的知识资源对于未来创新的推进是远远不够的，企业迫切需要通过与外部经济主体实现交流互动来获取那些复杂且广泛分布但又不容易在企业内部产生或获取的相关知识、信息。而全球生产网络的出现与发展，为集群企业获取知识资源提供了一个很好的平台。可以说，网络能够为企业获取内部稀缺的知识和资源提供机会，但是倘若没有对网络关系的有效管理和对知识资源的合理整合以将其

①　该部分内容来源于笔者公开发表的论文《跨国公司知识溢出质量特性与本土集群企业国际化成长关系研究——基于吸收能力调节效应的视角》。

纳入自身生产经营活动中的能力，企业是无法真正利用全球生产网络中的知识溢出效应且从中获益的。这表明，纵然外部网络关系为企业获取稀缺、有价值的知识资源提供了可能，但只有当企业自身具备较高的吸收能力时才能将这种可能性转化为现实。而且，企业具备的吸收能力越高，就会像磁石一样吸引到更多更好的网络间合作伙伴和合作关系。从以往的研究梳理过程中，我们不难发现企业进行创新的过程实质上就是一个有效整合企业内外部资源的非线性过程，而且这个过程是与企业对外部知识的获取、转移、整合、创造和应用紧密相连的。吴隆增（2008a）认为企业获取外部知识的能力建立在企业自身吸收能力的基础上，组织的吸收能力越高，能够掌握信息与环境的能力就越好，同时也就越有能力辨别有用的知识并加以吸收以创造出对组织有价值的绩效。Cohen 和 Levinthal（1990d）认为吸收能力可以使企业更加准确地预测技术知识的本质及商业化潜力。总之，吸收能力作为一种内嵌在企业管理和过程的动态能力，已经成为在网络经济和知识转移浪潮中获取竞争优势的关键要素，企业吸收能力越高，企业从外部环境中捕捉创新机会的概率就越高，它已经成为企业实现协同创新和开放式创新的重要能力基石。

以下，我们主要借鉴学者 Zahra 和 George（2002b）对吸收能力的经典分析框架，从潜在吸收能力与实现吸收能力两个维度研究知识的获取、消化、整合及利用四种能力对企业提升自主创新能力的影响。他们在研究中从企业动态能力的视角出发将企业知识的获取、消化、转换、应用、构建、维持与企业持续竞争优势紧密地联系在一起，强调吸收能力是一种内嵌于组织惯例和过程的动态能力，并将这种动态能力进一步划分为潜在吸收能力和实现吸收能力。前者侧重于对外部知识的获取与消化，而后者则侧重于对知识的转换与利用。两种能力虽然具有各自的独立性，但相互之间亦存在互补的关系，并共存、统一于组织之中。在经济实践活动中，企业通常利用潜在吸收能力获取和吸收外部新知识,而利用实现吸收能力整合企业的先验知识和外部新知识,并通过企业的产品创新、工艺创新、市场创新和管理创新活动,对整合后的知识进行有效的转化和开发利用,产生新知识以提高企业的创新绩效。上述分析表明,在全球生产网络中,高水平的吸收能力是集群企业获取跨国公司知识溢出效应、提升国际竞争力的关键性因素。因为集群企业只有具有较高潜在吸收能力才能获得跨国公司更多的外部知识,从而更容易保持国际竞争优势,而集群企业只有具有较高实现吸收能力才能更容易将获取的外部知识转化为企业的知识创新产出,从而取得国际竞争优势。

(二)吸收能力与知识租金获取

随着经济的全球一体化、技术创新的非线性以及客户需求的快速变化,企业外部的经营环境正面临着高度的不确定性。而为了应对这种高度的不确定性且能在国际市场上保持竞争优势,跨国公司在世界范围内通过对全球生产网络不同节点之间的价值创造行为进行时空协调以获取其构建竞争优势所必需的时间和空间集聚经济效应。这种产业活动的分离和整合在经济全球化的背景下愈演愈烈,实践证明,这种网络组织形式取得了巨大的成功。可见,在网络情境下,企业通过结网协作来共同创造价值已经成为当下世界经济舞台的趋势。

追求卓越的绩效是企业经营永恒的主题和目标。企业经济租金是解释企业价值创造和获取超额利润的重要工具。在企业的经济租金获取方面,学术界存在两种截然不同的观点:一种是资源依赖观,强调经济租金产生于企业对资源的依赖,经济租金来源于生产要素;另一种是动态能力观,强调经济租金产生于企业对其自身动态能力的塑造。而本书认为单一强调企业依靠某种生产要素或能力都是有失偏颇的,若无生产要素,"巧妇难为无米之炊",若无能力,怎能酿成美味佳肴？故我们认为租金产生于"资源 + 动态能力"模式，而与工业经济时代不同，知识经济时代资源知识化和知识资源化的结果使参与市场竞争的企业有可能长期延续企业的竞争优势。知识正成为新的历史语境下企业构建核心竞争优势的战略资源。知识经济背景下，企业必须进行持续不断的学习与创新才能创造和保持这一竞争优势，而决定知识的获取、转化和有效利用的能力将是企业的动态能力。企业通过动态能力激活蕴含在网络中的关键战略要素——知识资源，并通过自身将外部获取的新知识消化、吸收、转化且应用于商业化终端，最终在市场上获取租金。

知识租金的获取强调企业通过构建动态能力，利用内外部异质性知识进行知识创新，这也是对知识进行有效转移、流动的过程。吸收能力的基础是知识，企业的动态能力产生的基础一定与知识范畴有关。而根据 Zahra 和 George（2002）对吸收能力内涵的界定：它是一种由企业获得、吸收、转化和开发知识等一系列组织路径和过程构成的动态能力。企业构建的吸收能力不仅影响获取知识的成本，也影响网络内协同伙伴间进行价值创造的意愿，是有效获取知识租金的一种手段。吸收能力好的企业能够更好地内化外部成熟的技术和知识；企业的吸收能力越强，对于外界环境的经营掌握能力也就越高，就越能辨别外界有用信息的价值，而外部知识资源的识别、评价及挖掘对知识租金获取同样也是非常重要的。此外，吸收能力强的企业亦往往能够表现出较强的学习意愿和整合外部知识信息并将外部知识信息转化为企业知识资本的能力，而正是知识资本的高效运用才使得知识租金获取最终成为现实。可见，作为一种创造新知识并将新知识转化为商业成果的能力，吸收能力的高低是能够决定企业在日益复杂动荡的市场竞争环境中获取租金的比例大小的。

集群企业在国际化成长进程中对知识租金的获取既要求集群企业在知识创造过程中充分利用全球生产网络内有价值的知识，亦要求集群企业与外部网络内的协作伙伴共同将新技术、新知识商业化，即集群企业能够将产品和服务成功地推向国际市场并获取超额利润。而这一经营目标的实现在某种程度上是与吸收能力中的潜在吸收能力与实现吸收能力一一对应的。因为，潜在吸收能力是集群企业获取并整合全球生产网络内蕴含的知识的能力，而实现吸收能力则是集群企业将从全球生产网络中已获取的外部知识进行再加工并实现知识转化和创新的能力。集群企业的潜在吸收能力可以帮助集群企业从全球生产网络内的跨国联盟合作者或其他网络协作者那里获得并学到自身创新所需的知识，使网络环境下的集群企业获得战略柔性，并以此来帮助集群企业在快速变化的全球市场环境中得以生存和发展。而集群企业的实现吸收能力则可以帮助企业创造新的知识，以实现自主创新的战略目标，因为构建自主的创新能力是企业在如今竞争激烈且多变的国际市场环境中克敌制胜的关键。

（三）知识租金获取与集群企业国际化成长

随着全球化进程的加快和后发国家的集群在"微笑曲线"最低端的相互倾轧，许多集群企业正逐步陷入一种"贫困增长"的陷阱，即加工产品出口越多，产品的价格就越低，产量的扩大并未带来收入的增加。从国际分工的角度究其原因主要在于在跨国公司主导的全球价值链上，不同价值环节的分工利益存在巨大差异，巨额利润被链内拥有话语权的发达国家的品牌商、渠道商及专利持有人所分割，而承担加工制造环节的中游企业——多为后发国家的集群企业在价值链中只能获得极其微薄的租金收益。

知识租金的获取是集群企业创新价值实现的经济学意义的表征，通过在市场上实现知识租金获取以获取大量利润能够分摊企业前期的研发成本并且为下一步研发再投入提供资金上的支持，这个良性互动的过程必然使企业创新再投入的动力和能力均得到提升，这对于企业改善国际分工地位、开拓国际市场、顺利实现国际化成长是有积极意义的。

（四）概念模型及研究假设

基于上述分析，我们以"吸收能力"、"知识租金获取"和"集群企业国际化成长"为核心概念，从组织内动态能力——吸收能力和知识租金获取的视角构建了一个分析全球价值链中集群企业国际化成长的概念框架以探讨三者的关系（如图 3-5 所示）。

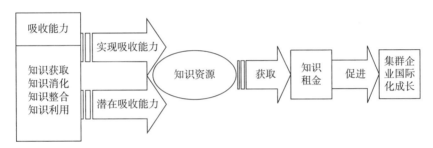

图 3-5　吸收能力、知识租金获取与集群企业国际化成长的概念模型

在图 3-5 的概念框架中，集群企业吸收能力的两个维度（潜在吸收能力和实现吸收能力）均对知识租金获取和集群企业国际化成长存在显著的正向影响；知识租金获取对集群企业国际化成长有正向影响。针对上述研究框架提出以下假设：

H5：吸收能力对集群企业知识租金获取有显著性影响。

H5-1：知识获取能力对集群企业知识租金获取有显著性影响。

H5-2：知识消化能力对集群企业知识租金获取有显著性影响。

H5-3：知识整合能力对集群企业知识租金获取有显著性影响。

H5-4：知识利用能力对集群企业知识租金获取有显著性影响。

H6：知识租金获取对集群企业国际化成长有显著性影响。

二 网络能力、知识租金获取及集群企业国际化成长[①]

(一) 集群企业网络能力与知识租金获取

企业资源观认为，资源是决定竞争优势的静态因素，而能力则决定了资源如何被运用和利用。在全球一体化和知识经济时代，在知识资源嵌入集群企业与跨国公司互动形成的网络中，网络能力通过激活这些有分布性、嵌入性、集体性和累积性等特性的知识资源来获取其中蕴含的知识租金，进而形成相对于网络外企业的竞争优势。

以下本书借鉴方刚（2008）对网络能力的维度划分，从战略性和操作性的视角对集群企业通过网络能力激活网络中内嵌的知识资源最终获取知识租金的机理进行分析。

战略性层面的网络能力——网络规划能力主要是指集群企业洞悉网络现状、识别网络内蕴含的各种战略机会、构建网络活动目标的组织能力。这种能力能够使企业从战略性的高度来规划网络活动，意在通过战略规划来指导企业获取知识租金并构建符合企业战略意图的网络形态。而操作性层面的网络能力主要涉及网络配置能力、网络运作能力和网络占位能力。网络配置能力是指企业管理网络规模、合作伙伴的异质性和建立与潜在合作伙伴的直接联结的相关能力，侧重于网络协作关系的开发。通过对网络合作伙伴的发现、评估和选择保证了企业能够嵌入一个有足够伙伴和丰富联结的知识交流平台，而通过与网络协作者构建直接联结则能够建立高效的知识转移渠道，这些都为知识租金的获取构建了丰富的"知识库"。网络运作能力是指集群企业管理和利用与全球价值链内每个网络协作伙伴关系的能力，它强调深化与现有的

---

① 该部分内容来源于笔者公开发表的论文《网络能力、知识租金获取及集群企业国际化成长的关系研究》。

协作伙伴之间的关系，旨在建立一种信任、稳定和兼容的网络协作氛围。大量研究证明，只有与合作者之间保持稳定的互惠关系和共享的工作规范及价值系统才能保证网络内的知识交流的顺畅和避免由迥异的组织背景和文化带来的消极影响，为知识租金的获取创造良好的外部协作环境。网络占位能力是指占据网络内关键性战略位置的能力。只有牢牢占据网络关键性战略位置，才能保证企业获得更多的异质性、高质量的知识，降低知识传递过程中的不确定性并成为网络内其他企业知识沟通的桥梁，以提高企业在网络内的声誉以及合作伙伴间的信任和互惠度，增强知识租金的获取能力。

（二）集群企业网络能力与集群企业国际化成长

集群企业实现国际化成长的实质是依托全球价值链实现升级，而升级主要取决于集群企业在组织价值链内的网络活动和事务时，能够通过网络能力激活蕴含在链内的知识资源、获取知识租金、改善国际分工地位来实现。而在当前的网络经济时代，任何企业都无法具备创新所需的所有异质性的知识资源，都需要通过结网协作的方式从外部获取资源来实现创新。而网络能力则是一种企业基于自身资源，通过识别网络价值与机会，建立、利用各种网络关系以获取稀缺资源的动态能力。通过运用这种能力，集群企业能主动加强对网络的管理，不断优化网络关系，协同网络间伙伴的知识和能力，促使符合国际市场需求的新产品或服务的不断出现，从而在复杂多变的网络环境中顺利实现国际化成长。

（三）集群企业知识租金获取与集群企业国际化成长

知识资源的形成具有因果模糊性、社会复杂性、路径依赖性、时间压缩不经济性，这些属性使知识资源的供给弹性较小，因而产生了这种高级要素的难以模仿性及难以替代性，自然也构成了企业构建核心竞争优势的基础。在集群企业通过提升自主创新能力实现国际化成长的进程中不仅需要从内部积累新知识，还需要不断地学习由价值链内与先发企业互动过程中溢出的新的市场和技术知识。在网络组织情景下，嵌入全球价值链的本土集群企业的边界是开放的，它们能够通过协调企业内外的知识资源来产生创新思想，并在此基础上运用不同的商业模式进行创新的商业化。总之，集群企业能够通过价值链内协作伙伴间知识资源的动态整合，协同获取知识租金，帮助其实现国际化成长。

（四）概念模型及研究假设

以上通过对集群企业的网络能力、知识租金获取以及国际化成长的概念界定和理论分析，可以进一步厘清上述三者之间的关系：首先，知识资源是知识租金的来源，而知识租金是集群企业实现国际化成长的经济表征，是知识资源价值上的体现；其次，知识资源是网络能力作用的物质基础，网络能力在组合利用知识资源完成一系列任务的过程中发挥动态功用，获取了知识资源这种高级生产要素，成为企业构建持续竞争优势的天赋使命；最后，网络能力激活了蕴含在知识资源中的知识租金，并确定企业获得这种额外收益的份额，而知识租金则是网络能力发挥作用的经济成果，上述概念间的关系及研究如图 3 - 6、图 3 - 7 所示。

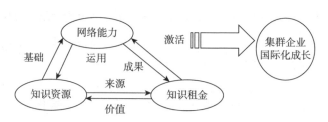

图 3 - 6　网络能力、知识租金获取及集群企业国际化成长的关系

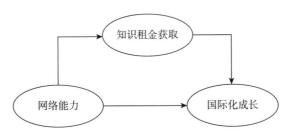

图 3 - 7 本书假设的概念模型

基于上述分析，本书提出：

H7：在集群企业国际化成长的过程中，网络能力对知识租金获取具有正向显著性作用。

H7 - 1：网络规划能力对知识租金的获取具有正向显著性作用。

H7 - 2：网络配置能力对知识租金的获取具有正向显著性作用。

H7 - 3：网络运作能力对知识租金的获取具有正向显著性作用。

H7 - 4：网络占位能力对知识租金的获取具有正向显著性作用。

H8：知识租金获取对集群企业国际化成长有显著性影响。

三 网络能力与吸收能力耦合、知识租金获取及集群企业国际化成长①

集群企业知识创新能力的提升是其实现国际化成长的核心动力所在。决定集群企业国际化成长的内在机制的是竞争力，而竞争力的核心在于知识创新能力。集群企业国际化成长不仅受到其所在网络环境的影响，其自身的能力特征也是不容忽视的，网络能力、吸收能力决定了企业间实施共享、协同知识创新的范围及绩效，影响着集群的发展演化趋势。因此，网络能力、吸收能力都是影响集群

---

① 该部分内容来源于笔者公开发表的论文《集群企业国际化成长进程中网络能力与吸收能力的耦合度研究》。

企业知识产出及国际化成长的重要因素。本书中我们都仅就作为企业组织间的能力——网络能力或者作为企业组织内的能力——吸收能力对知识租金获取及集群企业国际化成长的影响进行论证。这种单一视角的研究限制了我们对于网络能力和吸收能力之间耦合作用关系的理解，尽管已有学者提出需要同时分析企业内外部网络互动对于集群企业自主创新的影响，但是，迄今为止，对两者耦合互动这一动态过程的把握的相关研究仍然十分匮乏，故对集群企业进行知识创新实现国际化成长的机理阐释对现实的解释仍显乏力。基于此，以下本书将构建"网络能力与吸收能力耦合、知识租金获取及集群企业国际化成长"的理论模型，力图准确把握两种动态竞争优势能力之间的相关关系，系统、全面地研究两者之间的互动和耦合模式，以加深对集群企业实现国际化成长动态过程的理解。这不仅有助于帮助集群企业明确如何改善自身的能力特征属性，而且为政府引导集群企业实现"走出去"的政策制定提供决策参考。

本书的理论演绎逻辑是：首先阐明全球生产网络中跨国公司知识溢出的经济效应，这是网络能力与吸收能力耦合机制作用的外部环境；其次从集群企业的网络能力与吸收能力这两个企业竞争优势能力子系统的耦合关系出发，分析集群企业在嵌入跨国公司主导的全球价值链组成的全球制造生产网络中，网络能力与吸收能力的交互耦合机制，在此基础上构建两者之间的耦合关系模型；最后分析基于集群企业网络能力与吸收能力耦合的知识租金获取及实现国际化成长的逻辑，在此基础上构建"网络能力与吸收能力耦合、知识租金获取及集群企业国际化成长"的概念模型，为本书后续的实证研究奠定理论基础。

（一）全球生产网络中的知识溢出的经济效应

在知识经济全球化背景下，跨国公司对生产网络的全球战略布局为后发国家集群企业进入国际市场并通过嵌入这些网络获取异质性知识资源、提升自主创新能力，进而实现国际化成长提供了机会和可能。因为全球生产网络的布局不仅延伸了价值链长度，还提升了企业经营过程的复杂程度，这种客观性必然迫使处于生产网络主导地位的跨国公司一方面为使产品在国际市场立足而主动帮助东道国的本土集群企业提高生产制造技术水平；另一方面随着信息技术革命的突破性进展和全球化经济使知识与能力在世界生产网络范围内扩散，知识的空间"黏滞性"大大降低，生产制造高附加值产品的活动逐渐转移到生产网络中的各个节点，那么处于生产网络节点的东道国本土集群企业有可能通过嵌入生产网络获取跨国公司的知识溢出。

（二）网络能力与吸收能力的耦合机理分析

在科技革命大爆炸的知识经济时代，网络已成为集群企业创新的外部环境特征。对依托"集群效应"嵌入全球价值链中的集群企业来说，选择结网协作是它们在这个新时代背景下实现知识创新及构建持续竞争优势的前提，那么它们各自的网络行为，包括网络的构建、网络行动的治理、促进网络向有利于自身境况改善的属性演变等诸多方面都会对集群企业提升知识创新效率和与国际市场实现迅速对接产生重要影响。正是由于网络对集群企业的知识创新能够产生深刻的影响，集群企业成功地开发与管理与网络内协作伙伴间关系的网络能力也就顺理成章地被视为一种核心能力，成为保证集群企业获取持久竞争优势的重要源泉禀赋。然而在战略研究领域，持企业能力内部观的许多学者目前仍主要强调企业的内部能力是实现创新的基础能力，企业进行创新的过程从本质上讲是企业有效地整合内外部资源，尤其是异质性知识资源的非线性过程，企业创新的过程与知识资源的获取、转移、整合、创造和应用等行为是密切相关的。诚然，外部环境的网络特性虽然为集群企业创造了接近先进知识资源的机会，但是在企业把从外部搜寻的"知识资源"转换成对企业创新有用的专用性的"知识库"的过程中，吸收能力在其中扮演的角色亦是不容忽视的。目前，很多研究特别是实证性的文献都证实吸收能力对企业创新生产率的提升具有显著性影响，能够提升其开发新产品或服务的效率。无论是在集群企业内嵌的本地集群网络内，企业、中介、金融机构、政府等组织之间形成的较强网络关系还是在集群企业外嵌的全球生产网络中，企业与跨国公司（发包方）、上下游的协作企业等形成的网络协作关系均是知识资源流动的主要渠道，良好的网络属性能够促进集群或链内知识资源的传递及企业自身吸收能力的形成，从而助推集群企业提升知识创新的效率及实现国际化成长。

上述分析证实了在复杂多变的网络环境下，网络能力与吸收能力均是集群企业获取持续竞争优势并顺利实现国际化成长的重要来源。网络能力是微观层面研究企业与网络关系的重要视角，它通过主动发起与运用个体—个体以及个体—整体层次的网络关系，杠杆地利用网络间合作伙伴所具有的有价值的信息、知识与其他关键性资源来提高创新绩效。而吸收能力亦是从微观层面出发研究企业如何通过对知识资源的获取、整合、消化及应用来不断提升自身技术水平，支撑企业实现知识创新。但是我们似乎忽略了一点：作为集群企业网络经济时代促进知识创新能力提升、获取竞争优势能力系统的两个子系统，两者之间是相互作用、相互促进的，即两者在一定程度上也是存在耦合关系的，所以我们有必要从更高的层次探寻两个能力系统对集群企业创新的耦合作用。

耦合原本是一个物理学中的概念，在物理学中，耦合是指两个或两个以上的系统或运动方式之间通过各种相互作用而彼此影响以至联合起来的现象，是在各子系统间的良性互动下，相互依赖、相互协调、相互促进的动态关联关系。若将其推广到社会科学研究领域，我们就可以把两种社会现象通过某种条件有机结合起来以发挥作用，这称为耦合。由上述对"耦合"内涵的定义，我们可以发现：

耦合的基本前提是耦合各方必须存在某种关联；耦合的结果是耦合各方的属性会发生变化（即原有的属性会被缩小或放大）。集群企业网络能力的增强可以拓展企业的资源边界，使其有机会接触和获取更多更广泛的信息、知识与其他有形和无形资源，但如何有效地学习和利用这些知识资源，使其转化为创新的成果并提升创新绩效则更取决于企业内部对上述知识的消化、吸收能力的强弱，两种能力在知识创新的过程中存在紧密的联系与互动。以下我们遵循邢小强和全允桓（2007）将能力分为知识属性和能力属性的角度来对两者在集群企业知识创新过程中的互动与制约关系进行具体分析。

角度一：知识属性

首先，网络能力与吸收能力具有共同的知识基础。企业在组织各种网络活动时所需的各种知识都包含在其自身的吸收能力内。如在拟开发或构建以知识创新为导向的网络联结时，企业先前通过吸收能力获取的知识存量的多少和质量将直接影响到对网络协作伙伴的选择与评估，甚至会影响到未来知识转移或交流的效果。同时，企业吸收能力本身作为企业特有的资源与能力的混合体也是网络内其他组织选择与评估的对象，双方在知识上的互补性、势差在很大程度上都将影响到企业在网络内的地位和利益分享比例。网络能力与吸收能力需要和网络内合作伙伴就知识资源的互补、交流、转移进行协调、学习，因此两者在与合作伙伴互动过程中在知识的相关关系的处理和协调方面往往是重合的。另外，一般而言，结网能力强的企业往往具备更广阔的结网对象的选择空间，因为结网对象的选择往往具有较强的路径依赖性，倾向于选择和自身存在最有认知距离和知识积累的伙伴，而反过来，高质量知识属性的网络构建可以提升企业吸收能力发挥的水平和效率。

其次，网络能力与吸收能力相互提供知识发挥作用的平台：外部网络是企业网络能力的作用对象，企业能够通过网络能力充分利用和有效管理知识资源，为其有效地从外部汲取新的知识提供渠道，网络能力越强，企业在网络中越处于关键性战略位置，就越有机会接触更多的观点、进行更多的交流，从而使企业对知识的表达、理解能力得到加强，更加有利于知识的吸收和转移。内部知识创造是企业吸收能力的作用对象，企业能够通过吸收能力将外部获取的新知识消化、吸收并通过商业运作有效支撑企业外部高质量的网络联结活动、提升企业网络间的地位和网络的控制力从而为进一步的网络边界的拓展奠定知识基础。由上述分析可知，网络能力与吸收能力尽管在概念内涵上存在差别，但它们在知识基础与知识发挥作用的平台上是密不可分的。

角度二：能力属性

从能力的活动特性看，网络环境下的知识创新要求企业必须具备网络能力和吸收能力。网络能力决定企业间网络协作知识创新的效率，而吸收能力则决定了企业自身接受异质性知识并将其有效应用的程度和效果，两者作为企业实现知识创新的子能力系统在知识创新过程中是相互促进和制约的。企业的网络管理活动和知识吸收活动都是为了使企业获得知识资源促进知识创新，鉴于二者具有同样的目的性，所以它们在一定程度上表现为具有一致的作用，即都旨在为企业带来有价值的活动，前者主要通过网络构建、网络管理、网络协作等任务体现，后者则反映在企业对外部知识获取、消化、吸收和应用的各种知识活动内。企业的诸多网络行为必然会与不同的合作伙伴之间形成互动，其间必然伴随着各种信息、技术与其他资源的交流。这种交流互动对于企业吸收能力和网络能力的提升都会产生显著影响。

一方面，众所周知，有价值的知识资源是稀缺的，知识经济时代，谁首先获得了稀缺性的知识资源，在竞争中必然能够掌握较大的主动权。在网络环境中，企业的网络能力强则意味着其能够主动、快速地发现网络内部的关键性知识资源，也就是说网络能力越强的企业，识别网络外部、网络内部新知识的能力就越强。与此同时，企业还可凭借较强的网络能力主动构建符合自身战略意图的网络，在网络中占据关键性战略位置以增强网络内的在位权和话语权，这些都有利于后续对所搜寻的新知识的吸收。网络能力中必然包含网络学习的内涵，这对于吸收能力的影响是最关键的。通过网络进行学习是企业在网络协作进程中获取知识溢出的能力，这将直接对企业吸收能力的强弱产生影响，而网络中涵盖的其他内容，如网络开发、网络联结、网络治理等都将对吸收能力的发挥起辅助作用，并为其奠定基础。吸收能力是在企业对内外交替的知识进行由显性知识向隐性知识转换的螺旋过程中得到提升的，从内部视角看，企业主要采取加大对研发的投入，开展组织内学习、交流等形式获取新知识，而从外部视角来看，则主要是通过企业间的知识联盟、产学研结合、知识授权以及市场交易等多种形式从外部引入新的知识，这些行为都会促使企业与外部网络间的组织产生联结和互动。然而企业的网络能力则会限制上述联结的空间与质量，决定网络协作伙伴间知识交换的强度及频率，这对企业从外部获取异质性知识资源的效率必然会产生影响。值得注意的是，若企业无法与有效的知识资源建立联结就不存在新知识的获取与学习，即使企业能够与网络内协作伙伴实现联结，但如果缺乏有效的关系管理和组合能力，则也会降低企业的知识创新绩效。在网络能力中，关系管理能力主要是指对二元关系的交流、优化和协调。良好的联结关系可以帮助企业以较低的成本和代价获取对自身有利的知识资源，降低机会主义和违约风险，从而保证企业能够在一种信任和谐的氛围中可持续地吸收新知识、利用新资源。而关系组合能力则着眼于对企业外部整个网络内多元关系的协调和整合。企业对网络内关系的组织、整合和重构，必然会大大扩大企业获取知识的视野与强度，增强企业综合利用网络内部不同个体的资源，实现新知识的开发和利用。

另一方面，企业的吸收能力涵盖的各种知识活动中包含了对构建网络能力所需的知识的整合与创新，这些知识活动为企业网络关系的开发和利用奠定了知识基础，同时也会限制网络活动的方向和效果。在以知识创新为导向的网络构建过程中，具备强吸收能力的企业往往能够吸引更多高质量的网络关系，这有利于企业间在知识互动层面进行有效的交流与沟通，在这种对新知识资源吸收和消化的过程中必然伴随着非技术层面的网络交流与互动，这种网络管理的实践交流与互动必然会极大地影响企业网络能力的提升。此外，企业自身吸收能力的高低也制约着其开展网络活动的层次与效率，如企业可以占据网络优势位置（"结构洞"或"桥"），这为新知识的获取提供了先天的占位优势，但自身如果不具备强大的吸收能力，那么就很可能导致企业陷入"知识搜寻"的转换困境中，这将意味着企业从网络搜寻中获得的知识不能在内部进行转换，这将严重制约企业未来网络管理活动的开展，限制企业网络能力的进一步提升。

基于上述分析，我们认为企业的网络能力与吸收能力之间存在一种交互耦合的关系，为了更好地反映网络能力与吸收能力在互动过程中的耦合状态及其对自主知识创新的影响，我们以图 3 - 8 来反映。

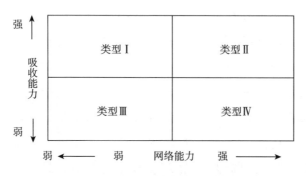

图 3 - 8　集群企业国际化成长进程中
网络能力与吸收能力耦合

在网络特征显著的知识创新环境下，集群企业的网络能力和吸收能力都成为其核心能力的重要组成部分，共同支撑着集群企业持续的知识创新。但是不同集群企业或同一集群企业在不同时期都存在两种能力发展不同的耦合状态。图 3 - 8 显示了集群企业网络能力与吸收能力之间的四种耦合状态。

类型Ⅰ代表集群企业具备相对强的吸收能力和相对弱的网络能力，相对强的吸收能力能够保证集群企业提供高质量的创新产品或服务，但是相对弱的网络能力使集群企业外部联结的网络关系的质量与数量未达到最优状态，这使集群企业不能广泛获取外部知识资源以构建符合自身创新需要的网络协作关系，长此以往对外部环境的变化的反应就会逐渐迟钝，这将给企业带来灭顶之灾。尤其是在创新速度逐渐加快的知识经济时代，网络内组织间协同创新的趋势渐趋明显，若单纯依靠企业个体力量进行创新将加大其创新成本，而长期基于固有的知识基础进行创新则容易使企业陷入创新的"核心刚性"陷阱之中。类型Ⅱ代表集群企业具备相对强的吸收能力和相对强的网络能力，两者之间处于高度耦合状态。强大的吸收能力为集群企业的知识创新提供坚实的基础，保证企业能够不断地吸收、整合并创造出新的知识并将新的知识通过商业模式转化为新的产品或服务，从而达到满足和引导竞争激烈的国际市场的目的；而强大的网络能力则通过构建、管理有利于集群企业发展的外部网络获取跨国公司的知识溢出，并通过集群企业的消化、吸收等转化为企业自身的知识优势，通过研发活动将企业内外的创新资源转化为创新产出，最终提升企业的知识创新绩效。类型Ⅲ中，集群企业的网络能力与吸收能力虽然耦合匹配，但这两种能力都很弱，彼此弱化集群企业的竞争力，即便在短时期内集群企业能维持经营，但随着国际市场竞争的加剧，集群企业如果不能及时根据外部环境与自身特点调整发展柔性战略去主动变革，那么集群企业也很可能会在国际市场上被其他竞争者所替代。类型Ⅳ代表集群企业的网络能力较强，吸收能力较弱，良好的网络沟通与渠道开拓技能可以使集群企业接触到网络内各类有价值的信息与知识。但相对孱弱的集群企业吸收能力不足以支撑集群企业与高水平的网络伙伴——跨国公司建立联结，因为它们无法理解新获取知识资源的内涵，也不能对引入的知识完全消化、吸收，自然也无法对其加以整合以顺利实现创新成果的转化。可见，名义上的知识获得并不能对知识创新绩效产生实际效应，这实际上是对网络能力的浪费，限制了网络能力的充分发挥。

本书对于上述两种能力耦合关系的分析表明：任何知识创新模式都是企业将内部积累与外部学习结合的结果，企业可能在某个特定的阶段网络能力强于吸收能力，或者，反之。但是从长远来看，企业只有在网络演化中达成网络能力与吸收能力的动态匹配，才能实现内外部资源的最佳整合与运用，以提升知识创新绩效。

（三）基于集群企业网络能力与吸收能力耦合的知识租金获取及实现国际化成长的逻辑

在知识经济全球化的时代，嵌入跨国公司主导的全球生产网络内的本土集群企业因在网络能力与吸收能力耦合方面的不同表现，导致了其知识租金获取内在逻辑的复杂和国际化成长路径的不确定。鉴于此，本书以苏州外向型集群企业为例，深入分析了全球生产网络效应下本土集群企业在网络能力和吸收能力耦合上的差异对知识租金获取的比例多少以及顺利实现国际化成长所产生的重要影响。

在跨国公司主导的全球价值链内的知识溢出效应下，后发国家本土集群通过"集群"的形式嵌入全球生产网络中以得到汲取先发企业异质性知识的机会，但是否能充分利用这一机会，获取对企业自身有价值的知识，并顺利实现这些知识的商业价值——知识租金，还取决于集群企业自身的能力基础。鉴于此，我们以"网络能力"和"吸收能力"两个指标来理解不同耦合状态下集群企业获取知识租金、实现国际化成长的路径（如图3-9所示）。

在全球价值链内，处于不同耦合状态的东道国本土集群企业是可能表现出不同的知识租金获取和国际化成长的演化路径的。

在区间（强吸收能力，弱网络能力）内的集群企业具有相对较强的吸收能力和相对较弱的网络能力，因为集群企业的网络能力较弱或者可以将其理解为网络嵌入性不足，没有和全球价值链内的跨国公司形成密切的产业关联或者合作关系，所以它从跨国公司获取知识溢出的途径通常采用市场的手段，其主要包括：正式的合同契约且常常需要为使用跨国公司具有产权的知识产品付费，如技术许可、交钥匙工程、技术咨询、资本品购买等；或者被动参与到跨国公司的某些项目，如反求工程、考察和人才引进等。集群企业通常会因为较差的网络能力导致的较差的网络嵌入性造成网络内知识转移"黏性"，出现知识资源获取的困难从而最终影响到集群企业的国际化成长，所以集群企业应该加强培育网络能力，通过国际代工等形式积极嵌入全球价值链中，在实现与链内跨国公司合作的基础上建立相互的信任和理解，增强相互付出和利用对方知识资源的意愿和主动性，以实现吸收能力和网络能力不断强化的耦合效应，加速知识尤其是默会知识的有效获取，最终获取知识租金，以获取国际化成长的机会，如路径Ⅰ，这一国际化成长路径亦是符合我国实现跨国经营的意图的。

在区间（弱吸收能力，强网络能力）内的集群企业具有相对较强的网络能力和相对较弱的吸收能力，它们的国际化成长的境况与前者迥异。集群企业吸收能力和网络能力处于这种耦合状态往往是符合主导全球价值链的跨国公司全球战略性布局意图的，它们已经成为全球生产网络在地理空间中延伸的产物，是跨国公司的附属品，如路径Ⅱ。一般而言，该类型的集群企业往往自身缺乏系统性的自主研发能力和专业化的研发团队，并且在价值链内试图进行升级时常常遭遇跨国公司严格的知识转移限制条款和战略隔绝机制，这些都在很大程度上削弱了集群企业自主知识创新和汲取外部知识效应的能力。虽然较强的网络能力让集群企业有机会接触到对企业有价值的"知识资源"，但因其对跨国公司长期的技术依赖和自身薄弱的知识基础储备，"干中学"和有效吸收、创新与应用知识的效率一直不高。其实，这种现象也集中反映了跨国公司的全球战略意图，因为在合资公司内部以及东道国本部所产生的技术研发能力、可能研发的新产品或服务都会对跨国公司主导的全球制造体系带来威胁，所以它们一方面在转让成熟技术的同时会限制重大创新技术或核心技术的转移；另一方面也会通过多种方式防止合作方产生新的设计能力。可见，处于这种耦合状态下的集群企业即使其价值链活动发生在东道国本地，但其知识溢出与自主创新能力的提升并不显著，所以集群企业的知识租金获取及国际化成长路径也具有极大的不确定性。

理想的情况当然是集群企业处于区间（强吸收能力，强网络能力）内，即路径Ⅲ。集群企业能够通过在自身知识储备的基础上的创新以及为应用新知识在组织内部管理架构、企业文化和经营过程中诸多方面的适应性调整和改进，提高自身的吸收能力。而在集群企业经济活动现实中更有可能采用的则是路径Ⅱ，即集群企业在全球制造网络内的原有产业价值链联系和关系性嵌入得到强化，跨国公司的全球竞争优势也得以进一步增强，但东道国的整体创新能力没有得到相应提升。此外，对于弱吸收能力和弱网络能力即处于区间（弱吸收能力，弱网络能力）的本土集群企业，由于其与跨国公司之间巨大的关系距离和知识积累差距，其很难进行有效的知识获取。这一类型的本土企业多半是原材料生产、低技术含量、劳动密集生产方式的代工企业，往往依靠低成本竞争优势成为跨国公司在发展中国家采购简单产品的供应商，它们处于全球价值链的低端，产品本身缺乏核心技术。随着全球化竞争的加剧，此类企业仍想依靠传统的低成本优势获取收益已十分困难，落后的技术水平和吸收能力最终会使其在全球制造网络中被淘汰出局。因此，这一类型的企业只有在改善自身吸收能力的基础上进行技术创新，发展高附加值产品，才能彻底摆脱在生产上、技术上、研发上越来越被边缘化的局面。而它们在拥有辨别、理解和吸收外部知识的能力（或者更强的知识基础）时，在网络联结中也会有更好的表现。

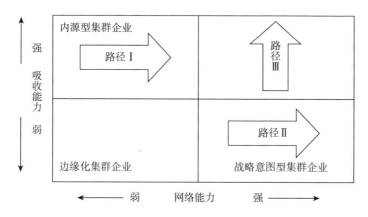

**图 3 - 9　集群企业网络能力与吸收能力耦合
对国际化成长路径的影响**

　　根据上述分析，我们可以发现，在全球价值链知识溢出效应存在的前提下，嵌入全球价值链中的后发国家本土集群企业网络能力与吸收能力的耦合对集群企业知识租金获取会产生影响并进一步导致集群企业国际化成长路径的内在复杂性及其自主知识创新能力提升路径的不确定性。众所周知，几乎对所有发展中国家的集群企业来说，积极主动地嵌入全球价值链的目的都是提升自身技术水平，从从事低端价值链活动进入从事高端价值链活动，获取更多的国际分工收益。然而在经济活动的实践中，发展中国家的集群企业会因其自身吸收能力的不足而热衷于对成熟技术、外围技术的过度投资，这种境况的发生会导致企业逐步陷入"引进—落后—再引进"的"能力型陷阱"和"投资型陷阱"中，最终丧失自主创新的能力，甚至给国家战略安全带来隐患。因此，对后发国家来说如何在全球制造网络中建立和管理企业与网络合作伙伴之间的关系及行为，在获取知识溢出的同时提升自身吸收能力是集群企业突破创新瓶颈实现国际化成长过程中所面临的一大关键挑战。

第四章　研究设计与方法论

　　科学的研究设计及方法是保证研究质量的重要环节。为了深入、有效地探索集群企业国际化成长进程中的知识租金获取机制，本书在相关文献的梳理和规范性的理论推理的基础上提出本书的概念模型和研究假设之后，还须通过定量的实证研究来验证概念模型和研究假设的正确性。由于本书属于集群企业层面的微观研究，其中所涉及的集群企业外部网络嵌入性特征、吸收能力、网络能力、知识租金获取、集群企业国际化成长等数据是无法从现有的公开资料中获取的，所以，在本书中我们采用大样本企业调查问卷的方法来搜集所需要的第一手数据资料并在此基础上进行定量实证分析。本书拟在沿用现有量表、对相关集群企业的实地调研以及该领域专家咨询的意见的基础上进行问卷的调查设计工作，并通过问卷的发放与回收、相关数据的录入与分析展开实证研究。本章以下内容将从问卷设计、数据收集和样本特征、研究变量测度、数据分析的方法四方面系统地介绍本书拟采用的研究方法与研究设计流程，而具体实证操作及结果将在以后章节中介绍。

第一节　问卷设计

　　实证数据的有效搜集是提高实证结果准确性的一个重要前提，因为搜集数据的质量高低将直接关系到科学研究的可靠性和有效性。本书是采用问卷调查的方式搜集数据的，因此，设计科学、合理的问卷是保证数据信度、效度的首要条件。调查问卷是以书面问答为主要形式的问题表格,它主要用来搜集人们的行为、态度和社会特征等方面的资料,因此是管理学研究领域调查、搜集第一手数据最为重要的工具之一。一般而言,调查问卷的主体部分主要是由量表构成的,它对研究者所希望测度的变量属性赋予一定的数字或符号,这能够有效测度问卷应答者对研究者所关注的某个具体问题的态度或看法。在问卷的设计过程当中,研究者往往会将某一个问题视为某一个变量,变量的值则是问卷应答者所选答案被赋的分值。此外,根据以往的问卷设计的经验,在变量的测度题项间具有一致性的情况下,多个关联题项会比单一题项更具有提升数据获取信度的能力,鉴于此,我们将广泛采用多个关联题项对研究变量进行测度。

一 问卷的基本内容

问卷设计需要针对研究的内容展开,根据研究的内容确定要搜集哪些信息,从而确定设置哪些问题(马庆国,2002)。本书的调查问卷设计主要围绕集群企业国际化成长进程中知识租金获取的作用机制展开,要求该问卷能为研究内容提供所需要的有效数据,能够运用因子分析、相关性分析、结构方程模型等对获取的数据进行相应的实证统计分析。根据本书第三章形成的概念模型和研究假设,我们确定本调查问卷量表中需要测度的变量包括关系性嵌入、结构性嵌入、网络能力、吸收能力、知识租金获取、集群企业国际化成长、企业规模、企业性质及成立年限等。围绕本书的目的和研究内容,本书所设计的调查问卷主要包括以下六部分内容(详见附录)。

(1)企业基本信息:企业名称、成立年限、资产规模、员工数量、所属行业、产权性质等。

(2)集群企业网络嵌入性特征测度:联结强度、联结质量、网络规模、网络密度、结构洞。

(3)集群企业吸收能力测度:知识获取能力、知识消化能力、知识整合能力、知识利用能力。

（4）集群企业网络能力测度：网络规划能力、网络运作能力、网络占位能力、网络配置能力。

（5）集群企业知识租金获取测度：知识租金创造、知识租金占有。

（6）集群企业国际化成长测度：创新力、协调能力。

二　问卷设计的流程

为了设计出较为科学、合理的调查问卷，本书严格遵循问卷设计的流程提出的原则和建议，并结合本书的研究具体情境进行具体修改来进行问卷的设计开发，测试问卷的开发流程具体如下所述。

（1）通过文献梳理回顾、对企业的经验调查和对企业实践者的访谈（半结构访谈）形成测度变量的具体题项。

通过对有关嵌入性、知识管理、全球价值链、企业国际化、网络能力、吸收能力等方面文献进行阅读分析以明确研究问题所涉及的变量以及变量之间的关系，在此基础上借鉴学术界当前权威研究的理论构思以及被广泛引用的实证研究文献中已有量表，形成来源于文献的初步研究思路，为变量的测度提供理论支撑。此外，笔者随课题小组成员于2012年6月至8月对苏州外向型产业集群内的企业进行了深度调查，从实践的角度提炼出测度部分题项。调查的过程中我们主要了解我国的集群企业在实现国际化成长的进程中对本地集群和全球价值链内知识溢出吸收及企业进行自主创新的情况和在此进程中所遇到的主要困难、实现与国际市场对接的瓶颈。开展半结构访谈可以帮助我们对研究问题的思路导向进行修正，因为在开展调研之前，我们主要是在阅读文献的基础上进行理论框架的构建，而在实地调研之后，我们能够根据实践者的意见和实地调研的结果对其进行修改，使我们研究问题更加贴近现实企业发展现状，以提高模型对现实的描绘效度。另外，半结构访谈还有助于我们明晰变量所反映的构念范畴以及如何以适当的方式来测度这些变量，可以有效地检测出调查问卷是否与实际相符，能够根据访谈的结果进行有针对性的修改以提升问卷的效度。具体而言，本书主要涉及的变量包括：关系性嵌入、结构性嵌入、网络能力、吸收能力、知识租金获取及集群企业国际化成长。我们在对嵌入性理论、知识管理理论、企业国际化经营理论、全球价值链理论等相关的理论进行梳理综述和实地经验访谈的基础上把握各个概念的边界从而科学设计测度题项。同时，以前述主要变量的测度题项为基础确定了本次调查问卷所要包括的内容，切实做到将实地调研和文献阅读两种方式相结合以形成问卷的初稿。

（2）通过与学术界专家、企业界专家的讨论对问卷题项进行修改。

基于前述得到的问卷初稿，采取面谈或电子邮件的方式就问卷中涉及的题项与变量之间的逻辑关系以及题项涉及的问题向在该领域或在问卷设计方面有丰富经验的学者寻求建议，并根据意见的结果对题项的措辞与题项归类进行调整，且将明显不合理的题项删除。此外，我们还就问卷设计与企业界的专家进行交流。一方面，我们选择具有管理学背景的外向型集群企业内高层管理人员就问卷中变量间的逻辑关系以及量表中的变量测度是否与企业实际情况相符进行咨询，根据他们的意见进行修改以确保问卷的适用度；另一方面，我们选择企业界中底层管理人员就问卷设计中的措辞、语句表述进行咨询，并根据他们的意见进行修改以确保问卷不包含专业术语，易于被一般企业内应答者所理解。在经过了学术界和企业界专家的两轮修改的基础上，形成了调查问卷的二稿。

（3）通过预测试对调查问卷的测度题项进行纯化以形成调查问卷的终稿。

我们将由上述步骤得到的问卷进行小范围的预测试：2012 年 8

月我们选择性地发放 50 份问卷给苏州外向型制造行业产业集群内 20 多位企业的中高层管理人员以进行小范围的试调研，并对回收的该批问卷进行初步的信度、效度评估，根据试调研的结果，我们对部分题项的具体描述内容、词语表达方式等再次进行调整和优化，据此对问卷进行纯化，在此基础上最终形成了可以进行大规模发放并用于本书数据获取的调查问卷终稿（参见附录）。调查问卷的流程开发如图 4 - 1 所示。

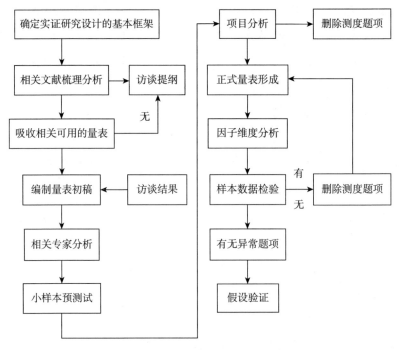

图 4 - 1 调查问卷的流程开发

三 问卷设计的可靠性保障

由于本书调查问卷内对变量的测度均采取 Likert 七级量表，应答者的回答不可避免地具备一定的主观因素，这可能会影响问卷测度的客观性和准确性，导致获取的数据结果出现某种程度的偏差。学者 Fowler（2009）认为应答者应答偏差的原因主要在于：应答者不知道该问题的答案；应答者不能回忆所提问问题答案的信息；虽然知道这些问题答案的信息，但是应答者不想回答这些问题；应答者不能理解所问的问题。尽管在问卷的调查过程中，我们无法完全消除上述四个因素对研究带来的结果偏差，但是我们可以采取一些举措去尽量降低这些因素带来的负面影响。本书将借鉴国内相关领域主流学者的做法，分别从具体测度题项的设计、被测试对象的选择、问卷的结构设计等方面采取措施来尽量减少上述四类应答偏差，具体如下所述。

（1）为了避免应答者因无法理解测度题项的答案的情况发生，本书在调查问卷设计时对被测试者的身份进行了限定，即将问卷的填写者限定为在该集群企业内工作两年以上且对企业的自主创新、国际化经营方面的情况较为熟悉的中高层管理人员以降低第一类应答偏差。

（2）为了避免应答者因时间因素而无法回忆起所需答案的相关信息的情况发生，本书在进行问卷设计的过程中将测度题项包含的问题的时间维度限定在企业近两年内的境况以降低第二类应答偏差。

（3）为了避免应答者可能因为商业泄密及企业信息安全等方面的顾虑不愿意如实地对测度题项进行回答，本书在设计调查问卷的过程中在问卷的卷首就告知应答者本问卷调查所搜集的数据仅用于纯学术研究，是不会用于任何商业用途的，并承诺对应答者提供的信息及本人身份予以保密以降低第三类应答偏差。

（4）为了避免应答者因无法理解测度题项的具体内涵的情况发生，本书在调查问卷的设计过程中广泛听取学术界和企业界相关人士的意见，并通过对调查问卷的预测试对问卷进行纯化从而确保问卷的题项能够被大多数企业内的被测试者所理解以降低第四类应答偏差。

此外，为了提高应答者填写的积极性，我们在企业现场发放问卷时为每个应答者赠送了一份学术意义浓厚的小礼物，而在通过电子邮件发放调查问卷时则附带传送了精选的管理学、经济学的电子书籍。

第二节　数据收集和样本特征

数据收集工作的有效开展是我们进行下一步统计分析的前提和基础。为了达到减少外部干扰因素对研究结论客观、公正性的影响，凸显出本书所关注的自变量对因变量变化影响的目的，我们对问卷发放的区域、对象以及渠道途径等都做了较为严格的控制和把握。

第一，问卷发放区域的选择。为了尽可能地降低不同地域的差异性对于统计分析的影响，本问卷主要针对经济外向度高的苏州地区产业集群内参与全球制造网络的本土集群企业。

第二，问卷发放对象的选择。本书将本问卷发放的对象仅局限于在集群企业内具有两年以上工作经验的中高层的技术和市场开发部门的管理人员，由于本问卷涉及该企业知识创新、国际市场开拓等方面的信息，只有该层面的管理人员才能对上述方面的经营活动有全面的把握，能够对问卷内容做到较为客观、准确的应答。

第三，发放渠道的选择。本书对调查问卷的发放与回收主要采取三种方式：方式一是利用参与国家社科基金项目"新国际分工背景下集群企业国际化成长机制研究"课题调研的机会携带纸质问卷到集群企业内部，当场对问卷的相关内容、填写要求进行解释说明，然后请企业内部相关的管理人员进行现场填写，并当场回收或日后寄回；方式二是通过对南昌大学在上海、江苏等地的 MBA 和 EMBA 在职课程班学员中的企业管理人员进行当面访谈、交流并发放、回收问卷；方式三是通过委托金融机构（如南京银行等）的朋友，通过他们与当地中小企业的业务关系进行问卷的发放与回收（既包括当场的问卷调查也包括 E-mail 等网络形式）。

通过上述数据收集方法，本书共发放问卷 386 份，回收 288 份，问卷回收率为 74.6%；剔除填答信息不完整、填写选项明显存在错误的无效问卷后，实际有效问卷为 256 份，问卷有效回收率达到了 66.32%，具体发放和回收情况如表 4-1 所示。

表 4-1 问卷发放与回收情况

单位：份，%

问卷发放与回收途径	发放问卷数量	回收问卷数量	问卷回收率	回收有效问卷数量	问卷有效回收率
方式一	45	45	100	45	100
方式二	180	166	92.2	158	87.8
方式三	161	77	47.8	53	32.92
合计	386	288	74.6	256	66.32

注：问卷回收率 = 回收问卷数量/发放问卷数量 ×100%；问卷有效回收率 = 回收有效问卷数量/发放问卷数量 ×100%。

第三节 研究变量测度

在构建了集群企业国际化成长进程中的知识租金获取机制的理论模型并提出了研究假设后，本部分将对相关研究变量进行测度。根据已有的国内外公开发表文献中使用的成熟量表以及在本书中概念模型构建时所做的逻辑机理定性分析，以下将对本书如何甄选和开发研究中涉及的被解释变量、解释变量以及控制变量等的测度变量进行具体说明，即通过解释企业网络嵌入性特征、网络能力、吸收能力、知识租金获取、集群企业国际化成长等变量的测度方法来说明调查问卷是如何设计题目来测度这些变量的。根据上述研究变量的操作性定义，本书将其对应到问卷设计上，主要分为六大部分，分别为集群企业网络嵌入性特征、吸收能力、网络能力、知识租金获取、集群企业国际化成长以及样本企业、应答者个人基本资料（具体见附录）。

考虑到由于上述数据可能会涉及调查对象的商业机密而得不到回答或者得不到真实信息，所以本书对变量的测度均采用 Likert 七级量表。数字 1~7 依次表示完全不符合、比较不符合、稍微不符合、一般、稍微符合、比较符合、完全符合，分数 4 代表中间水平。

一 集群企业网络嵌入性特征的测度

鉴于第三章构建的基于网络嵌入性的知识租金获取机制概念模型，本书从"关系—结构"两个维度来测度集群企业嵌入性特征属性。关系性嵌入的度量选取"联结强度"与"联结质量"两个构面；结构性嵌入的度量选取"网络密度""网络规模""结构洞"三个构面。

在具体设计调查问卷时，我们在借鉴现有文献研究成果基础上，根据本书的目的及研究具体情境进行适当修改，具体设计见表 4 - 2。

网络联结强度的大小描述了行为主体联系频率的高低和组织资源对联系承诺的高低。在联结强度构面主要借鉴了 Granovette（1985）、Burt（1992）等的量表，从集群企业与全球价值链内跨国公司之间互动联系的频率，亲密的程度，互信、互惠交换等程度来测度，设计了"全球价值链内企业间的知识交流及合作频度比较高（Q1 - 1）""全球价值链内企业间的合作持久度比较长（Q1 - 2）""全球价值链内知识接受企业不会怀疑知识溢出企业所提出的知识的有效性和真实性（Q1 - 3）""全球价值链内知识接受企业与知识溢出企业之间的谈判是公正和公平的（Q1 - 4）"4 个题项。

在联结质量构面主要借鉴了 Walter（2003）、McEvily（2005）

的量表，从集群企业与全球价值链内跨国公司之间的信任程度、承诺完成的情况及对知识创新合作的满意程度等来测度，设计了"知识接受企业与知识溢出企业在合作过程中，不存在损人利己的趋向（Q2-1）""知识接受企业与知识溢出企业相互信守承诺（Q2-2）""知识接受企业与知识溢出企业尽可能地相互提供对方所需要的信息（Q2-3）""知识接受企业与知识溢出企业能够分享未来的发展计划（Q2-4）"4个题项。

在网络密度构面主要参考了 Batjargal（2001）、Uzzi（1996）、Molm（1995）的量表，设计了"全球价值链内企业的合作伙伴之间存在很多的直接联系（Q3-1）""与同行业竞争者相比，企业与同一行业内其他企业之间关系更密切（Q3-2）""与同行业竞争者相比，企业积极参与或促成企业联盟（Q3-3）""与同行业竞争者相比，企业和全球价值链内的很多企业有过合作经历（Q3-4）"4个题项。

在网络规模构面主要借鉴了王晓娟等（2006）的量表，设计了"全球价值链内企业与更多客户或代理商建立了业务联系（Q4-1）""企业经常参加产品展示会或技术交流会（Q4-2）""企业与同行业竞争者之间存在联系和交流（Q4-3）""企业与更多其他非竞争性企业存在业务联系（Q4-4）"4个题项。

在结构洞构面主要设计了"全球价值链内企业往来的对象在建立联系时，很多要靠本企业从中牵线搭桥（Q5-1）""全球价值链内的许多信息或知识经由本企业传递给合作伙伴（Q5-2）""与全球价值链内其他合作伙伴相比，本企业更能影响合作项目决策（Q5-3）""本企业比全球价值链内合作伙伴掌握更多的资源（Q5-4）""本企业在全球价值链内知识交流、合作中占有重要地位（Q5-5）""全球价值链内大多数企业都认识并了解本企业的基本情况（Q5-6）"6个题项。

表 4 − 2　基于网络嵌入性特征的测度题项

测度题 项编号	测度题项
Q1 − 1	全球价值链内企业间的知识交流与合作频度比较高
Q1 − 2	全球价值链内企业间的合作持久度比较长
Q1 − 3	全球价值链内知识接受企业不会怀疑知识溢出企业所提出的知识的有效性和 真实性
Q1 − 4	全球价值链内知识接受企业与知识溢出企业之间的谈判是公正和公平的
Q2 − 1	知识接受企业与知识溢出企业在合作过程中，不存在损人利己的趋向
Q2 − 2	知识接受企业与知识溢出企业相互信守承诺
Q2 − 3	知识接受企业与知识溢出企业尽可能地相互提供对方所需要的信息
Q2 − 4	知识接受企业与知识溢出企业能够分享未来的发展计划
Q3 − 1	全球价值链内企业的合作伙伴之间存在很多的直接联系
Q3 − 2	与同行业竞争者相比，企业与同一行业内其他企业之间关系更密切
Q3 − 3	与同行业竞争者相比，企业积极参与或促成企业联盟
Q3 − 4	与同行业竞争者相比，企业和全球价值链内的很多企业有过合作经历
Q4 − 1	全球价值链内企业与更多客户或代理商建立了业务联系
Q4 − 2	企业经常参加产品展示会或技术交流会
Q4 − 3	企业与同行业竞争者之间存在联系和交流
Q4 − 4	企业与更多其他非竞争性企业存在业务联系
Q5 − 1	全球价值链内企业往来的对象在建立联系时，很多要靠本企业从中牵线搭桥
Q5 − 2	全球价值链内的许多信息或知识经由本企业传递给合作伙伴
Q5 − 3	与全球价值链内其他合作伙伴相比，本企业更能影响合作项目决策
Q5 − 4	本企业比全球价值链内合作伙伴掌握更多的资源
Q5 − 5	本企业在全球价值链内知识交流、合作中占有重要地位
Q5 − 6	全球价值链内大多数企业都认识并了解本企业的基本情况

　资料来源：根据现有主流研究整理。

二 集群企业吸收能力的测度

集群企业在通过与全球价值链内跨国公司互动获取知识租金实现国际化成长的过程中，不仅受到外部网络特征属性的影响，还受制于企业本身的吸收能力。也就是说，本书认为企业吸收能力在企业从全球生产网络中获取知识，将知识进行吸收和利用的过程中起到一定作用。通过前文的综述，本书采用感知和判断的方法来测度吸收能力，依据 Cohen 和 Levinthal（1999）对吸收能力内涵的界定以及 Zahra（1986）、George 和 Jansen（1999）等人对吸收能力的"潜在"和"实现"维度的划分设计了 12 个题项测度集群企业的吸收能力，具体题项见表 4 - 3。潜在吸收能力包括知识获取能力和知识消化能力。知识获取能力由"与全球价值链内的同行业竞争者相比，本企业具备较强搜索外部知识的能力（Q6 - 1）"、"与全球价值链内的同行业竞争者相比，本企业具备较强的持续搜集行业发展新的相关信息的能力（Q6 - 2）"以及"与全球价值链内的同行业竞争者相比，本企业具备较强的记录和存储新知识以备将来使用的能力（Q6 - 3）"3 个题项组成；知识消化能力由"与全球价值链内的同行业竞争者相比，本企业能够很快识别外部新知识的用处（Q6 - 4）"、"与全球价值链内的同行业竞争者相比，本企业能够分享实践经验（Q6 - 5）"以及"与全球价值链内的同行业竞争者相比，本企业能够分享获取的新知识（Q6 - 6）"3 个题项组成。实现吸收能力包括知识整合能力和知识利用能力。知识整合能力由"与全球价值链内的同行业竞争者相比，本企业具备较强的新知识和已有知识的融合能力（Q6 - 7）"、"与全球价值链内的同行业竞争者相比，本企业具备较强的利用外部新知识开发新机会的能力（Q6 - 8）"以及"与全球价值链内的同行业竞争者相比，本企业经常考虑如何更好地利用新知识（Q6 - 9）"3 个题项组成；知识利用能力由"与全球价值链内的同行业竞争者相比，本企业能够较好地根据新知识开发新产品及进行工艺创新（Q6-10）"、"与全球价值链内的同行业竞争者相比，本企业能够较好地使用新知识进行研发流程的改进（Q6-11）"以及"与全球价值链内的同行业竞争者相比，本企业能够较好地使用新知识进行新市场的开拓（Q6-12）"3个题项组成。

表4-3　基于集群企业吸收能力的测度题项

测度题项编号	测度题项
Q6-1	与全球价值链内的同行业竞争者相比，本企业具备较强搜索外部知识的能力
Q6-2	与全球价值链内的同行业竞争者相比，本企业具备较强的持续搜集行业发展新的相关信息的能力
Q6-3	与全球价值链内的同行业竞争者相比，本企业具备较强的记录和存储新知识以备将来使用的能力
Q6-4	与全球价值链内的同行业竞争者相比，本企业能够很快识别外部新知识的用处
Q6-5	与全球价值链内的同行业竞争者相比，本企业能够分享实践经验
Q6-6	与全球价值链内的同行业竞争者相比，本企业能够分享获取的新知识
Q6-7	与全球价值链内的同行业竞争者相比，本企业具备较强的新知识和已有知识的融合能力
Q6-8	与全球价值链内的同行业竞争者相比，本企业具备较强的利用外部新知识开发新机会的能力
Q6-9	与全球价值链内的同行业竞争者相比，本企业经常考虑如何更好地利用新知识
Q6-10	与全球价值链内的同行业竞争者相比，本企业能够较好地根据新知识开发新产品及进行工艺创新
Q6-11	与全球价值链内的同行业竞争者相比，本企业能够较好地使用新知识进行研发流程的改进
Q6-12	与全球价值链内的同行业竞争者相比，本企业能够较好地使用新知识进行新市场的开拓

资料来源：根据现有主流研究整理。

三 集群企业网络能力的测度

网络能力的测度主要是借鉴国内学者方刚的研究，并根据当前集群企业发展的具体情境、本书的视角和试调研的结果进行组合调整来加以设计的。测度主要由 24 个题项组成，具体包含网络规划能力、网络配置能力、网络运作能力和网络占位能力四个维度，具体题项设计见表 4 - 4。

网络规划能力维度："与全球生产网络中的同行业竞争者相比，本企业有清晰的网络参与目标和行动准则（Q7 - 1）""与全球生产网络中的同行业竞争者相比，本企业在开发国际市场的过程中能够敏锐地识别、把握网络间协作机会（Q7 - 2）""与全球生产网络中的同行业竞争者相比，本企业对于自身发展战略与网络资源的匹配程度的把握能力较强（Q7 - 3）""与全球生产网络中的同行业竞争者相比，本企业能够准确地预测与全球价值链内先发企业的合作关系的发展方向并根据环境变化适时做出调整（Q7 - 4）""与全球生产网络中的同行业竞争者相比，本企业更具有清晰思路（Q7 - 5）""与全球生产网络中的同行业竞争者相比，本企业能够判断不同网络成员关系的发展潜力与价值（Q7 - 6）"。

网络配置能力维度："与全球生产网络中的同行业竞争者相比，本企业具有很强的发现、评估并选择合作伙伴的能力（Q7 - 7）""与全球生产网络中的同行业竞争者相比，本企业能利用各种组织，如商会、咨询机构、行业协会和政府组织，或通过参加行业展览会和展销活动来寻找潜在的合作伙伴（Q7 - 8）""与全球生产网络中的同行业竞争者相比，本企业拥有更多的网络间合作伙伴（Q7 - 9）""与全球生产网络中的同行业竞争者相比，本企业拥有更多的各种类型的合作伙伴，包括大学、研究所、著名的软件公司、行业内重要的供应商和客户等（Q7 - 10）""与全球生产网络中的同行业竞争者相比，本企业具有很强的同时保持与众多合作伙伴密切联系的能力（Q7－11）""在所有潜在的合作伙伴中，已经成为本企业合作伙伴的比例很高（Q7－12）"。

网络运作能力维度："与全球生产网络中的同行业竞争者相比，本企业具有更强的发展与合作伙伴之间相互信任、互惠互利的能力（Q7－13）""在过去两年里本企业频繁地与主要的合作伙伴交流（Q7－14）""与全球生产网络中的同行业竞争者相比，本企业与合作伙伴的关系更加紧密（Q7－15）""与全球生产网络中的同行业竞争者相比，本企业与主要的合作伙伴的交流更为深入（Q7－16）""与全球生产网络中的同行业竞争者相比，本企业更能够从合作伙伴的角度来思考如何发展双方关系（Q7－17）""当与合作伙伴发生冲突时，本企业更有能力提出建设性的解决方案（Q7－18）""与全球生产网络中的同行业竞争者相比，本企业具有很强的维护与合作伙伴间长时间合作的能力（Q7－19）""与全球生产网络中的同行业竞争者相比，本企业具有更强的建立与合作伙伴间的共有规范与分享价值观的能力（Q7－20）""在过去的合作中，本企业经常与合作伙伴交换思想，以实现双方利益的最大化（Q7－21）"。

网络占位能力维度："在跨国公司主导的全球生产网络中，本企业具有较强的占据合作关系网络中心位置的能力（Q7－22）""在跨国公司主导的全球生产网络中，本企业往往会成为网络间合作者之间的沟通桥梁（Q7－23）""在跨国公司主导的全球生产网络中，本企业往往能与网络内合作伙伴进行直接沟通而无须依赖第三方来传递信息（Q7－24）"。

表4－4 基于集群企业网络能力的测度题项

测度题项编号	测度题项
Q7－1	与全球生产网络中的同行业竞争者相比，本企业有清晰的网络参与目标和行动准则

续表

测度题 项编号	测度题项
Q7 - 2	与全球生产网络中的同行业竞争者相比，本企业在开发国际市场的过程中能够敏锐地识别、把握网络间协作机会
Q7 - 3	与全球生产网络中的同行业竞争者相比，本企业对于自身发展战略与网络资源的匹配程度的把握能力较强
Q7 - 4	与全球生产网络中的同行业竞争者相比，本企业能够准确地预测与全球价值链内先发企业的合作关系的发展方向并根据环境变化适时做出调整
Q7 - 5	与全球生产网络中的同行业竞争者相比，本企业更具有清晰思路
Q7 - 6	与全球生产网络中的同行业竞争者相比，本企业能够判断不同网络成员关系的发展潜力与价值
Q7 - 7	与全球生产网络中的同行业竞争者相比，本企业具有很强的发现、评估并选择合作伙伴的能力
Q7 - 8	与全球生产网络中的同行业竞争者相比，本企业能利用各种组织，如商会、咨询机构、行业协会和政府组织，或通过参加行业展览会和展销活动来寻找潜在的合作伙伴
Q7 - 9	与全球生产网络中的同行业竞争者相比，本企业拥有更多的网络间合作伙伴
Q7 - 10	与全球生产网络中的同行业竞争者相比，本企业拥有更多的各种类型的合作伙伴，包括大学、研究所、著名的软件公司、行业内重要的供应商和客户等
Q7 - 11	与全球生产网络中的同行业竞争者相比，本企业具有很强的同时保持与众多合作伙伴密切联系的能力
Q7 - 12	在所有潜在的合作伙伴中，已经成为本企业合作伙伴的比例很高
Q7 - 13	与全球生产网络中的同行业竞争者相比，本企业具有更强的发展与合作伙伴之间相互信任、互惠互利的能力
Q7 - 14	在过去两年里本企业频繁地与主要的合作伙伴交流
Q7 - 15	与全球生产网络中的同行业竞争者相比，本企业与合作伙伴的关系更加紧密
Q7 - 16	与全球生产网络中的同行业竞争者相比，本企业与主要的合作伙伴的交流更为深入
Q7 - 17	与全球生产网络中的同行业竞争者相比，本企业更能够从合作伙伴的角度来思考如何发展双方关系
Q7 - 18	当与合作伙伴发生冲突时，本企业更有能力提出建设性的解决方案

测度题 项编号	测度题项
Q7 – 19	与全球生产网络中的同行业竞争者相比，本企业具有很强的维护与合作伙伴间长时间合作的能力
Q7 – 20	与全球生产网络中的同行业竞争者相比，本企业具有更强的建立与合作伙伴间的共有规范与分享价值观的能力
Q7 – 21	在过去的合作中，本企业经常与合作伙伴交换思想，以实现双方利益的最大化
Q7 – 22	在跨国公司主导的全球生产网络中，本企业具有较强的占据合作关系网络中心位置的能力
Q7 – 23	在跨国公司主导的全球生产网络中，本企业往往会成为网络合作者之间的沟通桥梁
Q7 – 24	在跨国公司主导的全球生产网络中，本企业往往能与网络内合作伙伴进行直接沟通而无须依赖第三方传递信息

资料来源：根据相关领域文献综合整理。

四 知识租金获取的测度

根据夏文俊（2011）的研究，网络经济时代，企业知识租金的获取主要包括知识租金创造和知识租金占有两个阶段。前者强调能够有效吸收企业内嵌的网络中的异质性知识进行知识创新，这取决于企业自身的动态能力及其高质量的组织间网络关系；后者则强调能够运用有效的商业模式，与网络内合作伙伴共同将新技术、新知识进行商业化，将产品和服务成功推向市场并获取超额利润。根据上述逻辑分析，本书设计了"本企业能够较好识别及理解外部网络中的异质性知识（Q8 – 1）"、"本企业能够较好消化、吸收有价值的异质性知识（Q8 – 2）"、"本企业能够较好地将内外部知识进行整合，以形成新产品或服务（Q8 – 3）"以及"本企业能够较好运用有效的商业模式将新产品或服务顺利推向市场（Q8 – 4）"4 个题项进行测度（见表 4 – 5）。

表 4-5　基于集群企业知识租金获取的测度题项

测度题项编号	测度题项
Q8-1	本企业能够较好识别及理解外部网络中的异质性知识
Q8-2	本企业能够较好消化、吸收有价值的异质性知识
Q8-3	本企业能够较好地将内外部知识进行整合，以形成新产品或服务
Q8-4	本企业能够较好运用有效的商业模式将新产品或服务顺利推向市场

资料来源：根据相关领域的研究综合整理。

五　集群企业国际化成长的测度

本书认为集群企业的国际化成长不仅表现在组织边界在世界范围内的扩展和延伸，还体现在成功嵌入全球价值链，并通过对全球生产要素的一体化配置改善国际分工的地位，最终实现国际竞争力的提升。按照能力学派的逻辑，在集群企业成功嵌入全球价值链，实现国际化经营过程中，国际经营环境只是为企业成长提供了外在条件，企业自身的能力才是获得国际竞争力的微观基础。而按照全球价值链理论，跨国公司构建竞争优势和成功实现跨国经营主要取决于两方面，即企业内部价值创造活动的竞争力和行业价值链的整体效率。由此，本书认为，企业的创新力和协调能力是推动集群企业国际化成长的决定性力量。其中企业的创新力主要是由自身的学习能力及创新文化构成的，而协调能力主要是由全球资源配置能力和跨文化整合能力构成的。基于上述分析，并考虑数据的可得性，本书采用定量和定性的方法测度集群企业的国际化成长，主要设计了"本企业在嵌入全球价值链过程中具备较好的学习能力（Q9-1）"、"本企业在嵌入全球价值链过程中具备较好的创新文化（Q9-2）"、"本企业在嵌入全球价值链过程中能够较好地进行全球资源的有效配置（Q9-3）"和"本企业在嵌入全球价值链过程中能够有效地进行跨文化整合（Q9-4）"4个题项进行测度（见表4-6）。

表 4 - 6   基于集群企业国际化成长的测度题项

测度题项编号	测度题项
Q9 - 1	本企业在嵌入全球价值链过程中具备较好的学习能力
Q9 - 2	本企业在嵌入全球价值链过程中具备较好的创新文化
Q9 - 3	本企业在嵌入全球价值链过程中能够较好地进行全球资源的有效配置
Q9 - 4	本企业在嵌入全球价值链过程中能够有效地进行跨文化整合

资料来源：根据相关领域文献综合整理。

六　控制变量的测度

除了上述概念模型内涉及的相关变量外，往往还存在一些模型外部变量亦会对集群企业的知识租金获取及国际化成长产生影响。根据课题组实地调研与访谈的结果并结合本书的研究目的及内容，拟将企业成立年限、企业规模、企业所属行业及产权性质作为控制变量，以控制其对集群企业知识租金获取及国际化成长的影响。

一般而言，企业成立年限会对企业的学习能力、结网能力和企业的竞争优势都产生影响（Lane，Lubatkin，1998d），成立年限越长的企业，相对而言越有经验优势，同时其绩效也可能更好，或者越年轻的企业越有新知识产生的能力（Autio，Sapienza，Almeida，2000）。经营时间较长的企业往往能积累更多的知识与能力，更有助于其进行组织学习以及知识创新（刘雪锋，2009；许冠南等，2011；彭新敏，2009）。基于此，有必要引入企业成立年限作为重要的控制变量之一。本书对企业成立年限的测度拟采用以企业自成立以来的持续年数（或所经历的年数）这一单一指标。

企业规模是影响企业行为与决策的另一重要特性（Nadler，Tushman，2008），企业规模往往会影响企业的知识获取和企业间的关系（Autin，Sapienza，Almeida，2000）；企业规模越大，拥有的资源往往就越多；规模效应越明显，企业各方面的绩效就可能越好

（Wemerfelt，Montgomery，1998）。原因在于研发成本与风险通常较大，规模大的企业相对而言更有实力去购买专用设备及承担风险，从而使研究与开发的活动更有效率，然而大企业往往决策慢，创新方式上会趋于保守，其会错过一些转瞬即逝的创新机会，在一些新兴产业中，往往小企业的产品开发与技术创新发挥着更重要的作用（陈学光，2008）。为了控制企业规模的影响，本书拟通过对企业员工数和企业资产总额的测度来进行控制。

企业所属行业及产权性质不同，其知识租金获取及国际化成长的表现也不尽相同。一般认为，高技术产业行业和合资、民营性质的集群企业创新能力较强，创新的空间潜力很大。而由于传统制造产业市场相对成熟以及国有产权性质，企业知识创新性可能较为平缓。

第四节　数据分析的方法

数据分析是指从实际观测数据中发现变量的特征、变化规则以及变量之间关系的过程。数据分析的方法主要包括描述统计（Descriptive Statistics）和推断统计（Inferential Statistics），其中描述统计是指用数学语言来表述一组样本的特征或者样本各变量间关联的特征以概括和解释样本数据，而推断统计则是指在描述统计的基础上检验研究假设（李怀祖，2004）。

本书是通过问卷调查的方式收集数据的，规范地设计问卷、进行数据收集是验证概念模型中研究假设的基础，而能否选择合适的研究方法或数据分析工具则关系到是否能够正确地对搜集的各变量数据进行测度，影响到数据分析结果，即假设检验的科学性。在对数据进行有效收集后，我们将先后进行描述性统计、信度检验、探索性因子分析，并在信度、效度检验基础上进行验证性因子分析（Confirmatory Factor Analysis，CFA）和结构方程（Structural Equation

Modeling，SEM）建模与拟合。本书采用的统计分析软件为 SPSS 20.0 和 AMOS 20.0，其中 SPSS 20.0 软件主要用于描述性统计、信度与效度分析与相关性分析等，而 AMOS 20.0 软件则主要用于验证性因子分析以及结构方程建模，以检验前述章节构建的概念模型和研究假设的正确性，其具体的分析方法概述如下。

一　描述性统计分析

描述性统计分析主要是对样本集群企业的基本特征进行统计分析，主要涉及企业的规模、员工数量、成立年限等，说明各变量的均值、百分比、峰度、偏度、方差等，以据此描述样本企业的类别、特性及比例情况等，从不同视角让我们了解样本的分布情况和特征，为下一步推断性统计分析奠定基础。

二　因子分析

因子分析是多元统计分析的一个重要分支，它利用降维的方法，从研究原始变量相关矩阵或协方差的内部依赖关系出发，将多个具有错综复杂关系的原始变量综合为少数几个综合性因子，从而再现原始变量与因子之间的相互关系的统计分析过程，其主要的目的在于数据的浓缩，图 4 - 2 展示了因子分析的逻辑架构。

依据使用的目的，因子分析通常可分为探索性因子分析（Exploratory Factor Analysis，EFA) 和验证性因子分析（Confirmatory Factor Analysis，CFA)，两者在测度理论架构的分析过程中所扮演的角色与选择的时机是截然不同的。就探索性因子分析而言，测度变量的理论架构是因子分析后的产物，因子结构是研究者从一组独立的测度指标或题项间，通过主观判断来决定的一个具有计量合理性与理论适切性的结构，并以该结构来代表测度的概念内容或构念特质，即理论架构的出现在探索性因子分析中是一个事后概念。而验证性因子分析的进行则必须有特定的理论观点或概念架构作为基

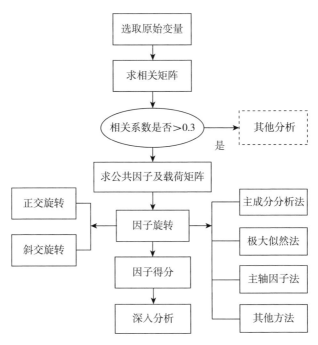

图 4-2　因子分析的逻辑架构

础，然后借数学程序来确认、评估该理论观点所导出的计量模型是否适当、合理，因此理论架构对验证性因子的影响是在分析之前发生的，其计量模型具有先验性，理念是一种事前的概念（邱皓政，2009）。这表明：验证性因子分析在研究当中通常会被用于检验一组测度变量与一组可以解释测度变量的因子构念间的关系，它允许研究者分析、确认事先假设的测度变量与因子间关系的正确性。验证性因子分析在某种程度上是结构方程（SEM）的一种次模型，是SEM 的一种特殊应用。由于 SEM 的模型界定能够处理潜在变量的估计与分析，具有高度的理论先验性，因而若研究者对于潜在变量的内容与属性能提出适当的测度变量以组成测度模型，则借 SEM 的分析程序便可以对潜在变量的结构或影响关系进行有效的分析。SEM 是对于潜在变量的估计程序，即使检验研究者先前提出的因子结构具有适切性，一旦测度的基础确立了，潜在变量的因果关系也就可以进一步被探讨，因此，一般而言，验证性因子分析是进行整合性 SEM 分析的一个前置步骤或基础架构。

本书中我们对集群企业嵌入性、网络能力、吸收能力、知识租金获取以及国际化成长等潜在变量进行测度的量表都是在文献梳理和调研访谈、对现有研究中成熟量表进行改进后的基础上提出的，因此，可以理解为在充分利用先验信息确定一个正确的因子结构（或者说是在已知因子结构）的情况下，检验通过问卷调查所收集的数据资料是否按照预期的结构方式产生作用，即检验事先定义因子的模型建构效度的适切性与真实性。鉴于此，本书在研究过程中将运用 AMOS 20.0 对拟测度的潜在变量进行验证性因子分析，以探究量表的各潜在变量的因子结构模型是否与实际搜集的数据契合，指标变量是否可以有效作为因子构念（潜在变量）的测度变量。

三 信度、效度分析

尽管在本书中我们尽量采用现有公开发表文献中的成熟量表，但为了确保其在本书情境中的有效性，在我们对概念框架进行假设检验之前，我们拟采用探索性因子分析（Explorative Factor Analysis，EFA）和验证性因子分析（Confirmatory Factor Analysis，CFA）对本书采用的量表的有效性进行检验。所谓量表的有效性，主要是指其具备信度（Reliability）和效度（Validity）。

信度即测度的可靠性，是指测度结果的一致性或稳定性。信度高意味着排除随机误差的能力强。常用的信度指标有稳定性（Stability）、等值性（Equivalence）和内部一致性（Internal Consistency）（李怀祖，2004）。信度估计方法主要包括：再测信度、复本信度、折半信度和内部一致性信度四种。而在本书中，我们在计算测验信度时，采用直接计算测度题项内部之间的一致性，即内部一致性系数作为测验的信度指标，具体可用 *Cronbach's α* 来衡量。量表的信度越大表示用于解释一个潜在变量的观测变量具有共方差的程度越高，可观测变量的方差对于潜在变量的解释程度越高。本书将针对每个变量所对应的问卷测度题项，以计算修正后单项对总项的相关系数（Corrected Item-Total Correlation）和 Cronbach's α 来评价量表信度。按照经验判断法，题项一总体相关系数（CITC）应大于 0.35，测度变量的 Cronbach's α 应该大于 0.70。

效度即测度的正确性，指测验或其他测度工具确实能够测得其所欲测度的构念的程度。测度的效度愈高，表示测度的结果愈能显现其所欲测度内容的真正特征。从内容上看，效度的评估有三种不同的模式，从测度的内容与范围来着手的内容效度（Content Validity），从外在标准适配程度的评估模式所发展出的校标关联效度（Criterion-Related Validity）以及强调概念意涵厘清的构念效度（Construct Validity）。本书中的各测度题项都采取直接测度的方式进行测度，在同一时期内是很难找到其他标准资料做辅助的，故很难进行校标关联效度的分析，因此仅讨论内容效度和构念效度。

内容效度的目的是检测测度工具本身内容范围与广度的适切程度，即所采用的测度工具是否涵盖了它所要测度的某一观念的代表性项目（层面）。本书为确保量表具有较高的内容效度，尽量以相关理论为基础并参考现有实证研究中成熟的测度量表，在此基础上多次向相关领域的权威学者和企业界实践经验丰富的人士进行咨询、讨论和完善。

构念效度是指测度工具能够测度理论的概念或特质的程度。一般说来，在检验构念效度的过程中，必须从某一理论建构着手，然后再测度及分析以检验其结果是否符合原理。构念效度所包含的内容更为复杂。它包含两个或以上的观念，以及两个或以上的操作性定义，并探讨构念间及定义间的相互关系。在讨论理论建构时，必须考虑到周延性及排他性的问题。周延性的要求在于对原理论建构的充分了解，而排他性的要求则在于将不相关的理论建构排除在外。收敛效度（Convergent Validity）所探讨的是周延性的问题，而区别效度（Discriminant Validity）所探讨的则是排他性的问题。构念效度建立在特定的理论基础之上，通过理论的澄清，引导出各项关于潜在特质或行为表现的基本假设，并以实证的方法查核测度结果是否符合理论假设的内涵，故而是一种最严谨的效度检验方法。本书将对量表的构念效度进行检验，在统计学上检验构念效度最常用的方法是因子分析法。如果通过因子分析法有效抽取的共同因子与理论建构的心理特质极为接近，则可以说测度工具或量表具有构念效度。而在进行因子分析前，按照经验做法通常需要首先使用 KMO 值检验数据是否适合做因子分析，KMO 值越接近 1，越适合做因子分析。根据以往研究的经验，KMO 值在 0.9 以上，非常适合；0.8～0.9，比较适合；0.7～0.8，适合；0.6～0.7，不太适合；0.5～0.6，很勉强；0.5 以下，不适合。本书将针对概念模型中涉及的关系性嵌入、结构性嵌入、网络能力、吸收能力、知识租金获取和集群企业国际化成长等变量做探索性因子分析，以检验本书变量测度的构念效度。

四　相关性分析

任何事物都不是孤立存在的，而是相互联系、相互制约的，说明客观事物相互间关系的密切程度并用适当的统计指标表示出来，这个过程就是相关性分析。本书以 Pearson 相关性分析子研究一——嵌入性视角下集群企业国际化成长进程中知识租金获取机制和子研究二——动态能力视角下集群企业国际化成长进程中知识租金获取机制涉及的关系性嵌入、结构性嵌入、网络能力、吸收能力、知识租金获取及集群企业国际化成长及相关控制变量的相关系数举证，考察各研究变量之间是否显著相关，并将其作为下一步结构方程统计分析的基础。

五　结构方程模型

基于因子分析和相关性分析的结果，本书将运用结构方程建模的方法进一步检验子研究一和子研究二中涉及的相关变量间的作用路径，确认网络环境的嵌入性（既包括结构性嵌入又包括关系性嵌入）和动态竞争能力（既包括组织间的网络能力又包括组织内的吸收能力）对集群企业知识租金获取及其国际化成长的作用机制。

从统计学的角度来讲，所谓模型是以系统的方式来描述观察变量和潜在变量间的关系。而结构方程模型（Structural Equation Modeling，SEM）是用来检验关于观察变量和潜在变量之间假设关系的一种多重变量统计分析方法，即以所收集的数据来检定基于理论所建立的假设模型。所以，SEM是一种理论模型检定的统计方法。结构方程建模是一种综合运用多元回归分析、路径分析和验证性因子分析方法而形成的统计分析工具，可用来解释一个或多个自变量与一个或多个因变量之间的关系。它具有以下优点：同时处理多个因变量；容许自变量和因变量含测度误差；同时估计因子结构和因子关系；容许更大弹性的测度模型；估计整个模型的拟合程度（荣泰生，2009）。由于集群企业国际化成长进程中知识租金获取机制概念模型中涉及的关系性嵌入、结构性嵌入、网络能力、吸收能力、知识租金获取及集群企业国际化成长等测度变量都具有主观性强、难以直接度量、度量误差大、因果关系比较复杂等特点，因此非常适合用结构方程模型进行统计分析。

结构方程模型中有两个基本模型：测度模型（Measurement Model）和结构模型（Structure Model）。测度模型由潜在变量与观察变量组成，就数学定义而言，测度模型是一组观察变量的线性函数，而结构模型则是潜在变量间因果关系模型的说明。以下是构成结构方程模型的各模型方程式。

结构方程式：

$$\eta = \gamma\xi + \beta\eta + \zeta \qquad (4-1)$$

内衍变量（因变量）的测度方程式：

$$Y = \lambda\eta + \varepsilon \qquad\qquad (4-2)$$

外衍变量（自变量）的测度方程式：

$$X = \lambda\xi + \delta \qquad\qquad (4-3)$$

在结构方程式中，η 是向量类型，γ 是回归类型，ξ 是向量类型，β 是回归类型；在内衍变量（因变量）、外衍变量（自变量）的测度方程式中，λ 是回归类型，ε 及 δ 是方差/协方差类型。

建立结构方程模型的步骤主要包含：模型设定（Model Specification）、模型拟合（Model Fitting）、模型评价（Model Assessment）以及模型修正（Model Modification）四个环节。结构方程建模的核心是分析模型的拟合性，即验证研究者所提出的变量间的关联模式是否与实际数据拟合以及拟合的程度如何，从而对研究者的理论研究模型进行验证，结构方程模型分析的基本程序如图4－3所示。

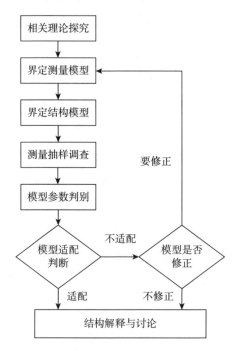

图4-3 结构方程模型分析的基本程序

在结构方程的模型拟合度的评估方面，一般来说，模型的拟合度越高，表明模型可用性越高，参数的估计越具有实际意义。AMOS是以卡方统计量（χ^2）来检验的。一般以卡方统计量 $P > 0.05$ 判断模型是否具有良好的结构效度。但是卡方统计量容易受到样本大小的影响，所以，除了卡方统计量外，还需要同时参考以下的拟合度指标：χ^2、$\dfrac{\chi^2}{\mathrm{d}f}$、$RMSEA$、$SRMR$、$NFI$、$NNFI$ 或 TLI、CFI、GFI、$AGFI$ 等。借鉴侯泰杰等（2004）的研究，我们将综合运用绝对拟合指数与相对拟合指数对我们构建的模型进行评估，具体来说我们选定的拟合指标为 χ^2（或 $\dfrac{\chi^2}{\mathrm{d}f}$）、$RMSEA$、$TLI$、$CFI$ 四类，其判断标准如下。

（1）χ^2 或（$\dfrac{\chi^2}{\mathrm{d}f}$），该指标要求 χ^2 不显著（即要求把卡方统计量 $P > 0.05$ 作为标准，若符合，则模型具有良好的拟合度），若此条件不能满足，亦可以考察卡方统计量（χ^2）对自由度（$\mathrm{d}f$）的比值，这是一种基于拟合函数（Fit Function）的绝对拟合指数，其标准为：若 $\dfrac{\chi^2}{\mathrm{d}f} < 5$，则对 χ^2 不显著的要求可忽略不计；若 $2 < \dfrac{\chi^2}{\mathrm{d}f} < 5$，则认为模型可以接受；若 $\dfrac{\chi^2}{\mathrm{d}f} < 2$，则认为拟合较好。

（2）近似误差均方根 $RMSEA$（Root Mean Squeare Error of Approximation），该指标对样本容量的要求不高，是较好的绝对拟合指数，其判断准则为：$RMSEA$ 值越接近于 0 表示模型拟合度越好，通常采用 $RMSEA < 0.1$。

（3）TLI（Tucker-Lewis Index）为非标准适配指数，它是一种在新近的拟合指数研究中较为推崇的相对拟合指数，其判断准则为：TLI 指标的数值一般是介于 0（模型完全不适配）和 1（模型完全适配）之间的，也可能是大于 1 的，TLI 值越接近 1，表示模型的适配度越佳，越小表示模型适配度越差。

（4）*CFI*（Comparative Fit Index）为比较拟合指数，它不受样本容量的系统影响，能比较敏感地反映假设模型的变化，是比较理想的相对拟合指数。学者 Bentler（1995）在其研究中就曾指出：即使在小样本情况下，*CFI* 值对假设模型拟合度的估计仍然十分稳定，*CFI* 指标值越接近 1，表示越能够有效改善非集中性的程度，*CFI* 值实际可能大于 1 或小于 0，但在数据上只会为 0 ~ 1。

除了上述对 SEM 整体模型适配度的评价指标的考量外，我们还需要对模型的内在质量进行检验，一般而言，如果测度模型中的因子负荷量均显著（$P < 0.05$，t 的绝对值大于 1.96），则表明测度的指标变量能有效反映出它所要测度的构念（潜在变量），该测度具有良好的效度证据。对于参数估计值的统计显著性，我们以与路径系数相对应的临界比值 $C.R$ 来代表 t 值。临界比值是参数估计值除以其标准误，其功能在统计检验上很像 z 统计量，可以检验参数估计值是否显著不等于 0，在显著水平 α 为 0.05 时，$C.R$ 的绝对值如果大于 1.96，则表明该路径系数 p 在 0.05 的水平上具有统计显著性，该模型的内在质量良好。AMOS 的全名是 Analysis of Moment Structures，它非常适合进行协方差结构分析（Analysisi of Covariance Structures），是一种处理结构方程模型（Structural Equation Modeling，SEM）的软件。SEM 适合处理复杂的多变量数据的研究与分析，A-MOS 可以同时分析许多变量，是一个功能强大的统计分析工具，在本书中我们将采用 AMOS 20.0 版本的软件进行结构方程建模分析。

六　灰色关联分析

在控制论中，我们常用颜色的深浅来形容信息的明确程度："黑"表示信息未知，"白"表示信息完全明确，"灰"表示部分信息明确，部分信息不明确。相应的，信息未知的系统就可称为黑色系统，信息完全明确的系统可称为白色系统，信息不完全确知的系统就称为灰色系统。灰色系统是贫信息的系统，传统的统计方法是难以发挥作用的，而灰色系统理论则擅长处理贫信息系统，适用于少量观测数据的项目。一般而言，社会、经济等系统具有明显的层次复杂性、结构关系的模糊性、动态变化的随机性、指标数据的不完全性和不确定性。灰色系统是普遍存在的，决定了灰色系统理论应用前景广阔。灰色系统理论是从信息非完备性出发研究和处理复杂系统的理论，它不从系统内部特殊的规律出发讨论，而是通过对系统某一层次的观测资料加以数学处理，以在更高层次上了解系统内部变化趋势、相互关系等。而灰色关联分析则是揭示灰色系统关系的有效方法之一，所谓灰色关联分析就是通过定量的方法，寻找系统各要素之间的联系情况，从而促进系统协同发展。关联分析是分析系统中各元素之间关联程度或相似程度的方法，其基本思想是依据关联度对系统排序。从思路上看，关联分析是属于几何处理范畴的。它是一种相对性的排序分析，基本思想是依据序列曲线几何形状的相似度来判断其联系是否紧密，曲线越接近，相应序列之间的关联度就越大，反之就越小。

在集群企业国际化成长的进程中，在作为组织间能力的网络能力与作为组织内能力的吸收能力的协同演化过程中各能力要素之间存在相互影响和相互制约的关系，但这受内外环境的影响而不断变化，不是完全确定的，而是一种灰色关系，因此，在本书中，我们采用灰色关联分析方法对该系统要素之间的关系进行分析。本书中我们拟采用的衡量因素间关联度大小的方法如下。对于关联分析，先要制定参考的数据列（母因素时间数列），参考数列常被记为 x_0，一般表示为 $x_0 = \{x_0(1), x_0(2), \cdots, x_0(n)\}$；关联分析中比较数列（子因素时间数列）常被记为 x_i，一般表示为 $x_i = \{x_i(1), x_i(2), \cdots, x_i(n)\}$，$i = 1, 2, \cdots, m$。

对一个参考数列 x_0 来说，比较数列为 x_i，可用下述关系表示各

比较曲线与参考曲线在各点的差:

$$\xi_i(k) = \frac{\min_i \min_k \mid x_0(k) - x_i(k) \mid + \zeta \max_i \max_k \mid x_0(k) - x_i(k) \mid}{\mid x_0(k) - x_i(k) \mid + \zeta \max_i \max_k \mid x_0(k) - x_i(k) \mid}$$

$$(4-4)$$

式中, $\xi_i(k)$ 是 k 时刻比较数列 x_i 对参考数列 x_0 的相对差值, 这种形式的相对差值称为 x_i 对 x_0 在 k 时刻的关联系数。ξ 为分辨系数, $\xi \in [0, 1]$, 引入它是为了减少极值对计算的影响。在实际使用时, 应根据序列间的关联程度选择分辨系数, 一般取 $\zeta \leqslant 0.5$ 最为恰当。以下, 我们对采用灰色关联分析的具体步骤进行简单介绍。

第一步: 确定比较数列 (评价对象) 和参考数列 (评价标准)。

设定评价对象为 m 个, 评价指标为 n 个, 比较数列为:

$$X_i = \{X_i(k) \mid k = 1, 2, \cdots, n\}, i = 1, 2, \cdots, m \qquad (4-5)$$

参考数列为:

$$X_0 = \{X_0(k) \mid k = 1, 2, \cdots, n\} \qquad (4-6)$$

第二步: 确定各指标值对应的权重。

本书利用专家评分法等确定各指标对应的权重:

$$W_k = \{X_k \mid k = 1, 2, \cdots, n\} \qquad (4-7)$$

其中 W_k 为第 k 个评价指标对应的权重。

第三步: 计算灰色关联系数。

灰色关联系数公式为:

$$\xi_i(k) = \frac{\min_i \min_k \mid x_0(k) - x_i(k) \mid + \zeta \max_i \max_k \mid x_0(k) - x_i(k) \mid}{\mid x_0(k) - x_i(k) \mid + \zeta \max_i \max_k \mid x_0(k) - x_i(k) \mid}$$

$$(4-8)$$

式中 $\xi_i(k)$ 是比较数列 X_i 与参考数列 X_0 在第 k 个评价指标上的相对差值。

第四步：计算灰色加权关联度，建立灰色关联度。

灰色加权关联度的计算公式为：

$$r_i = \sum_{k=1}^{n} W_k \xi_i(k) \qquad (4-9)$$

式中 r_i 为第 i 个评价对象对理想对象的灰色加权关联度。

第五步：评价分析。

根据灰色加权关联度的大小，对各评价对象进行排序，关联度越大，其评价结果越好。

在本书中，我们采用 Matlab 6.1 进行计算。

第五章 嵌入性视角下集群企业国际化成长进程中知识租金获取机制实证研究

第一节 正式调研样本的描述性统计分析

以下是本书通过对苏州地区集群企业背景资料的常规统计进行描述性统计分析的整理结果。描述性统计分析的内容主要涉及企业成立年限、产权性质、年销售收入、企业研发投入、企业国际化程度（海外销售额占总销售额的比重）、与全球生产价值链内的跨国公司合作情况等，从中我们得以了解样本集群企业的基本信息，对调查的样本集群企业的结构有了初步的了解，从而实现了对样本选取的有效性考察。本书以 SPSS 20.0 为主要分析工具并对回收的 256 份有效问卷进行了描述性统计分析，样本集群企业基本特征的分布情况统计见表 5-1。

表 5-1 样本集群企业基本特征的分布情况统计（N = 256）

单位：个，%

企业属性	企业特征分类	样本数	百分比	累计百分比
企业成立年限	5 年及以下	95	37	37
	6~10 年	119	46	83
	11~20 年	42	16	100

续表

企业属性	企业特征分类	样本数	百分比	累计百分比
产权性质	国有及国有控股	52	20	20
	民营	82	32	52
	合资（中方控股）	73	29	81
	外资控股	49	19	100
年销售收入	0～5000万元	89	35	35
	5000万元至4亿元	114	45	80
	4亿元以上	53	21	100
企业研发投入占销售额的比重	≤0.5%	63	25	25
	(0.5%，1%]	89	35	60
	(1%，2%]	51	20	80
	(2%，5%]	33	13	93
	(5%，10%]	14	5	98
	10%以上	6	2	100
海外销售额占总销售额的比重	≤0.5%	25	10	10
	(0.5%，1%]	34	13	23
	(1%，2%]	25	10	33
	(2%，5%]	31	12	45
	(5%，10%]	63	25	70
	10%以上	78	30	100
所在行业	通信设备、计算机及其他电子设备制造业	79	31	31
	医药制造业	45	18	49
	传统制造业	17	7	56
	通用、专用、交通运输设备制造业	32	13	69
	石油化工、化纤、橡胶、塑料业	21	8	77
	软件业	51	20	97
	其他	11	4	100

企业属性	企业特征分类	样本数	百分比	累计百分比
合作类型	双方成立合资企业	42	16	16
	为跨国公司提供生产外包服务	79	31	47
	成为跨国公司的战略供应商	48	19	66
	合作研发	52	20	86
	技术转让、技术许可	35	14	100
合作持续时间	2 年及以下	75	29	29
	3 ~ 5 年	56	22	51
	6 ~ 10 年	53	21	72
	11 年及以上	54	21	93
	缺失	18	7	100

资料来源：笔者根据调查问卷整理。

回收的 256 份问卷显示：就集群企业成立年限而言，从成立 5 年及以下的企业到具有近 20 年历史的企业，样本有效涵盖了不同成立年限的企业；就集群企业产权性质而言，非国有及国有控股的企业占了全部样本的 81%，这与样本的主要来源地苏州地区外向型经济发达的情况是吻合的；就集群企业年销售收入而言，样本符合集群企业多为中小企业的现状；就集群企业所在行业而言，以通信设备、计算机及其他电子设备制造业，医药制造业以及软件业居多；就集群企业的国际化程度而言，海外销售额占总销售额的比重均比较大，符合集群企业外向度极高的现状；就集群企业的研发投入程度而言，集群企业的研发投入总体水平不高，亦符合集群企业总体创新水平不高的现状；此外，就集群企业与跨国公司的合作类型而言，为跨国公司提供生产外包服务、成为跨国公司的战略供应商较为常见，而其他各种诸如双方成立合资企业、技术转让、技术许可等合作形式亦有所涉及；就集群企业与跨国公司的合作持续时间而言，大部分合作持续的时间在 2 ~ 10

年，这对于我们同时关注不同合作阶段集群企业的知识创新水平是非常适合的。

第二节　信度和效度分析结果

信度和效度检验是进一步展开后续实证研究的一个重要环节，实证分析只有满足了信度和效度的要求，分析的结果才能准确、可靠并且具有说服力。本节将依次分析本书构建的研究模型"嵌入性视角下集群企业国际化成长的知识租金获取机制"、模型内涉及的变量内部测度题项及数据的收集是否符合信度和效度要求。

一　信度分析结果

通过信度检验我们可以对量表测度的可靠性进行评价与检测，因为检验的结果能够准确反映系统变异的程度。目前国内外信度分析的主流判断标准为：题项—总体相关系数（$CITC$）应大于 0.35，测度变量的一致性指数（$Cronbach's\ \alpha$）应该大于 0.7（吴明隆，2010）。$Cronbach's\ \alpha$ 是一个处于 0 与 1 之间的数，越接近 1 预示着信度越高。高信度须满足 $Cronbach's\ \alpha$ 大于 0.7，勉强可接受的信度范围为 $Cronbach's\ \alpha$ 为 0.35 ~ 0.7，$Cronbach's\ \alpha$ 在 0.35 以下则被视为不予接受。一些学者如 Nunnally（1978）也持有类似的观点，基本认同高信度水平应该满足 $Cronbach's\ \alpha$ 大于等于 0.7，并将 0.7 作为高信度标准 $Cronbach's\ \alpha$ 的参考值。所以，本书亦采用此法测算概念模型中集群企业关系性嵌入、结构性嵌入、知识租金获取及集群企业国际化成长各潜在变量的 $Cronbach's\ \alpha$，具体测算结果如表 5 – 2 所示。

表 5 − 2　基于集群企业嵌入性的信度检验结果（N = 256）

变量	题项	*Cronbach's α*	删除该指标 α 后的值	*CITC*
关系性嵌入	—	0.893	—	—
联结强度	Q1 − 1	0.848	0.931	0.816
联结强度	Q1 − 2	0.848	0.834	0.830
联结强度	Q1 − 3	0.860	0.876	0.758
联结强度	Q1 − 4	0.894	0.880	0.675
联结质量	Q2 − 1	0.978	0.95	0.798
联结质量	Q2 − 2	0.893	0.898	0.794
联结质量	Q2 − 3	0.789	0.812	0.741
联结质量	Q2 − 4	0.823	0.892	0.812
结构性嵌入	—	0.912	—	—
网络密度	Q3 − 1	0.897	0.896	0.798
网络密度	Q3 − 2	0.893	0.876	0.741
网络密度	Q3 − 3	0.798	0.768	0.765
网络密度	Q3 − 4	0.873	0.854	0.786
网络规模	Q4 − 1	0.987	0.862	0.912
网络规模	Q4 − 2	0.997	0.876	0.943
网络规模	Q4 − 3	0.932	0.781	0.911
网络规模	Q4 − 4	0.971	0.793	0.921
结构洞	Q5 − 1	0.812	0.811	0.921
结构洞	Q5 − 2	0.791	0.792	0.891
结构洞	Q5 − 3	0.867	0.876	0.899
结构洞	Q5 − 4	0.853	0.862	0.912
结构洞	Q5 − 5	0.891	0.892	0.832
结构洞	Q5 − 6	0.875	0.893	0.833

　　从表 5 − 2、表 5 − 3、表 5 − 4 中可以看出，保留在各潜在变量测度中的题项对所有题项（Item-Total）的相关系数（*CITC*）都大于

0.5，各变量的 *Cronbach's* α 都超过了 0.7，符合 Item-Total 相关系数大于 0.35、*Cronbach's* α 大于 0.7 的判断标准（Nurmaly，Bemstein，1994）。检验结果表明集群企业嵌入性、知识租金获取及国际化成长测度量表的信度较高，变量之间具有较高的内部结构一致性，通过信度检验，量表设计符合要求。

表 5 - 3　集群企业知识租金获取信度检验结果（N = 256）

变量	题项	*Cronbach's* α	删除该指标后 α 值	*CITC*
知识租金获取	Q14 - 1	0.813	0.821	0.912
	Q14 - 2	0.792	0.812	0.812
	Q14 - 3	0.889	0.881	0.883
	Q14 - 4	0.823	0.798	0.772

表 5 - 4　集群企业国际化成长信度检验（N = 256）

变量	题项	*Cronbach's* α	删除该指标后 α 的值	*CITC*
集群企业国际化成长	Q15 - 1	0.793	0.802	0.893
	Q15 - 2	0.841	0.842	0.902
	Q15 - 3	0.811	0.800	0.901
	Q15 - 4	0.904	0.893	0.832

二　效度分析结果

效度是指测度工具（量表）能正确测度出想要衡量的性质的程度，即测度的正确性。一般而言，量表效度可以分为内容效度（Content Validity）和建构效度（Construct Validity）。

内容效度旨在检测量表对拟测度内容的代表性及适切性。为符合内容效度的要求，本书在进行量表设计时尽量以相关成熟的理论为基础，沿用当前实证研究领域公开使用过的量表，并针对本书的研究目的以及研究的情境加以修订。问卷初稿完成后，我们亦多次向相关领域学者和企业界人士进行深入咨询，进行讨论、修正以及小范围的预测试，因此，我们确信本书中采用的问卷具有相当高的内容效度。

建构效度指测度工具能够测度理论的概念或特质的程度，一般来说可分为两种类型：收敛效度与区别效度。收敛效度是指同一变量里涵盖的测度条款彼此间的相关程度，当然是收敛效度越高越好。而区别效度则是指不同变量里涵盖的测度条款彼此间的相关程度，当然是区别效度越低越好。关于收敛效度与区别效度的衡量，当前主流做法有两种。其一是以个别项目分数和总分的相关系数作为验证量表的建构效度指标。在每一项个别项目分数与总分相关系数显著时，则表明该量表具有良好的建构效度，而某个项目分数与总分的相关系数不显著时，则表明建构效度未达要求，应该将该项目删除。其二是因子分析。如果在同一构面中，因子负荷值越大（通常为 0.5 以上），则表明收敛效度越高；此外，每一个测度题项在其所属的构面中出现一个大于 0.5 的因子负荷值，且符合该标准的题项越多，则表明区别效度越高。

学者吴明隆（2010）认为因子分析法（Factor Analysis）是检验建构效度的常用方法。在进行因子分析的过程中，若能有效地提取共同因子，且此共同因子与理论结构的特质较为接近，我们就可以判断测度工具是具有建构效度的。本书中，我们采用当前研究中惯用的因子分析法来检测建构效度。在进行因子分析之前，须进行研究变量的 KMO（Kaiser-Meyer-Olkin）样本测度和巴特莱特球体检验（Bartlett's Test of Spherite），只有在满足了该检测要求的前提下，方可进行因子分析。按照经验判断方法，当 KMO 值大于等于 0.7，巴特莱特球体检验的 χ^2 统计值具有统计意义上的显著性，并且当各题项的载荷系数均大于 0.5 时，可以通过因子分析将同一变量的各测度题项合并为同一因子以进行后续分析（马庆国，2002）。当前，大多数学者认为是否进行后续因子分析的标准为：KMO 值在 0.9 以上，非常适合；0.8～0.9，很适合；0.7～0.8，适合；0.6～0.7，不太适合；0.5～0.6，很勉强；0.5 以下，不适合。此外，巴特莱特球体检验的统计值 P 显著性概率小于或等于显著性水平时，方可进行因子分析（马庆国，2002）。

根据上述原则，我们对概念模型中涉及的潜在变量进行 KMO 样本测度和巴特莱特球体检验，根据检测的结果来决定是否进行后续的验证性因子分析。

由表 5－5 可知，结构性嵌入的 KMO 样本测度值为 0.862，是其中的最大值，集群企业国际化成长的 KMO 样本测度值为 0.823，是其中的最小值，所有的这些 KMO 样本测度值与 KMO 参考值 0.7 相比，前者均大于该参考值，并且巴特莱特球体检验的 χ^2 统计值的显著性概率（P 值）均为 0.000，均小于 0.01，在显著性水平 0.01 的情况下是具有统计意义的，这表明满足了因子分析的条件，可进行后续验证性因子分析。

表 5－5　**KMO 样本测度与巴特莱特球体检验结果（N = 256）**

变量	KMO 样本测度值	KMO 参考值	巴特莱特球体检验 P 值
关系性嵌入	0.834		0.000
结构性嵌入	0.862	0.7	0.000
知识租金获取	0.844		0.000
集群企业国际化成长	0.823		0.000

在评价测度量表的内部结构时，一般通过探索性因子分析和验证性因子分析进行（陈晓萍等，2008）。探索性因子分析适用于量表开发初期，是在对测验的内部结构缺乏清楚的理论预期情况下使用的一种常用方法，而验证性因子分析则是在对研究问题有所了解的基础上，对已有的理论模型与数据拟合程度的一种验证。与探索性因子分析不同，验证性因子分析强调对测度模型的严格限定，在消除测度误差的前提下观察测度指标与假设模型的拟合程度。如果估

计的模型与样本数据得到很好的拟合，就可以认为测度量表的结构效度得到支持，如果两者的拟合程度较差，就可以观察模型估计过程中产生的修正指数（Modification Indices）以考虑是否可以通过改变某些限定条件提高模型拟合度。在进行验证性因子分析前必须明确公因子的个数、观测变量的个数、观测变量与公因子之间的关系以及公因子之间的关系。

由于本书中对潜在变量的测度题项均来自较为成熟的量表，因而我们采用验证性因子分析来对集群企业关系性嵌入、结构性嵌入、知识租金获取及集群企业国际化成长指标设置的建构效度进行检验。验证性因子分析采用 AMOS 20.0 统计软件，测度模型及拟合结果如图 5 - 1、表 5 - 6 所示。

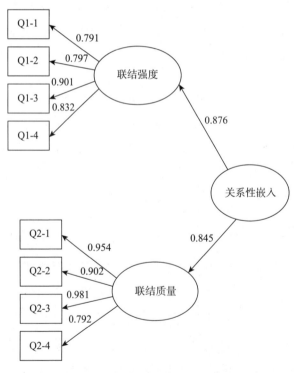

图 5 - 1 集群企业关系性嵌入测度模型

（一）集群企业关系性嵌入测度模型及拟合结果

由前述分析中可知，本书将集群企业国际化成长中的关系性嵌入划分为两个维度，其中，联结强度包含 4 个测度题项，联结质量包含 4 个测度题项。验证性因子分析模型如图 5 - 1 所示。其中，Q1 - 1 到 Q1 - 4 对应量表中测度联结强度的各个题项，Q2 - 1 到 Q2 - 4 对应量表中测度联结质量的各个题项，通过结构方程软件 AMOS 20.0 运算以后，得出其相应的参数估计值及在对拟合指标整理后得出表 5 - 6。

表 5 - 6　集群企业关系性嵌入的验证性因子分析（N = 256）

路径	标准化路径系数	非标准化路径系数	S. E	C. R	p
Q1 - 1 ←← 联结强度	0.791	1	—	—	—
Q1 - 2 ←← 联结强度	0.797	1.253	0.105	11.669	***
Q1 - 3 ←← 联结强度	0.901	1.207	0.108	11.324	***
Q1 - 4 ←← 联结强度	0.832	1.125	0.106	10.783	***
Q2 - 1 ←← 联结质量	0.954	1	—	—	—
Q2 - 2 ←← 联结质量	0.902	1.08	0.048	24.691	***
Q2 - 3 ←← 联结质量	0.981	0.999	0.672	23.462	***
Q2 - 4 ←← 联结质量	0.792	1.081	0.045	20.381	***
联结质量 ←← 关系性嵌入	0.845	1.001	0.039	19.471	***
联结强度 ←← 关系性嵌入	0.876	1.021	0.041	20.002	***
χ^2	87.891		*CFI*	0.952	
df	19	—	*TLI*	0.908	—
$\dfrac{\chi^2}{df}$	4.6		*RMSEA*	0.092	

注：*** 表示显著性水平 $p < 0.01$。

集群企业关系性嵌入测度模型的拟合结果表明，χ^2 值为 87.891（自由度 df 为 19），$\frac{\chi^2}{df}$ 为 4.6，小于 5；CFI 值、TLI 值均大于 0.9，比较接近 1；$RMSEA$ 值为 0.092，高于 0.08；路径系数也都在 $p < 0.01$ 的水平上显著，因此，该模型拟合效果良好，图 5 - 1 所示的因子结构通过了验证性因子分析，同时也说明变量的测度具有较好的效度。

（二）集群企业结构性嵌入测度模型及拟合结果

由前述分析可知，本书将集群企业国际化成长中的结构性嵌入划分为三个维度，其中，网络密度包含 4 个测度题项，网络规模包含 4 个测度题项，结构洞包含 6 个测度题项。验证性因子分析模型如图 5 - 2 所示。其中，Q3 - 1 到 Q3 - 4 对应量表中测度网络密度的各个题项，Q4 - 1 到 Q4 - 4 对应量表中测度网络规模的各个题项，Q5 - 1 到 Q5 - 6 对应量表中测度结构洞的各个题项，通过结构方程软件 AMOS 20.0 运算以后，得出其相应的参数估计值及在对拟合指标整理后得出表 5 - 7。

表 5 - 7　集群企业结构性嵌入的验证性因子分析（N = 256）

路径	标准化路径系数	非标准化路径系数	S. E	C. R	p
Q3 - 1 ←← 网络密度	0.812	1	—	—	—
Q3 - 2 ←← 网络密度	0.791	0.942	0.046	22.666	***
Q3 - 3 ←← 网络密度	0.891	0.941	0.047	19.893	***
Q3 - 4 ←← 网络密度	0.912	0.951	0.039	18.932	***
Q4 - 1 ←← 网络规模	0.881	1	—	—	—
Q4 - 2 ←← 网络规模	0.912	0.921	0.09	11.983	***

续表

路径	标准化 路径系数	非标准化 路径系数	S. E	C. R	p
Q4 – 3 ←← 网络规模	0.791	0.891	0.087	12.045	＊＊＊
Q4 – 4 ←← 网络规模	0.912	0.911	0.093	12.011	＊＊＊
Q5 – 1 ←← 结构洞	0.902	1	—	—	—
Q5 – 2 ←← 结构洞	0.811	1.042	0.891	11.512	＊＊＊
Q5 – 3 ←← 结构洞	0.791	0.843	0.432	12.021	＊＊＊
Q5 – 4 ←← 结构洞	0.732	0.932	0.091	12.113	＊＊＊
Q5 – 5 ←← 结构洞	0.993	0.091	0.091	10.931	＊＊＊
Q5 – 6 ←← 结构洞	0.912	1.002	0.092	12.993	＊＊＊
网络密度 ←← 结构性嵌入	0.793	0.983	0.899	11.657	＊＊＊
网络规模 ←← 结构性嵌入	0.911	1.045	0.912	12.231	＊＊＊
结构洞 ←← 结构性嵌入	0.822	1.012	0.943	11.754	＊＊＊
χ^2	74.984		CFI	0.932	
df	34	—	TLI	0.961	—
$\dfrac{\chi^2}{df}$	2.2		RMSEA	0.065	

注：＊＊＊表示显著性水平 $p < 0.01$。

集群企业结构性嵌入测度模型的拟合结果表明，χ^2 值为 74.984（自由度 df 为 34），$\dfrac{\chi^2}{df}$ 为 2.2，小于 5；CFI 值、TLI 值均大于 0.9，比较接近 1；RMSEA 值为 0.065，低于 0.08；路径系数也都在 $p < 0.01$ 的水平上显著，该模型拟合效果良好，图 5 – 2 所示的因子结构通过了验证性因子分析，同时也说明变量的测度具有较好的效度。

（三）集群企业知识租金获取测度模型及拟合结果

由前述分析可知，本书主要设置了 Q14 – 1 到 Q14 – 4 四个

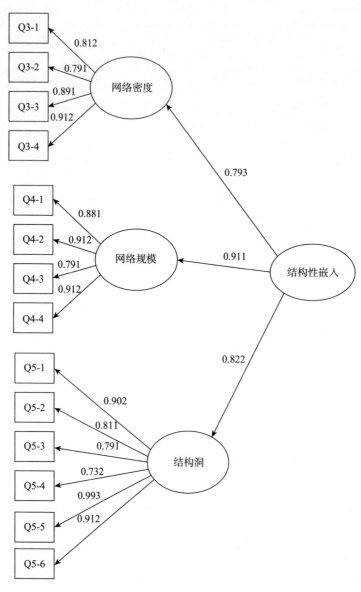

图 5 - 2　集群企业结构性嵌入测度模型

测度题项来对集群企业国际化成长中的知识租金获取进行测度，验证性因子分析模型如图 5 - 3 所示，通过结构方程软件 AMOS 20.0 运算以后，得出其相应的参数估计值及在对拟合指标整理后得出表 5 - 8。

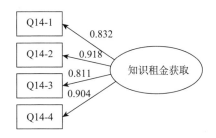

图 5 − 3　集群企业知识租金获取测度模型

表 5 − 8　集群企业知识租金获取的验证性因子分析（N = 256）

路径	标准化路径系数	非标准化路径系数	S. E	C. R	p
Q14 − 1 ←← 知识租金获取	0.832	1	—	—	—
Q14 − 2 ←← 知识租金获取	0.918	0.908	0.049	16.161	* * *
Q14 − 3 ←← 知识租金获取	0.811	0.978	0.059	21.054	* * *
Q14 − 4 ←← 知识租金获取	0.904	1.005	0.043	19.133	* * *
χ^2	15.073		CFI	0.951	
df	9	—	TLI	0.903	—
$\dfrac{\chi^2}{df}$	1.7		RMSEA	0.046	

注：* * *表示显著性水平 $p < 0.01$。

集群企业知识租金获取的测度模型的拟合结果表明，χ^2 值为 15.073（自由度 df 为 9），$\dfrac{\chi^2}{df}$ 为 1.7，小于 5；CFI 值、TLI 值均大于 0.9，比较接近 1；RMSEA 值为 0.046，低于 0.08；路径系数也都在 $p < 0.01$ 的水平上显著，该模型拟合效果良好，图 5 − 3 所示的因子结构通过了验证性因子分析，同时也说明变量的测度具有较好的效度。

（四）集群企业国际化成长测度模型及拟合结果

由前述分析可知，本书主要设置了 Q15 − 1 到 Q15 − 4 四个测度

题项来对集群企业国际化成长进行测度，验证性因子分析模型如图
5-4所示，通过结构方程软件 AMOS 20.0 运算以后，得出其相应的
参数估计值及在对拟合指标整理后得出表5-9。

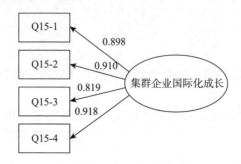

图 5 - 4 集群企业国际化成长测度模型

表 5 - 9 集群企业国际化成长的验证性因子分析（N = 256）

路径	标准化路径系数	非标准化路径系数	S. E	C. R	p
Q15 - 1 ←← 集群企业国际化成长	0.898	1.000	0.043	22.832	—
Q15 - 2 ←← 集群企业国际化成长	0.910	0.912	0.049	19.812	* * *
Q15 - 3 ←← 集群企业国际化成长	0.819	0.944	0.043	19.634	* * *
Q15 - 4 ←← 集群企业国际化成长	0.918	1.153	0.048	19.711	* * *
χ^2	71.932		CFI	0.943	
df	38	—	TLI	0.911	—
$\frac{\chi^2}{df}$	1.9		RMSEA	0.053	

注：* * * 表示显著性水平 $p < 0.01$。

集群企业国际化成长的测度模型的拟合结果表明，χ^2 值为 71.932
（自由度 df 为 38），$\frac{\chi^2}{df}$ 为 1.9，小于 5；CFI 值、TLI 值均大于 0.9，比
较接近 1；RMSEA 值为 0.053，低于 0.08；路径系数也都在 $p < 0.01$ 的
水平上显著，该模型拟合效果良好，图 5 - 4 所示的因子结构通过了验
证性因子分析，同时也说明变量的测度具有较好的效度。

上述的集群企业关系性嵌入、集群企业结构性嵌入、知识租金获取以及集群企业国际化成长的信度、效度检验（验证性因子分析）的结果表明，本书模型设计的各测度题项能够较好地满足高信度与高效度要求，可进行后续的结构方程建模（实证）分析。

第三节　相关性分析

在进行结构方程统计分析之前，首先要进行相关性分析，以考察不同变量之间的相关关系。相关性分析主要检验变量之间的相关关系，它反映的是变量之间关系的可能性，而不是变量之间的因果关系。对变量进行相关性分析，可以为之后的结构方程建模打下基础。本书利用 SPSS 20.0 软件对模型中的所有潜在变量做 Person 相关性分析，如表 5-10 所示，联结强度、联结质量、网络密度、网络规模、结构洞、知识租金获取及集群企业国际化成长之间存在不同的显著性相关关系，这在一定程度上初步验证了本书假设的合理性，接下来本书将针对研究假设通过结构方程统计分析方法进行更为精确的检验。

表 5-10　基于嵌入性集群企业知识租金获取及
国际化成长变量相关矩阵

变量名称	联结强度	联结质量	网络密度	网络规模	结构洞	知识租金获取	集群企业国际化成长
联结强度	1	—	—	—	—	—	—
联结质量	0.672	1	—	—	—	—	—
网络密度	0.583	0.265	1	—	—	—	—
网络规模	0.432	0.103	0.364	1	—	—	—
结构洞	0.332	0.542	0.392	0.113	1	—	—
知识租金获取	0.119	0.134	0.472	0.308	0.432	1	—
集群企业国际化成长	0.461	0.205	0.467	0.132	0.453	0.432	1

第四节　结构方程建模与拟合

结构方程建模是基于变量的协方差矩阵分析变量之间关系的统计方法（侯泰杰等，2004），具备可同时处理多个被解释变量、容许解释变量和被解释变量（包含测度误差）等优点（Bollen，Long，1993）。在基于嵌入性视角下集群企业知识租金获取及国际化成长机制研究中，关系性嵌入、结构性嵌入、知识租金获取、集群企业国际化成长这些变量主观性强，且难以直接测度，所以本书采用结构方程模型进行实证分析。

一　初始 SEM 模型的构建与评价

（一）SEM 初始模型的变量及路径拟合

如前所述，本书的样本数据已通过信度和效度检验和相关性分析检验，接下来将依据第三章所提出的嵌入性视角下集群企业知识租金获取及国际化成长概念模型，运用 AMOS 20.0 统计软件构建初始结构方程模型（如图 5－5 所示）。该模型设置了 30 个外生潜在变量（Q1－1、Q1－2、Q1－3、Q1－4、Q2－1、Q2－2、Q2－3、Q2－4、Q3－1、Q3－2、Q3－3、Q3－4、Q4－1、Q4－2、Q4－3、Q4－4、Q5－1、Q5－2、Q5－3、Q5－4、Q5－5、Q5－6、Q14－1、Q14－2、Q14－3、Q14－4、Q15－1、Q15－2、Q15－3、Q15－4）对 7 个内生潜在变量（联结强度、联结质量、网络密度、网络规模、结构洞、知识租金获取、集群企业国际化成长）进行测度。此外，模型中还存在 e1～e30 共 30 个潜在变量的残差变量和 u1、u2 共 2 个内生潜在变量的残差变量，它们的路径系数均默认为 1，我们设置残差变量是为了保证概念模型的验证过程能够成立，因为从调查问卷中统计整理的指标值难免会存在一定的误差（无论是主观还是客观），要使得测度的指标值完全地匹配于结构方程模型几乎是不可能的，为了使假设的路径能够通过验证，概念模型得到证实，必须引入残差变量。初始模型中显示了 6 条初始假设路径，它们分别显示了集群企业的关系性嵌入、结构性嵌入通过知识租金获取对集群企业国际化成长的影响效应。

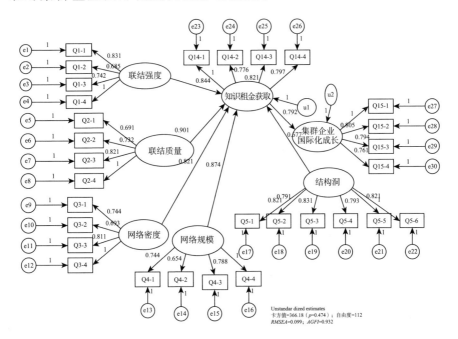

图 5－5　嵌入性视角下集群企业知识租金获取及国际化成长结构方程模型初始路径拟合

（二）SEM 模型评价指标的确定

SEM 模型的拟合性是结构方程模型评价的核心内容。SEM 模型拟合性是指研究者提出的变量间关联模式与实际样本数据的拟合程度。如果 SEM 模型对观测数据拟合效果良好，则表明模型的有效性得到验证，SEM 模型的估计参数是有效的；如果 SEM 模型对观测数据拟合效果不太理想，则表明模型的有效性得不到验证，实际情况与研究者的理论分析之间有差距，研究者可以考虑对原有理论模型进行适当的修正与调整。我们在对有关 SEM 大量文献的梳理和分析过程中发现当前学术界用于模型评价和选择的拟合指数种类繁多，主要可以分为以下三大类别：第一大类为绝对适配指数，主要包括 χ^2 值、GFI 值、AGFI 值、RMR 值、SRMR 值、RMSEA 值、ECVI 值、NCP 值；第二大类为增值适配指数，主要包括 NFI 值、RFI 值、IFI 值、TLI 值、CFI 值；第三大类为简约适配指数，主要包括 PGFI 值、PNFI 值、CN 值、NC 值、AIC 值、CAIC 值。可见，在对模型适配度的评价指标选取上，可供研究选择的评估组合种类繁多，且不同指标的优劣比较也存在较大争议，所以目前我们在使用以上不同评价指标对模型适配度进行评判时要格外谨慎。在这里笔者参考当前主流研究中的做法，选取了 χ^2、RMSEA、TLI、CFI 四类指数作为本书概念模型评判的指标，具体标准如表 5 – 11 所示。

表 5 – 11　SEM 整体模型适配度的评价指标及评价标准

模型适配度检验统计量	适配标准或临界值
χ^2	显著性概率值 $P > 0.05$（未达显著水平）
RMSEA	$P \leqslant 0.5$（模型适配良好），$P \leqslant 0.08$（模型适配合理）
TLI	$P \geqslant 0.90$ 以上
CFI	$P \geqslant 0.90$ 以上

（三）初始模型拟合与评价

在 AMOS 20.0 中建立初始路径图并导出相应数据，经过 AMOS Graphic 的第一次迭代运算，其初始路径系数及拟合指标如表 5 – 12 所示。

表 5 - 12　嵌入性视角下集群企业知识租金获取及国际化成长
概念模型初始拟合结果 （N = 256）

路径	标准化路径系数	非标准化路径系数	C. R	p
知识租金获取 ←← 联结强度	0.792	0.844	5.233	* * *
知识租金获取 ←← 联结质量	0.893	0.901	2.543	0.843
知识租金获取 ←← 网络密度	0.793	0.821	4.634	0.127
知识租金获取 ←← 网络规模	0.821	0.874	6.033	* * *
知识租金获取 ←← 结构洞	0.704	0.677	2.432	* * *
集群企业国际化成长 ←← 知识租金获取	0.743	0.792	3.452	0.654
χ^2	366.18	CFI	0.891	
df	112	TLI	0.869	—
$\dfrac{\chi^2}{df}$	3.269	RMSEA	0.821	

注：* * * 表示显著性水平 $p < 0.01$。

表 5 - 12 中的模拟结果显示：初始 SEM 模型运算结果所给出的变量之间的路径系数 （在 AMOS 中，C. R 值即临界比率，相当于 t 值） 均大于 1.96 的参考值，即在 $P < 0.05$ 的水平上具有统计显著性。除了少数路径系数之外，绝大部分与路径系数相应的 C. R 在 $P \leqslant 0.05$ 水平上具有统计显著性。此外，从拟合指标来看，该初始结构模型的 χ^2 值为 366.18 （自由度 df 为 112），$\dfrac{\chi^2}{df}$ 值为 3.269，大于 3；RMSEA 值为 0.821，超出建议的 0.5 ~ 0.8 的可接受范围；CFI 值和 TLI 值分别为 0.891 和 0.869，都略小于 0.9。上述拟合指标中，绝对拟合指标中的 $\dfrac{\chi^2}{df}$ 和 RMSEA 值没有通过判定标准，不在可接受范围之内，CFI 值与 TLI 值的拟合指标亦不在拟合接受范围内，不符合判定标准。这表明初始模型没有与样本数据很好地拟合，尚需要对初始 SEM 模型做进一步改进，使之更符合数据所反映的模型。因此，初始结构方程模型未能通过

检验。

实际上在大多数的研究中结构方程建模都是无法一次性通过检验拟合成功的，造成这种模型拟合效果不理想的原因一般来说有两方面，一是可能所构建的理论模型与现实情况不相符；二是问卷调研过程中所搜集的样本数据有偏差。鉴于此，我们有必要对初始模型进行微调和修正，最终产生拟合指标符合判定标准的模型。

二 模型修正与确定

结构方程模型主要是用来估计潜在变量之间的关系的，并用来验证所假设的模型是否与所提供的数据吻合。通过 AMOS 20.0 软件的第一次迭代拟合和结果评价，我们发现模型拟合效果不合适，因此，我们就需要对结构方程模型进行修正。

一般而言，结构方程模型的修正主要有两个方向，一是向模型简约方面修正，即删除或限制一些路径，使模型变得更简洁；二是向模型拓展方面修正，即放松一些路径的限制，提高模型的拟合程度。显然，两者不能同时兼顾，但无论怎样修正，其最终目的都是获得一个既简约又符合实际意义的模型。按这两个方向修正，主要依据修正指数（MI）和临界比率的大小变化进行调整。

利用 MI 修正模型，以朝着模型拓展方面进行修正。在对模型进行评价时，我们通常引入 χ^2 值作为评价指标，而在所有能够建立的模型中，独立模型的 χ^2 值是最大的。一般来讲，模型对数据拟合效果提高，χ^2 值通常会减小。模型对数据拟合越好，χ^2 就越小。因此，在具体模型修正时，我们可以利用 χ^2 值的变化来修正模型。修正指数是指独立模型（基准模型）与假设模型（定义模型）的 χ^2 值之差，计算公式如下：

$$MI = \chi_I^2 - \chi_M^2 \qquad (5-1)$$

式（5-1）中，χ^2_I 为独立模型或基准模型 χ^2 值，χ^2_M 为假设模型或定义模型的 χ^2 值。

MI 反映的是一个固定或限制参数被恢复自由时，χ^2 值可能减少的最小的量。根据一般的模型修正经验，若对模型进行修正后，*MI* 变化很小，则修正通常是没有意义的。由于 χ^2 值遵从 χ^2 分布，在显著性水平 $\alpha = 0.05$ 时，临界值为 3.84，因而，惯性做法是认为 $MI \geqslant 4$，对模型的修正才有意义。

利用 *MI* 进行模型修正，是通过放松对变量间关系的约束，使得修正后模型的 χ^2 值与原模型相比大大减少，如在两个变量之间增加相关变量，或在每一组变量间增加一个相关变量，或将直接作用变换为间接作用等。增加路径，寻找 *MI* 最大值，若增加某一路径的实际意义不明确，则可以删除。删除后，重新建模，利用拟合指数评价，若效果不错，则表明删除合理。变量间的路径关系或相关关系都可增加或删除。当多个路径系数的 *MI* 值都大于 4 时，一般选择 *MI* 值最大的路径系数先释放。现有的相关研究都认为，在有合理解释下，潜在变量之间的相关可以允许自由估计其参数值，但是对于指标或变量间的误差项相关，除有特殊理由（如其指标或变量间可能存在实际有意义的经济关系）外，一般不要随便假设其误差项间具有相关性。对于数值最大的修正指数，在没有对变量间方式的合理解释时，只能跳过这个参数，改为考虑用数值第二大的参数进行修正，再审查放松限制的合理性，依此类推，直至得到一个合理的模型。如果是比较几个已知模型，则不需要考虑修正指数，直接比较模型的拟合指数就可以做出判断和选择。

利用 *CR* 修正模型，以朝着模型简约方面进行修正。*MI* 修正是利用释放参数，考察通过 χ^2 值减小的程度做出判断。但在释放参数的同时，自由度也减小，换句话说，如果将原来自由的参数加以限定或固定，则有较多的自由度，但 χ^2 值也较大。因此，简化模型增加了自由度，χ^2 值也较大，即拟合程度降低。为了考察简化模型的效果，我们当然希望简化的结果在使自由度增加的同时，使 χ^2 值不要上升太多，即通过限定参数，大大增加自由度而增加很小的 χ^2 值。CR 是 χ^2 值与自由度的比值，计算公式如下：

$$CR = \frac{\chi^2}{df} \tag{5-2}$$

上述公式表明：CR 是通过自由度 df 调整 χ^2 值，以供选择参数个数不是过多且又能满足一定拟合程度的模型。我们在具体对模型进行修正时，一般是通过限定参数的个数来增加自由度从而实现增加很小的 χ^2 值的目标的。如果我们将限定参数后模型记为简单模型，将原模型记为发展模型，则在考察模型参数限定是否合理时，就是利用简单模型与发展模型 χ^2 值的自由度之差来生成新的 CR 值。如果它们的 χ^2 检验显著，即概率 P 小于 0.05 或 0.01，则表明参数限定不合适，发展模型较适合；若 CR 值不显著，则表明两个模型的拟合效果差不多，模型的参数限定个数合适，可选择简单模型。在对原始模型进行修正时，我们要关注 CR 比率最小者，如该比率小于 1，若临界比率是对单个参数调整进行的计算，我们在对模型进行修正时就可以考虑将其设为 0；但若临界比率是对两个变量之间路径关系进行调整而得到的结果，那么，我们在对模型进行修正时可以将其设定为相等。

根据上述模型修正的方向我们可以采取以下措施进行模型的修正。其一，利用 AMOS 20.0 在模型检验结果中同时给出的可供参考的修改指标 MI，增加残差间的相关关系。因为如果变量的修改指标比较大，则说明原来模型没有考虑到这些变量间的强相关关系，使得路径分析的条件无法达到，需要对模型做出调整，并承认这些变量之间的相关关系，这一调整主要是增加残差间的协方差关系。通过去掉最大修正指数的路径，在模型中不再要求估计去掉路径的系数，然后再通过观察拟合指数评价新模型的拟合情况。在本书中根据 AMOS 20.0 提供的修正指标，我们增加 e1 ~ e6、e9 ~ e12、e23 ~ e24、e25 ~ e26、e18 ~ e20、e13 ~ e15、e19 ~ e22 之间的协方差关系，然后重新拟合。很多学者将"在误差项之间建立关系"称为"释放",意思是说,原来在此误差项之间没有关系或误差项之间关系固定为0的,现在我们"释放"这个限制,变成没有关系。一般而言,若当 $\alpha = 0.05$ 时,对 $MI \geqslant 3.84$ 以上的参数路径进行修改是适当的(侯泰杰等,2004)。其二,根据初始模型检验中的路径系数检验结果,通过增加或删除自变量间的路径关系,对模型进行微调,即将 $C.R$ 值明显低于1.96,路径的标准化回归系数不显著的路径删除。考虑到此次 AMOS 迭代运算中,数据与模型并未进行很好的模拟,所以,我们暂不对路径关系进行调整,而是根据 AMOS 20.0 提供的修改指标,通过增加残差间协方差关系来实现对模型的微调以逐步消除模拟偏差,提升拟合效果的目的。模型修正后的拟合检验结果和路径参数估计结果见表5-13、图5-6。

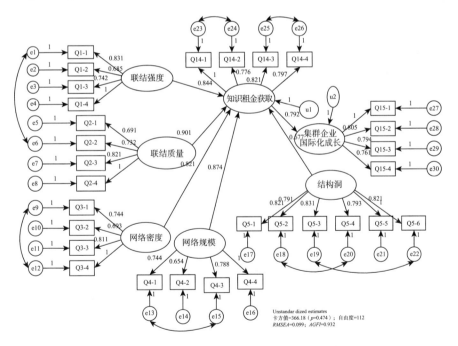

图5-6 嵌入性视角下集群企业知识租金获取及国际化
成长概念模型最终拟合路径

表 5 - 13　嵌入性视角下集群企业知识租金获取及国际化
成长概念模型最终拟合结果 （N = 256）

路径	标准化路径系数	非标准化路径系数	C. R	p
知识租金获取 ←← 联结强度	0.792	0.844	5.233	***
知识租金获取 ←← 联结质量	0.893	0.901	2.543	***
知识租金获取 ←← 网络密度	0.793	0.821	4.634	***
知识租金获取 ←← 网络规模	0.821	0.874	6.033	***
知识租金获取 ←← 结构洞	0.704	0.677	2.432	***
集群企业国际化成长 ←← 知识租金获取	0.743	0.792	3.452	***
χ^2	269.5	CFI	0.923	
df	92	TLI	0.905	—
$\dfrac{\chi^2}{df}$	2.929	RMSEA	0.088	

注：*** 表示显著性水平 $p < 0.01$。

图 5 - 6 和表 5 - 13 显示：模型修正后的 χ^2 值为 269.5 （自由度 df 为 92），$\dfrac{\chi^2}{df}$ 为 2.929，小于 3，TLI 值、CFI 值分别为 0.905、0.923，均大于 0.90 的参考值，RMSEA 值为 0.088，小于 0.10 的参考值。在根据 MI 修正指数，增加某些误差项之间的路径后，最终拟合所得的结构方程模型中与路径系数相对应的 C. R 值均大于 1.96 的参考值。模型修正拟合的最后概念模型 "网络嵌入性、知识租金获取及集群企业国际化成长" 表明，上述潜在变量之间的 6 条路径是显著的，这些路径所代表的均为变量间的正向影响关系，表 5 - 13 中还列出了各路径的具体参数。综合以上系数的评估，修正后所得模型与数据拟合通过检验，所以该模型被确定为嵌入性、知识租金获取及集群企业国际化成长的最终模型。

三　实证研究结果的分析

本书通过对大样本调研和结构方程建模分析，对第三章中提出的嵌入性视角下集群企业知识租金获取即国际化成长机制的概念模型做了验证和修正，结果表明，最初的研究假设总体得到了证实（具体见表5-14）。

**表5-14　嵌入性视角下集群企业知识租金获取及国际化
成长的假设验证情况汇总**

假设序号	假设具体描述	验证情况
H1-1	关系网络的联结强度对知识租金的获取有显著影响	通过
H1-2	关系网络的联结质量对知识租金的获取有显著影响	通过
H3-1	网络密度对知识租金的获取有显著影响	通过
H3-2	网络规模对知识租金的获取有显著影响	通过
H3-3	结构洞对知识租金的获取有显著影响	通过
H2	知识租金的获取对集群企业国际化成长有显著影响	通过

根据结构方程统计软件 AMOS 20.0 模型的拟合与修正，我们最终确定了集群企业外部网络嵌入性（关系性嵌入和结构性嵌入）对其知识租金获取及国际化成长影响机制模型，我们绘制了模型拟合结果简图，如图5-7所示，以便更为清晰地分析结论。

研究结果表明，集群企业在全球生产网络的嵌入性通过正向作用于企业的知识租金获取，进而正向促进了集群企业国际化成长，即知识租金获取在集群企业外部网络嵌入性对其国际化成长的影响中起中介作用。

①网络联结强度对集群企业知识租金获取显著正相关：路径相关系数为0.844；$C.R$ 值为5.233，大于推荐的1.96标准值；路径系数在 $P \leqslant 0.05$ 水平具有统计显著性，即假设 H1-1 获得支持。

②网络联结质量对集群企业知识租金获取显著正相关：路径相

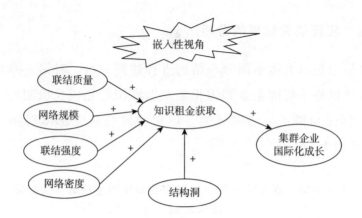

**图 5 - 7　嵌入性视角下集群企业知识租金获取及
国际化成长概念模型**

关系数为 0.901；*C. R* 值为 2.543，大于推荐的 1.96 标准值；路径系数在 *P* ≤ 0.05 水平具有统计显著性，即假设 H1 - 2 获得支持。

③网络密度对集群企业知识租金获取显著正相关：路径相关系数为 0.821；*C. R* 值为 4.634，大于推荐的 1.96 标准值；路径系数在 *P* ≤ 0.05 水平具有统计显著性，即假设 H3 - 1 获得支持。

④网络规模对集群企业知识租金获取显著正相关：路径相关系数为 0.874；*C. R* 值为 6.033，大于推荐的 1.96 标准值；路径系数在 *P* ≤ 0.05 水平具有统计显著性，即假设 H3 - 2 获得支持。

⑤结构洞对集群企业知识租金获取显著正相关：路径相关系数为 0.677；*C. R* 值为 2.432，大于推荐的 1.96 标准值；路径系数在 *P* ≤ 0.05 水平具有统计显著性，即假设 H3 - 3 获得支持。

⑥知识租金获取对集群企业国际化成长显著正相关：路径相关系数为 0.792；*C. R* 值为 3.452，大于推荐的 1.96 标准值；路径系数在 *P* ≤ 0.05 水平具有统计显著性，即假设 H2 获得支持。

通过上述分析，我们还可以发现，集群企业外部网络嵌入性对集群企业国际化成长的影响机制如下。集群企业外部网络嵌入性通过知识租金获取的中介机制，进而正向影响集群企业国际化成长，即外部网络嵌入性对集群企业国际化成长的途径是：网络嵌入性—知识租金获取—集群企业实现国际化成长。也就是说企业仅仅在外部网络中占据良好的位置是不够的，企业只有拥有强大的知识租金获取能力，才能提升知识创新能力从而提升国际竞争力以实现国际化成长。

第六章 能力视角下集群企业国际化成长进程中知识租金获取机制实证研究

第一节 正式调研样本的描述性统计分析

由于基于能力视角下集群企业知识租金获取及国际化成长机制研究与基于嵌入性视角下集群企业知识租金获取及国际化成长机制研究的调查问卷是合并发放的，所以两个概念模型的样本数据的描述性统计分析是一致的（详见第五章描述性统计部分）。

第二节 信度分析和效度分析结果

一 信度分析结果

集群企业知识租金获取和集群企业国际化成长的信度检验结果同第五章（详见表5-2、表5-3、表5-4）。以下是"能力视角下集群企业知识租金获取及国际化成长"概念模型中的集群企业吸收能力与网络能力的信度分析过程。

从表6-1、表6-2可以看出，保留在各潜在变量测度中的题项对所有题项（Item-Total）的相关系数（*CITC*）都大于0.5，各变量的 *Cronbach's* α 都超过了0.7，符合所有题项的相关系数大于0.35，*Cronbach's* α 大于0.7的判断标准（Nurmaly，Bemstein，1994）。检验结果表明集群企业网络能力、吸收能力、知识租金获取及国际化成长测度量表的信度较高，变量之间具有较高的内部结构一致性，通过信度检验，量表设计符合要求。

表 6-1　集群企业吸收能力信度检验结果（N=256）

变量	题项	Cronbach's α	删除该指标后 α 的值	CITC
吸收能力	—	0.821	—	—
知识获取能力	Q6-1	0.845	0.861	0.653
	Q6-2	0.793	0.832	0.556
	Q6-3	0.866	0.901	0.564
知识消化能力	Q7-1	0.812	0.832	0.574
	Q7-2	0.793	0.811	0.532
	Q7-3	0.834	0.836	0.511
知识整合能力	Q8-1	0.833	0.841	0.577
	Q8-2	0.732	0.741	0.512
	Q8-3	0.823	0.824	0.612
知识利用能力	Q9-1	0.811	0.812	0.633
	Q9-2	0.866	0.871	0.531
	Q9-3	0.793	0.811	0.567

表 6-2　集群企业网络能力信度检验结果（N=256）

变量	题项	Cronbach's α	删除该指标后的 α 值	CITC
网络能力	—	0.799	—	—
网络规划能力	Q10-1	0.784	0.822	0.654
	Q10-2	0.843	0.851	0.732
	Q10-3	0.731	0.732	0.677
	Q10-4	0.732	0.832	0.673
	Q10-5	0.801	0.833	0.593
	Q10-6	0.702	0.733	0.612

续表

变量	题项	*Cronbach's* α	删除该指标后的 α 值	*CITC*
网络配置能力	Q11 – 1	0.832	0.845	0.776
	Q11 – 2	0.705	0.821	0.692
	Q11 – 3	0.811	0.812	0.712
	Q11 – 4	0.783	0.819	0.831
	Q11 – 5	0.771	0.783	0.678
	Q11 – 6	0.703	0.711	0.592
网络运作能力	Q12 – 1	0.733	0.754	0.612
	Q12 – 2	0.812	0.832	0.712
	Q12 – 3	0.743	0.739	0.821
	Q12 – 4	0.732	0.801	0.543
	Q12 – 5	0.811	0.834	0.632
	Q12 – 6	0.794	0.832	0.567
	Q12 – 7	0.803	0.821	0.612
	Q12 – 8	0.811	0.832	0.632
	Q12 – 9	0.843	0.854	0.532
网络占位能力	Q13 – 1	0.831	0.841	0.665
	Q13 – 2	0.799	0.801	0.711
	Q13 – 3	0.782	0.799	0.743

二 效度分析结果

根据第五章效度分析的原则，我们对能力视角下集群企业知识租金获取及国际化成长概念模型中涉及的潜在变量进行 *KMO* 样本测度和巴特莱特球体检验，根据检测的结果来决定是否进行后续的验证性因子分析。

从表 6 – 3 可知，吸收能力的 *KMO* 样本测度值为 0.845，是其中的最大值，集群企业国际化成长的 *KMO* 样本测度值为 0.712，是其中的最小值，所有的这些 KMO 样本测度值与 KMO 参考值 0.7 相比，前者均大于该参考值，并且巴特莱特球体检验的 χ^2 统计值的显著性概率（P 值）均为 0.000，均小于 0.01，在显著性水平 0.01 的情况下是具有统计意义的，这表明满足了因子分析的条件，可进行因子分析。

表 6 – 3　KMO 样本测度与巴特莱特球体检验结果 （N = 256）

变量	KMO 样本测度值	KMO 参考值	巴特莱特球体检验 P 值
吸收能力	0.845		0.000
网络能力	0.799	0.7	0.000
知识租金获取	0.831		0.000
集群企业国际化成长	0.712		0.000

由于所采用的测度题项均来自较为成熟的量表，因而本书采用验证性因子分析来对集群企业吸收能力、网络能力、知识租金获取及集群企业国际化成长指标设置的建构效度进行检验。验证性因子分析采用 AMOS 20.0 统计软件，测度模型及拟合结果如下所示。

（1）集群企业吸收能力测度及其拟合结果

由前述分析可知，本书将集群企业国际化成长中的吸收能力测度划分为四个维度，其中，知识获取能力包含 3 个测度题项，知识消化能力包含 3 个测度题项，知识整合能力包含 3 个测度题项，知识利用能力包含 3 个测度题项。通过结构方程软件 AMOS 20.0 运算以后，得出其相应的参数估计值及在对拟合指标整理后得出表 6 – 4。

表 6 – 4　集群企业吸收能力的验证性因子分析 （N = 256）

路径	标准化路径系数	非标准化路径系数	S.E	C.R	p
Q6 – 1 ←── 知识获取能力	0.843	0.832	0.134	13.783	***
Q6 – 2 ←── 知识获取能力	0.783	0.821	0.621	14.322	***

续表

路径	标准化路径系数	非标准化路径系数	S. E	C. R	p
Q6 - 3 ←← 知识获取能力	0.877	1	—	—	—
Q7 - 1 ←← 知识消化能力	0.732	0.802	0.341	14.932	***
Q7 - 2 ←← 知识消化能力	0.811	0.709	0.564	13.365	***
Q7 - 3 ←← 知识消化能力	0.799	1	—	—	—
Q8 - 1 ←← 知识整合能力	0.901	0.812	0.212	12.834	***
Q8 - 2 ←← 知识整合能力	0.734	0.702	0.043	12.633	***
Q8 - 3 ←← 知识整合能力	0.801	1	—	—	—
Q9 - 1 ←← 知识利用能力	0.933	0.821	0.341	14.732	***
Q9 - 2 ←← 知识利用能力	0.855	0.732	0.43	12.993	***
Q9 - 3 ←← 知识利用能力	0.891	1	—	—	—
χ^2	90.452			CFI	0.983
df	32	—	—	TLI	0.089
$\dfrac{\chi^2}{df}$	2.827			RMSEA	0.079

注：$***$ 表示显著性水平 $p < 0.01$。

集群企业吸收能力测度模型的拟合结果表明，χ^2 值为 90.452（自由度 df 为 32），$\dfrac{\chi^2}{df}$ 为 2.827，小于 5；CFI 值为 0.983，TLI 值为 0.089，都比较接近 1；RMSEA 值为 0.079，低于 0.08；路径系数也都在 $p < 0.01$ 的水平上显著，因此，该模型拟合效果良好，因子结构通过了验证性因子分析，同时也说明变量的测度具有较好的效度。

（2）集群企业网络能力测度及其拟合结果

由前述分析可知，本书将集群企业国际化成长中的网络能力测度划分为四个维度，其中，网络规划能力包含 6 个测度题项，网络配置能力包含 6 个测度题项，网络运作能力包含 9 个测度题项，网络占位能力包含 3 个测度题项。通过结构方程软件 AMOS 20.0 运算以后，得出其相应的参数估计值及在对拟合指标整理后得出表 6 - 5。

表 6 - 5　集群企业网络能力的验证性因子分析（N = 256）

路径	标准化路径系数	非标准化路径系数	S. E	C. R	p
Q10 - 1 ←← 网络规划能力	0.784	0.801	0.104	15.984	＊＊＊
Q10 - 2 ←← 网络规划能力	0.832	0.792	0.106	14.443	＊＊＊
Q10 - 3 ←← 网络规划能力	0.732	0.838	0.098	12.983	＊＊＊
Q10 - 4 ←← 网络规划能力	0.811	0.91	0.102	11.934	＊＊＊
Q10 - 5 ←← 网络规划能力	0.794	0.843	0.122	12.773	＊＊＊
Q10 - 6 ←← 网络规划能力	0.732	1	—	—	—
Q11 - 1 ←← 网络配置能力	0.742	0.894	0.633	13.893	＊＊＊
Q11 - 2 ←← 网络配置能力	0.812	0.793	0.661	11.094	＊＊＊
Q11 - 3 ←← 网络配置能力	0.742	0.704	0.721	12.763	＊＊＊
Q11 - 4 ←← 网络配置能力	0.721	0.699	0.733	13.88	＊＊＊
Q11 - 5 ←← 网络配置能力	0.811	0.812	0.711	10.983	＊＊＊
Q11 - 6 ←← 网络配置能力	0.834	1	—	—	—
Q12 - 1 ←← 网络运作能力	0.793	1	—	—	—
Q12 - 2 ←← 网络运作能力	0.812	0.783	0.122	11.033	＊＊＊
Q12 - 3 ←← 网络运作能力	0.894	0.943	0.231	12.893	＊＊＊
Q12 - 4 ←← 网络运作能力	0.899	0.834	0.177	14.109	＊＊＊
Q12 - 5 ←← 网络运作能力	0.734	0.655	0.134	12.341	＊＊＊
Q12 - 6 ←← 网络运作能力	0.834	0.741	0.121	11.896	＊＊＊
Q12 - 7 ←← 网络运作能力	0.812	0.745	0.342	12.895	＊＊＊
Q12 - 8 ←← 网络运作能力	0.899	0.893	0.136	12.993	＊＊＊
Q12 - 9 ←← 网络运作能力	0.822	0.743	0.432	12.907	＊＊＊
Q13 - 1 ←← 网络占位能力	0.799	0.793	0.129	10.986	＊＊＊

续表

路径	标准化路径系数	非标准化路径系数	S. E	C. R	p
Q13 - 2 ←← 网络占位能力	0.766	0.812	0.157	15.986	***
Q13 - 3 ←← 网络占位能力	0.812	1	—	—	—
χ^2	64.152	CFI	0.981		
df	24	TLI	0.964	—	
$\dfrac{\chi^2}{\mathrm{d}f}$	2.673	RMSEA	0.079		

注：*** 表示显著性水平 $p < 0.01$。

集群企业网络能力测度模型的拟合结果表明，χ^2 值为 64.152（自由度 df 为 24），$\dfrac{\chi^2}{\mathrm{d}f}$ 为 2.673，远远小于 5；CFI 值为 0.981，TLI 值为 0.964，都比较接近 1；RMSEA 值为 0.079，高于 0.05；路径系数也都在 $p < 0.01$ 的水平上显著，因此，该模型拟合效果良好，因子结构通过了验证性因子分析，量表的整体模型拟合度较好，即表明变量的测度具有较好的效度，结合上述分析，可以认为量表具有较好的建构效度。

（3）集群企业知识租金获取测度及其拟合结果（该部分与第五章内容相同）。

（4）集群企业国际化成长测度及其拟合结果（该部分与第五章内容相同）。

第三节　相关性分析

按照通常做法在进行结构方程建模前，我们需要对能力视角下集群企业知识租金获取及国际化成长涉及的所有变量进行简单相关性分析，具体见表 6 - 6。

表 6 - 6　基于集群企业知识租金获取及国际化成长变量相关矩阵

变量名称	知识获取能力	知识消化能力	知识整合能力	知识利用能力	网络规划能力	网络配置能力	网络运作能力	网络占位能力	知识租金获取	集群企业国际化成长
知识获取能力	1	—	—	—	—	—	—	—	—	—
知识消化能力	0.225	1	—	—	—	—	—	—	—	—
知识整合能力	0.076	0.234	1	—	—	—	—	—	—	—
知识利用能力	0.068	0.276	0.291	1	—	—	—	—	—	—
网络规划能力	0.274	0.365	0.347	0.349	1	—	—	—	—	—
网络配置能力	0.056	0.289	0.465	0.542	0.365	1	—	—	—	—
网络运作能力	0.045	0.246	0.517	0.572	0.454	0.498	1	—	—	—
网络占位能力	0.056	0.229	0.358	0.432	0.359	0.456	0.597	1	—	—
知识租金获取	0.027	0.432	0.489	0.586	0.678	0.568	0.621	0.543	1	—
集群企业国际化成长	0.036	0.441	0.452	0.331	0.653	0.543	0.345	0.678	0.554	1

从表 6 - 6 可以看出，集群企业的吸收能力、网络能力和集群企业知识租金获取及集群企业国际化成长变量间均存在不同程度的相关关系，这就初步验证了本书假设的合理性。

第四节　结构方程建模与拟合

一　初始 SEM 模型的构建与评价

（1）SEM 初始模型的变量及路径图

在第四章中所构建的能力视角下集群企业知识租金获取及国际化成长概念模型基础上，本书设定了针对 AMOS 20.0 软件的初始结构方程模型。

该模型设置了 44 个外生潜在变量（Q6 - 1、Q6 - 2、Q6 - 3、Q7 - 1、Q7 - 2、Q7 - 3、Q8 - 1、Q8 - 2、Q8 - 3、Q9 - 1、Q9 - 2、Q9 - 3、Q10 - 1、Q10 - 2、Q10 - 3、Q10 - 4、Q10 - 5、Q10 - 6、Q11 -

1、Q11 - 2、Q11 - 3、Q11 - 4 、Q11 - 5、Q11 - 6、Q12 - 1、Q12 -
2、Q12 - 3、Q12 - 4 、Q12 - 5、Q12 - 6、Q12 - 7、Q12 - 8、Q12 -
9、Q13 - 1、Q13 - 2、Q13 - 3、Q14 - 1、Q14 - 2 、Q14 - 3、Q14 -
4 、Q15 - 1、Q15 - 2、Q15 - 3、Q15 - 4）对 10 个内生潜在变量（知
识获取能力、知识消化能力、知识整合能力、知识利用能力、网络
规划能力、网络配置能力、网络运作能力、网络占位能力、知识租
金获取、集群企业国际化成长）进行测度。此外，模型中还存在 44
个潜在变量的残差变量和 2 个内生潜在变量的残差变量，它们的路
径系数均默认为 1。初始模型中显示了 9 条初始假设路径，它们分别
显示了集群企业的吸收能力、网络能力通过知识租金获取对集群企
业国际化成长的影响效应。

（2）SEM 模型评价指标的确定

此部分内容同第五章，也选取 χ^2、*RMSEA*、*TLI*、*CFI* 等指数作
为评价模型的指标。

（3）初始模型拟合与评价

在 AMOS 20.0 中建立初始路径图并导出相应数据，经过 AMOS
Graphic 的第一次迭代运算，其初始路径系数及拟合指标如表 6 - 7 所示。

表 6 - 7　能力视角下集群企业知识租金获取及国际化成长
概念模型初始拟合结果 （N = 256）

路径	标准化路径系数	非标准化路径系数	C. R	p
知识租金获取 ←← 知识获取能力	0.423	0.521	2.941	* * *
知识租金获取 ←← 知识消化能力	0.532	0.693	7.065	* * *
知识租金获取 ←← 知识整合能力	0.542	0.593	3.321	* * *
知识租金获取 ←← 知识利用能力	0.612	0.592	2.983	* * *
知识租金获取 ←← 网络规划能力	0.653	0.492	5.321	* * *
知识租金获取 ←← 网络配置能力	0.553	0.692	9.344	* * *
知识租金获取 ←← 网络运作能力	0.732	0.631	4.332	* * *

续表

路径	标准化路径系数	非标准化路径系数	C. R	p
知识租金获取 ←← 网络占位能力	0.553	0.603	2.112	＊＊＊
集群企业国际化成长 ←← 知识租金获取	0.672	0.702	4.343	＊＊＊
χ^2	1583.540		CFI	0.842
df	846	—	TLI	0.832
$\frac{\chi^2}{df}$	1.872		RMSEA	0.679

注：＊＊＊表示显著性水平 $p < 0.01$。

　　从表 6－7 的拟合结果中可以看出，初始 SEM 模型运算结果所给出的变量之间路径系数的 C. R 均大于 1.96 的参考值，在 $P \leqslant 0.05$ 的水平上具有统计显著性。初始结构模型的 χ^2 值为 1583.540（自由度 df 为 846），$\frac{\chi^2}{df}$ 值为 1.872，小于 3；RMSEA 值为 0.679，处于建议的 0.5~0.8 的可接受范围；CFI 值和 TLI 值分别为 0.842 和 0.832，都略小于 0.9。上述拟合指标中，绝对拟合指标中的 $\frac{\chi^2}{df}$ 和 RMSEA 值没有通过判定标准，不在可接受范围之内，CFI 值与 TLI 值的拟合指标亦不在拟合接受范围内，不符合判定标准，初始模型整体可接受度不高，尚需要对初始 SEM 模型做进一步改进，以使之更符合数据所反映的模型。由于大多数结构方程建模都无法一次通过检验、拟合成功，因此本书将对初始模型进行修正，试图得出拟合指标以符合判定标准的模型。

二　模型修正与确定

　　我们根据第五章的思路，发现 AMOS 20.0 软件给出的修改指标（Modification Indices）中某些变量的修改指标比较大，这说明原来假设的模型对这些变量间的强关系有所遗漏，使得路径分析的条件无法达到，这就需要我们对初始模型做出一些修改，以承认这些变量之间的关系。我们在此采用的方法主要是增加残差间的协方差关系。AMOS 的模型调整并不是一次或两次就能够完全实现的，每次经过 AMOS 计算之后的模型在其计算结果中都会给出相应的调整参考，根据 AMOS 的这种功能，通过建立变量之间的相关关系来消除路径的偏差，最终得到能够和数据拟合的结构方程模型。

从表 6-8 中，我们可以发现，SEM 模型经过增加残差间的协方差关系的修正后，所得到的结构方程模型中拟合指数及路径系数相应的值均较初次建模的结果有显著的提高，路径系数 $C.R$ 值均大于 1.96 的参考值，该模型的 $\dfrac{\chi^2}{\mathrm{d}f}$ 为 1.129，小于 2，表示该模型与样本数据契合度较好；CFI 值为 0.904，大于 0.9，TLI 值为 0.894，虽然小于 0.9，但非常接近 0.9，这个指标是可以接受的，$RMSEA$ 值为 0.021，远远小于 0.5 的参考值，因此，该模型拟合比较理想，综合以上各拟合系数的评判，在对初始模型进行修正后所得模型与数据拟合通过检验，模型最终的路径系数如表 6-8 所示。

表 6-8 能力视角下集群企业知识租金获取及国际化
成长概念模型最终拟合结果 （N=256）

路径	标准化路径系数	非标准化路径系数	$C.R$	p
知识租金获取 ←← 知识获取能力	0.786	0.742	2.987	***
知识租金获取 ←← 知识消化能力	0.598	0.632	4.342	—
知识租金获取 ←← 知识整合能力	0.643	0.593	3.455	—
知识租金获取 ←← 知识利用能力	0.732	0.692	4.223	—
知识租金获取 ←← 网络规划能力	0.783	0.892	2.965	—
知识租金获取 ←← 网络配置能力	0.712	0.765	3.234	—
知识租金获取 ←← 网络运作能力	0.6773	0.676	4.321	—

续表

路径	标准化路径系数	非标准化路径系数	$C.R$	p
知识租金获取 ←← 网络占位能力	0.764	0.693	5.332	—
集群企业国际化成长 ←← 知识租金获取	0.883	0.843	3.998	—
χ^2	651.4		CFI	0.904
df	577	—	TLI	0.894
$\dfrac{\chi^2}{\mathrm{d}f}$	1.129		$RMSEA$	0.021

注：＊＊＊表示显著性水平 $p < 0.01$。

三 实证研究结果的分析

本书通过对大样本调研和结构方程建模分析，对第四章中提出的能力视角下集群企业知识租金获取及国际化成长机制的概念模型做了验证和修正，结果表明，最初的研究假设总体得到了证实（具体见表 6 – 9）。

表 6 – 9 能力视角下集群企业知识租金获取及国际化成长的假设验证情况汇总

假设序号	假设具体描述	验证情况
H5 – 1	知识获取能力对集群企业知识租金获取有显著性影响	通过
H5 – 2	知识消化能力对集群企业知识租金获取有显著性影响	通过
H5 – 3	知识整合能力对集群企业知识租金获取有显著性影响	通过
H5 – 4	知识利用能力对集群企业知识租金获取有显著性影响	通过
H7 – 1	网络规划能力对知识租金的获取具有正向显著性作用	通过
H7 – 2	网络配置能力对知识租金的获取具有正向显著性作用	通过
H7 – 3	网络运作能力对知识租金的获取具有正向显著性作用	通过
H7 – 4	网络占位能力对知识租金的获取具有正向显著性作用	通过
H8	知识租金获取对集群企业国际化成长有显著性影响	通过

根据结构方程统计软件 AMOS 20.0 模型的拟合与修正，我们最终厘清了集群企业动态竞争能力（网络能力和吸收能力）对其知识租金获取及国际化成长影响的机理和路径，以下，我们绘制了模型拟合结果简图，如图 6－1 所示，以便更为清晰地分析结论。

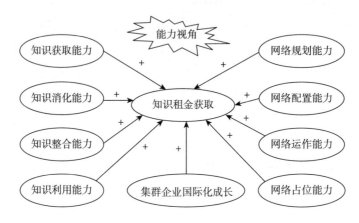

**图 6－1　能力视角下集群企业知识租金获取及
国际化成长概念模型**

研究结果表明，集群企业的动态竞争能力——吸收能力、网络能力通过正向作用于企业的知识租金获取，进而正向促进了集群企业国际化成长，即知识租金获取在集群企业吸收能力、网络能力对其国际化成长的影响中起中介作用。

①知识获取能力对集群企业知识租金获取显著正相关：路径相关系数为 0.742；$C.R$ 值为 2.987，大于推荐的 1.96 标准值；路径系数在 $P \leqslant 0.05$ 水平具有统计显著性，即假设 H5－1 获得支持。

②知识消化能力对集群企业知识租金获取显著正相关：路径相关系数为 0.632；$C.R$ 值为 4.342，大于推荐的 1.96 标准值；路径系数在 $P \leqslant 0.05$ 水平具有统计显著性，即假设 H5－2 获得支持。

③知识整合能力对集群企业知识租金获取显著正相关：路径相关系数为 0.593；$C.R$ 值为 3.455，大于推荐的 1.96 标准值；路径系数在 $P \leqslant 0.05$ 水平具有统计显著性，即假设 H5－3 获得支持。

④知识利用能力对集群企业知识租金获取显著正相关：路径相关系数为 0.692；$C.R$ 值为 4.223，大于推荐的 1.96 标准值；路径系数在 $P \leqslant 0.05$ 水平具有统计显著性，即假设 H5 - 4 获得支持。

⑤网络规划能力对集群企业知识租金获取显著正相关：路径相关系数为 0.892；$C.R$ 值为 2.965，大于推荐的 1.96 标准值；路径系数在 $P \leqslant 0.05$ 水平具有统计显著性，即假设 H7 - 1 获得支持。

⑥网络配置能力对集群企业知识租金获取显著正相关：路径相关系数为 0.765；$C.R$ 值为 3.234，大于推荐的 1.96 标准值；路径系数在 $P \leqslant 0.05$ 水平具有统计显著性，即假设 H7 - 2 获得支持。

⑦网络运作能力对集群企业知识租金获取显著正相关：路径相关系数为 0.676；$C.R$ 值为 4.321，大于推荐的 1.96 标准值；路径系数在 $P \leqslant 0.05$ 水平具有统计显著性，即假设 H7 - 3 获得支持。

⑧网络占位能力对集群企业知识租金获取显著正相关：路径相关系数为 0.693；$C.R$ 值为 5.332，大于推荐的 1.96 标准值；路径系数在 $P \leqslant 0.05$ 水平具有统计显著性，即假设 H7 - 4 获得支持。

⑨知识租金获取对集群企业国际化成长显著正相关：路径相关系数为 0.843；$C.R$ 值为 3.998，大于推荐的 1.96 标准值；路径系数在 $P \leqslant 0.05$ 水平具有统计显著性，即假设 H8 获得支持。

通过上述分析，我们还可以发现，集群企业基于自身能力对集群企业国际化成长的影响机制如下。集群企业外部组织间能力——网络能力和组织内能力——吸收能力通过知识租金获取的中介机制，进而正向影响集群企业国际化成长，即能力对集群企业国际化成长的途径是：网络吸收能力—知识租金获取—集群企业实现国际化成长和网络吸收能力—知识租金获取—集群企业实现国际化成长。这表明企业仅仅在外部网络中占据良好的位置是不够的，企业只有通过基于自身的能力拥有强大的知识租金获取能力，才能提升知识创新能力从而提升国际竞争力以实现国际化成长。

第七章　基于网络能力与吸收能力耦合的集群企业国际化成长进程中知识租金获取机制实证研究

第一节　研究方法

一般的抽象系统，如社会系统、经济系统、农业系统、生态系统、教育系统等都包含多种因素，多种因素共同作用的结果决定了该系统的发展趋势。人们常常希望知道在众多的因素中，哪些是主要因素，哪些是次要因素；哪些因素对系统发展影响大，哪些因素对系统发展影响小；哪些因素对系统发展起推动作用需要强化发展，哪些因素对系统发展起阻碍作用需要加以抑制……这些都是系统分析中人们普遍关心的问题。数理统计中的回归分析、方差分析、主成分分析等都是用来进行系统分析的方法。这些方法都有下述不足之处：要求有大量的数据，数据量少就难以找到统计规律；要求样本服从某个典型的概率分布；要求各因素数据与系统特征数据之间呈线性关系且各因素之间彼此无关，这种要求往往难以满足；计算量大，一般要靠计算机完成；可能出现量化结果与定性分析结果不符的现象，导致系统的关系和规律遭到歪曲和颠倒。灰色关联分析方法弥补了采用数理统计方法做系统分析所导致的缺憾。它对样本量的多少和样本有无规律都同样适用，而且计算量小，十分方便，更不会出现量化结果与定性分析不符合的情况。

　　灰色系统理论是从信息的非完备性出发研究和处理复杂系统的理论，它不是从系统内部特殊的规律出发讨论，而是通过对系统某一层次的观测资料加以数学处理，构建在更高层次上了解系统内部变化趋势、相互关系等机制。而灰色关联分析则是揭示灰色系统关系的有效方法之一，所谓灰色关联分析就是通过定量化的方法，寻找系统各要素之间的联系情况，从而促进系统协同发展。关联分析是分析系统中各元素之间关联程度或相似程度的方法，其基本思想是依据关联度对系统排序。从思路上看，关联分析是属于几何处理范畴的。它是相对性的排序分析，基本思想是依据序列曲线几何形状的相似度来判断其联系是否紧密，曲线越接近，相应序列之间的关联度就越大，反之就越小。在集群企业国际化成长的进程中，网络能力与吸收能力是存在相互影响和相互制约关系的，且这种关系会受内外环境的影响而不断发生变化，是不能完全确定的，可以将其视为灰色关系，因此，在本书中，我们采用灰色关联分析的方法对上述系统要素之间的关系进行分析。

第二节　网络能力与吸收能力评价指标体系的构建

　　为了能够很好地揭示网络能力和吸收能力之间的耦合程度，在构建耦合度指标体系时应当遵循以下原则。①应当体现网络能力和吸收能力的耦合规律，所选指标要具有很强的代表性和层次性。②最大限度地体现两个能力系统的系统性，即从尽可能全面的角度考察两个系统的重要控制变量。③所确立的指标要有广泛的适应性，即所建立的指标体系能够反映不同类别、不同行业企业的共性。④要具有可操作性，即所确立的指标含义明确、数据规范、口径一致，资料收集可靠。基于以上原则，以下结合当前公开发表文献中成熟量表对网络能力和吸收能力的测度，构建网络能力和吸收能力的耦合度指标体系。

对于网络能力和吸收能力的测度，国内外学者已经进行了大量研究。对于网络能力的测度，本书主要参考了 Moller 和 Halinen（2000）、Ritter（2002）、Walter（2006）、邢小强和仝允桓（2006）、方刚（2011）的研究，网络能力的测度指标采用了网络规划能力、网络配置能力、网络运作能力和网络占位能力 4 个二级指标，在二级指标下确定了 18 个三级指标，具体如表7－1所示。

表 7－1　网络能力测度指标体系

一级指标	二级指标	三级指标
网络能力	网络规划能力	我们能够塑造网络远景和目标（N_1）
		我们理解企业构建网络的内涵和目标（N_2）
		我们具有指导企业网络的基本原则和行动准则（N_3）
		我们能够识别企业网络带来的价值和机会（N_4）
		我们能够预测企业网络未来的发展方向（N_5）
		我们具有寻找、评估有价值网络关系的能力（N_6）
	网络配置能力	我们能够根据自身知识基础及市场环境变化选择不同的网络主体建立网络关系的能力（N_7）
		我们与外部网络主体有各种各样的网络联系（N_8）
		我们具有同时与多个外部网络主体保持密切联系的能力（N_9）
		我们有频繁地与网络关系主体联系、交往的能力（N_{10}）
	网络运作能力	我们有与外部网络主体建立相互协作、信任的能力（N_{11}）
		我们与外部网络主体交流、沟通得很深入（N_{12}）
		我们有维护网络关系、处理网络冲突的能力（N_{13}）
		我们有动态调整、优化外部网络组合的能力（N_{14}）
	网络占位能力	我们有占据网络优势地位的能力（N_{15}）
		我们有占据网络中心位置的能力（N_{16}）

续表

一级指标	二级指标	三级指标
网络能力	网络占位能力	我们经常成为外部不同网络主体间沟通的桥梁（N_{17}）
		我们有不依赖第三方与网络主体联系的能力（N_{18}）

对吸收能力测度的指标设计则参照了学者 Cohen 和 Levinthal
（1990e）、Kogut 和 Zander（1992）、杨蕙馨等（2008）、Volberda
（2005）的研究成果，并结合企业实地调研与专家意见，为了综合全
面涵括吸收能力的概念构思，分别设定了识别能力、获取能力、消
化能力、转化能力、应用能力二级指标，并在二级指标下确定了12
个三级指标，具体如表7－2所示。

表7－2　吸收能力测度指标体系

一级指标	二级指标	三级指标
吸收能力	识别能力	我们能够快速识别出从外部获取的新知识对现有知识的作用（A_1）
		我们能够感知市场、行业的变化（A_2）
	获取能力	我们了解行业内领先的技术、产品或服务状况（A_3）
		我们能快速有效地获取客户、市场的需求信息（A_4）
	消化能力	我们企业内部设定了专门的机构，对本企业吸收外部知识的情况进行评估、协调和促进（A_5）
		企业员工与知识发送方经常通过正式或非正式渠道交流，以促进知识的有效吸收（A_6）
	转化能力	我们经常组织各部门之间定期或不定期地对外部获取的知识进行交流，以促进知识吸收与转化（A_7）
		我们形成了高效利用外部知识的程序（A_8）
		我们能很快地把从外部获取的新知识转化成容易被本企业员工理解的方式（A_9）
	应用能力	我们经常考虑如何更好地利用新知识（A_{10}）
		我们能够较好地使用新知识进行研发流程的改进（A_{11}）
		我们能够较好地使用新知识进行新市场的开拓（A_{12}）

在初步构建指标体系之后，为了确保指标体系构建的科学性与公正性，本书还应用专家调研方法，即向专家发函，征求其意见。专家可以根据指标体系评价目标及评价对象的特征，在所涉及的调查表中列出一系列评价指标。在分别征询专家对所设计的评价指标的意见后，进行统计处理，并反馈咨询结果，经过几轮咨询后，如果专家意见趋于集中，则由最后一次咨询确定具体的集群企业网络能力与吸收能力指标评价体系。

第三节　网络能力与吸收能力关联度和耦合度模型

耦合度是用来描述系统或要素间彼此作用影响的程度。从协同学的角度来看，耦合作用和协调程度决定了系统在到达临界区域时走向何种秩序与结构，或者说决定了系统由无序走向有序的趋势。协同学理论认为，系统在相变点、处的内部变量可分为快驰豫变量、慢驰豫变量两类，慢驰豫变量是决定系统相变进程的根本变量，即系统的序参量。系统由无序走向有序机理的关键在于系统内部序参量之间的协同作用，它左右着系统相变的特征与规律，耦合度正是反映这种协同作用的度量。鉴于此，我们可以把集群企业网络能力和吸收能力之间通过各自的耦合元素产生相互影响的程度定义为网络能力和吸收能力的耦合度，它的大小反映了对集群企业知识创新的作用强度和贡献程度。集群企业网络能力与吸收能力系统具有明显的层次复杂性、结构关系模糊性和关联性，具有明显的"灰色"特征，所以本书采用灰色关联分析法对集群企业的网络能力与吸收能力系统进行综合评价。以下，我们首先对网络能力和吸收能力的关联度进行计算。关联分析的目的是探讨两个能力子系统内部各元素之间的关联程度或相似程度，它属于几何处理分析的范畴。

一 指标值的处理

集群企业网络能力系统与吸收能力系统三级指标的观测值是通过专家评分法和问卷调查法相结合的方式获得的。所谓专家评分法是指在定量和定性分析的基础上，以打分的方式做出定量评价，其分析结果具有数理统计的特性。专家评分法最擅长处理在缺乏足够统计数据和原始资料的情况下的定量估价。该方法的主要程序为：首先根据评价对象的具体情况确定评价的指标；其次在此基础上核定出每个评价指标的等级，并将每个等级的标准用分值表示出来。本书中，我们是采取 1~7 刻度格栅获取法的方式来获取每个指标的具体分值的，即由专家对评价对象进行分析和评价，系统内最差的打 1 分，最好的打 7 分，依次确定各个指标的分值，最后采用加法评分法、连乘评分法或加乘评分法求出各评价对象的总分值，从而得到评价结果。在组织专家进行评分时，要强调必须根据集群企业实际经营情况、特征和表现做出客观的判断，在评分时要求坚持客观、公正、科学的原则，确保专家评分的质量。所谓的问卷调查法就是我们对集群企业内部的中高层管理者采用李克特七级量表进行满意度的问卷调查，即由被调查者根据自身感受、满意度对本人所属的企业内与调查项目相关的实际营运情况进行打分，然后再对各位问卷应答者的意见进行综合以形成调查结果。最后，我们再将对专家评分法获得的专家组的打分情况和通过问卷调查法获得的企业内管理层人员的意见进行加权综合以得到指标的最终观测值。

需要注意的是，我们在对获取的指标观测数据进行综合和检验前，应对观测值进行预处理，即对指标值进行指标类型的一致化和指标无量纲化的处理。本书中我们将专家和企业内管理层人员七级量表的打分转化成 [0, 1] 的相对数，即 1 分 = 0；2 分 = 0.157；3 分 = 0.432；4 分 = 0.668；5 分 = 0.5；6 分 = 0.811；7 分 = 1。数据的综合方式具体如式（7-1）和式（7-2）所示：

$$N_i = aN_{ip} + (1-a)N_{iG} = a\frac{1}{h}\sum_{x=1}^{h}N_{ip}^x + (1-a)\frac{1}{l}\sum_{y=1}^{l}N_{iG}^y$$

$$(7-1)$$

$$K_j = aK_{ip} + (1-a)K_{iG} = a\frac{1}{h}\sum_{x=1}^{h}K_{ip}^x + (1-a)\frac{1}{l}\sum_{y=1}^{l}K_{iG}^y$$

$$(7-2)$$

二　关联系数的计算

关联度表征的是两个系统的关联程度，即对系统内因素间关联性大小的量度。关联系数是计算关联度的基础，集群企业网络能力系统与吸收能力系统的关联系数计算模型如式（7-3）所示：

$$\xi_{ij}(k) = \frac{\min\limits_{i}\min\limits_{k}|N_i(k)-A_j(k)| + \beta\max\limits_{i}\max\limits_{k}|N_i(k)-A_j(k)|}{|N_i(k)-A_j(k)| + \beta\max\limits_{i}\max\limits_{k}|N_i(k)-A_j(k)|}$$

$$(7-3)$$

式中，$\xi_{ij}(k)$ 表示第 k 个集群企业，网络能力系统第 i 个指标和吸收能力系统第 j 个指标之间的关联系数；如果进行某个集群企业的纵向比较，$\xi_{ij}(k)$ 则表示 k 时刻的关联系数。β 是分辨系数，$\beta \in [0,1]$，它的引入是为了减少极值对计算的影响，在实际应用时，应根据序列间的关联程度选择分辨系数，一般取 $\beta \leq 0.5$，在本书中，我们取 $\beta = 0.5$。

三　关联度的计算

关联系数只是表示各时刻数据间的关联程度，由于关联系数的数很多，信息过于分散，不便于比较，为此有必要将各个时刻的关联系数集中为一个值，求平均值便是这种信息集中处理的一种方法。于是关联度的一般表达式如式（7-4）所示：

$$r_{ij} = \frac{1}{n}\sum_{k=1}^{n}\xi_{ij}(k) \qquad (7-4)$$

其中：r_{ij} 为网络能力系统第 i 个指标和吸收能力系统第 j 个指标之间的关联度，n 为样本。样本可分为两类。一类是时间序列数据，即对同一个研究对象在不同时间取值进行观测，以分析变量间的时序变化规律。二类是截面数据，即对一个或多个研究对象在同一时间点上的取值进行观测，以分析变量间的空间。

根据数据的可获得性和便捷性，本书取空间变量，即不同集群企业同一时期的数据进行横向分析。网络能力系统各指标和吸收能力系统各指标间的关联度可以组成一个矩阵，如式（7-5）所示：

$$r_{ij} = \begin{vmatrix} r_{11} & r_{12} & \cdots & r_{1n} \\ r_{21} & r_{22} & \cdots & r_{2n} \\ \vdots & \vdots & \vdots & \vdots \\ r_{m1} & r_{m2} & \cdots & r_{mn} \end{vmatrix}, m = 16, n = 12 \qquad (7-5)$$

上述关联度矩阵清晰地表征了网络能力系统和吸收能力系统各指标间的关联关系和耦合作用大小。当 $r_{ij} \in [0, 1]$，$r_{ij} = 0$ 时，网络能力的 i 指标和吸收能力的 j 指标间无关联；当 $r_{ij} = 1$ 时，两种能力系统变动规律完全相同，具有完全关联性；r_{ij} 越大，指标间的关联度越大。我们可以将网络能力与吸收能力的关联度划分为 4 个区间，以进行分析：区间 $0 < r_{ij} \leqslant 0.3$，两种能力指标间为低度关联，耦合程度较弱；区间 $0.3 < r_{ij} \leqslant 0.6$，两种能力指标间为中等关联，耦合程度适中；区间 $0.6 < r_{ij} \leqslant 0.8$，两种能力指标间为较高关联，耦合程度较强；区间 $0.8 < r_{ij} \leqslant 1$，两种能力指标间为高度关联，耦合程度极强。

四 耦合度的计算

我们知道耦合度是用来描述系统或要素间彼此作用影响的程度的。将式（7-5）中所示的关联度矩阵按行和列分别求平均值，即两个系统耦合的平均关联度，它反映了网络能力系统和吸收能力系统中各因素对对方系统影响和制约程度的大小，如式（7-6）和式（7-7）所示。在式（7-4）关联度系数的基础上，计算每一样本（时间或空间）网络能力系统和吸收能力系统相互关联的耦合度，从整体上反映两个系统的耦合协调关系，如式（7-8）所示：

$$r_i = \frac{1}{n}\sum_{j=1}^{n} r_{ij}, i = 1, 2, \cdots, m \tag{7-6}$$

$$r_j = \frac{1}{m}\sum_{i=1}^{m} r_{ij}, j = 1, 2, \cdots, n \tag{7-7}$$

$$C(k) = \frac{1}{mn}\sum_{i=1}^{m}\sum_{j=1}^{n} \xi_{ij}(k) \tag{7-8}$$

其中，r_i 表示网络能力系统中第 i 个指标和吸收能力系统的平均关联度；r_j 表示吸收能力系统的第 j 个指标与网络能力系统的平均关联度；$C(k)$ 表示耦合度。

第四节　基于苏州集群企业的实证分析

课题组 2011 年 6 月至 7 月赶赴苏州，通过问卷、访谈、实地考察和历史数据分析等方式对苏州外向型产业集群内的集群企业的网络能力和吸收能力进行数据搜集。通过以上介绍的计算方法，我们利用 Matlab 6.1 工具箱，计算出以苏州外向型产业集群内企业为代表的网络能力和吸收能力各指标的关联度以及系统耦合平均关联度，如表 7-3 所示。

表7-3　集群企业网络能力与吸收能力关联度矩阵

指标	A_1	A_2	A_3	A_4	A_5	A_6	A_7	A_8	A_9	A_{10}	A_{11}	A_{12}	平均值	
N_1	0.861	0.823	0.512	0.776	0.781	0.665	0.523	0.532	0.765	0.798	0.854	0.812	0.723	
N_2	0.743	0.881	0.623	0.621	0.823	0.821	0.621	0.524	0.863	0.781	0.721	0.654	0.712	0.728
N_3	0.754	0.721	0.543	0.671	0.682	0.681	0.574	0.588	0.671	0.821	0.682	0.712	0.681	
N_4	0.654	0.723	0.572	0.542	0.652	0.821	0.618	0.601	0.782	0.792	0.679	0.638	0.671	
N_5	0.721	0.821	0.921	0.782	0.781	0.653	0.891	0.782	0.812	0.862	0.902	0.821	0.845	
N_6	0.672	0.702	0.853	0.753	0.562	0.673	0.652	0.782	0.821	0.812	0.643	0.782	0.725	
N_7	0.711	0.678	0.832	0.832	0.572	0.782	0.678	0.782	0.892	0.892	0.682	0.589	0.672	0.712
N_8	0.723	0.823	0.653	0.892	0.673	0.673	0.652	0.721	0.781	0.782	0.712	0.698	0.698	
N_9	0.887	0.671	0.773	0.821	0.778	0.781	0.721	0.771	0.891	0.612	0.812	0.823	0.764	
N_{10}	0.745	0.783	0.823	0.681	0.782	0.821	0.891	0.681	0.879	0.867	0.678	0.812	0.771	
N_{11}	0.853	0.789	0.812	0.811	0.782	0.653	0.823	0.721	0.812	0.831	0.839		0.819	0.793
N_{12}	0.732	0.672	0.682	0.763	0.821	0.716	0.789	0.711	0.667	0.871	0.792	0.842	0.756	
N_{13}	0.721	0.781	0.893	0.761	0.801	0.861	0.821	0.893	0.811	0.812	0.791	0.991	0.823	
N_{14}	0.622	0.807	0.961	0.822	0.792	0.788	0.734	0.872	0.841	0.752	0.878	0.807	0.798	
N_{15}	0.668	0.854	0.771	0.806	0.773	0.779	0.679	0.799	0.832	0.774	0.845	0.781	0.785	
N_{16}	0.783	0.857	0.781	0.782	0.809	0.803	0.921	0.887	0.825	0.891	0.861	0.815	0.829	0.803
N_{17}	0.698	0.891	0.789	0.901	0.682	0.891	0.771	0.814	0.891	0.883	0.792	0.812	0.809	
N_{18}	0.714	0.833	0.734	0.812	0.609	0.732	0.692	0.766	0.798	0.871	0.871	0.902	0.769	
平均值	0.785	0.832	0.791	0.782	0.699	0.821	0.765	0.832	0.881	0.823	0.798	0.891	0.799	0.829
	0.745		0.746		0.783		0.821			0.845				

通过表7-3可以看出,苏州外向型产业集群内企业的吸收能力和网络能力密切关联,平均耦合度为0.829,具有极强的耦合关系。指标间的关联度均在0.5以上,即中等关联以上。在知识经济全球化时代,集群企业自主创新面临诸多挑战,如风险高、复杂性、跨学科、强度高、市场变化速度快等,这需要集聚全球高级要素协同创新。网络能力是提高集群企业创新产出和竞争力的重要保障,吸

收能力是网络合作者间协同、获取知识的重要条件，决定创新成效的关键因素。在集群企业嵌入全球价值链的过程中，企业的网络能力与吸收能力具有显著的耦合关系，为了提升集群企业国际竞争力，助推其实现国际化成长，不仅需要通过有效的组织学习以提升吸收能力，也需要加强培育组织的网络能力，更为重要的是要强化两者之间的耦合协同程度，适当调整它们在企业知识创新能力演进过程中的贡献率以实现系统最优耦合。

第八章　研究结论与政策建议

通过前面七章的系统阐述，本书已经全面地对关系性嵌入、结构性嵌入、吸收能力、网络能力、知识租金获取及集群企业国际化成长之间的作用机制进行了系统的深度剖析和验证。本章作为本书的结尾部分，主要是针对前面七章的研究结论做概括性的总结，并基于研究结论为国际集群企业和政府相关管理部门提出对策建议。

第一节　研究结论

本书以嵌入全球价值链内的集群企业为研究对象，重点探讨集群企业在国际化成长进程中知识租金获取机制。本书通过借鉴国内外研究成果，结合中国的经济发展实践在综合运用网络嵌入性理论、动态竞争力理论、全球价值链理论以及知识管理理论的基础上，厘清集群企业国际化成长、知识租金获取、网络能力、吸收能力的概念内涵及其之间的内在关系，并在"结构—行为—绩效"逻辑演绎的基础上构建了"关系性嵌入—知识租金获取—集群企业国际化成长""结构性嵌入—知识租金获取—集群企业国际化成长""网络能力—知识租金获取—集群企业国际化成长""吸收能力—知识租金获取—集群企业国际化成长""网络能力与吸收能力耦合—知识租金获取—集群企业国际化成长"五个子理论模型。为了能充分论证本书提出的理论观点和模型的有效性，我们在进行定性理论分析的基础上，通过课题小组暑期实地调研、发放问卷的方式搜集的大量数据，SEM 模型建模，统计验证，灰色关联分析，比较分析等研究方法以及 SPSS 20.0 和 AMOS 20.0 等数理统计分析工具的综合运用，明晰了集群企业国际化成长进程中的知识租金获取机制。总体而言，通过理论研究和实证分析，本书得出了以下一些有价值的结论。

（一）网络嵌入性通过知识租金的中介作用推动集群企业实现国际化成长

本书将网络嵌入性划分为关系性嵌入和结构性嵌入，关系性嵌入主要通过联结质量和联结强度来表征；结构性嵌入主要通过网络规模、网络密度、结构洞来表征，结构性嵌入和关系性嵌入在集群企业嵌入跨国公司主导的全球价值链并获取知识租金的过程中发挥着重要作用。在集群企业嵌入跨国公司主导的全球价值链组成的全球生产网络后，网络规模、网络密度、结构洞等网络结构性特征以及网络联结强度和联结质量等网络关系性特征影响着企业对网络内关键性战略资源——知识的获取，网络内的知识租金是集群企业在全球生产网络中获取跨国公司知识溢出时所衍生的，是集群企业国际化成长的动力，它驱动着集群企业积极获取网络内蕴含的知识资源、调整网络位置和角色、锁定有利网络关系。研究证明：集群企业在逐步深度融入全球价值链组成的全球生产网络的过程中，通过"嵌入"良好的网络位置，借此与链内跨国公司间形成的高质量的组织间关系能够帮助企业获取跨国公司的知识溢出，这对于增强集群企业知识租金的获取能力，提升自身创新绩效以及提高国际竞争力发挥了积极作用。

（二）企业动态竞争优势能力（网络能力、吸收能力及两者的耦合）通过知识租金的中介作用推动集群企业实现国际化成长

在本书中，我们从网络视角选取了组织内企业竞争优势能力——

吸收能力和组织间企业竞争优势能力——网络能力探讨其对集群企业知识租金获取及国际化成长的影响机理。吸收能力主要通过知识获取、知识消化、知识整合、知识利用四个维度来表征；网络能力主要通过网络规划能力、网络配置能力、网络运作能力、网络占位能力四个维度来表征。研究结论如下。具备高水平网络能力的集群企业可以高效地与全球生产网络内的跨国合作伙伴进行互动，以提升知识获取或转移的效率从而实现知识创新，而企业创新绩效的提高正是网络能力较好地运用和配置网络资源的结果，是企业通过网络资源和网络能力获得竞争优势的体现。而作为这种竞争优势表征的经济租金——知识租金，将通过提高创新水平，进而实现成为市场领先者，推出更多新产品，降低运营成本或扩大客户群等，最终增加企业利润的具体目标。而具备高水平吸收能力的集群企业则可以通过识别与获取外部具有价值的知识，消化与吸收获取到的具有价值的知识，最终将这些知识加以开发应用并获取商业化的成果，从而使创新成功并形成企业持续的竞争优势。可见，集群企业网络能力的增强可以拓展企业的资源边界，使其有机会接触和获取更多更广泛的信息、知识与其他有形和无形资源，但如何有效地学习和利用这些知识资源，使其转化为创新的成果并提升创新绩效则更取决于企业内部对上述知识的消化吸收能力的强弱，两种能力在知识创新的过程中存在紧密的联系与互动，基于此，集群企业还须采取措施加强两种能力之间的耦合以助推国际化成长。研究证实：嵌入全球生产网络的集群企业只有通过持续积累和提升自己的充分利用外部知识资源的能力基础（既包括组织间能力——网络能力，也包括组织内能力——吸收能力）才能应对日趋激烈的全球化竞争，改变以往被长期锁定在全球价值链的低端环节，难以有效控制链上要素定价权与利润分配权的不堪境地。

（三）集群企业关系性嵌入、结构性嵌入、网络能力、吸收能力、知识租金获取及集群企业国际化成长量表开发与检验

通过对现有的关于嵌入性、网络能力、吸收能力、全球价值链分工、知识租金等文献的系统梳理与深入分析，遵循严格的量表开发程序，并借鉴公开发表、使用的成熟量表，我们依次开发了测度集群企业网络嵌入性、网络能力、吸收能力、知识租金获取及集群企业国际化成长的量表。在此基础上，我们向外向度极高的制造业集群企业大规模发放调查问卷，并从中随机抽取样本进行题项—总体相关系数（CITC）、Cronbach's α、验证性因子分析，结果表明本书开发的量表均具有良好的信度和效度，可以在实证分析中加以运用。

（四）本书系统构建和统计检验"嵌入性—动态竞争能力—知识租金获取—集群企业国际化成长"的理论框架

本书在前人研究的基础上，严格遵循"环境—行为—绩效"的逻辑思路，系统构建"嵌入性—动态竞争能力—知识租金获取—集群企业国际化成长"的研究框架，并通过实证分析证实了结构性嵌入、关系性嵌入、网络能力、吸收能力通过知识租金的中介作用提升集群企业国际竞争力的作用机制，这对于推动企业国际化成长、知识创新与全球价值链分工理论研究的纵深发展有些许参考意义。

第二节　政策建议

在知识经济全球化时代背景下，通过以集群形式切入全球价值链与链内跨国公司间合作形成的根植性网络，以实现知识，特别是隐性知识的溢出已经成为后发国家集群企业实现转型升级、提升国际竞争力及实现国际化成长的重要途径，特别是对像中国这样一个

面临巨大环境、社会挑战的国家来说，实现企业强大的制造能力到创新能力的转变是当前中国构建创新型国家、实现可持续发展所面临的重要而紧迫的问题。但是，正如 Bell 和 Albu（1999）指出的，从生产能力到创新能力的转变是一个艰难的过程，这个过程是不会自动发生的。全球价值链外包体系的兴起虽然为包括中国在内的广大发展中国家提供了发展的契机，即这些国家的诸多企业都以集群的形式以外包或 FDI 的方式融入全球生产体系中，但这些后发国家集群企业参与到全球制造网络并与网络内跨国公司建立联结的初衷是为了获取链内的知识溢出，通过学习知识和提升能力最终实现自身创新水平的提升和国际核心竞争力的构建。然而，目前现实情况是：我国集群企业融入全球价值链的实践未取得令人满意的效果。一方面，大部分行业中的以"市场换技术"的策略均以失败而告终；另一方面，广大从事代工的集群企业也常常被锁定在价值链的低端，陷入升级的困境当中。中国集群企业国际市场的开拓是以依托全球价值链、耗费不可再生性资源、导致环境不可逆性污染、占领国际敏感性市场为主要特征的，其快速发展并没有带来本国国民福利水平的显著提高。如果我们将中国集群企业当前这种国际化的形式认定为中国企业国际化的初级阶段，那么，在紧随其后的"第二波经济全球化"的背景下，中国集群企业的国际化要从依赖低级要素驱动阶段向创新驱动的高级阶段发展，就必须培育和提升自身的知识创新能力，提高在全球市场配置全球资源的能力，这亦是当前经济全球化的必然要求。

鉴于此，本书以嵌入全球生产网络中的集群企业为研究样本，通过定性和定量分析探析了集群企业国际化成长进程中知识租金获取及知识创新能力提升的内在机制，回答了我国集群企业新时代背景下"国际化是什么"、"为什么进行国际化"和"怎么样实现国际化成长"的问题，以下我们将主要回答为了帮助集群企业顺利实现国际化成长，企业或国家该"怎么办"的问题，也就是企业和政府相关管理部门该采取哪些举措促进集群企业依托全球价值链顺利获取知识租金，实现能力升级、价值链攀升及国际化成长。

一　以实施《全国主体功能区规划》为契机促进集群企业转型升级

在全球产业网络和分工体系日趋完善的时代背景下，跨国公司主导的以生产工序国际分工和生产制造外包为主要特征的全球协作网络在全球范围内迅速铺开。包括中国在内的众多后发国家的集群企业凭借低成本优势以及较强的产业配套能力广泛地嵌入这种具有技术含量的国际分工体系中，实现了国家产业和整体经济结构的变迁，也可以将其理解为步入工业化的初级阶段。在我国外向型经济特征显著的长三角及东南沿海区域，当地的集群企业主要是以两种方式融入全球生产分工体系的：其一是主动承接外商直接投资带来的国际产业转移；其二是以国际代工的形式承接跨国公司的外包业务。由此，在以苏州、杭州、昆山为代表的区域形成了本土集群企业以外包形式嵌入全球生产网络的外资主导集群。这些以"块状经济""外向型经济"为鲜明特征的区域内产业集群的大量形成和迅速发展亦成为助推我国沿海发达地区经济增长的重要动力源。但是，在这种外向度极高的区域产业集群内，由于受到国际大购买商或跨国公司的双重阻击和控制，广大集群企业的经济发展模式多处于高投入、高排放、低产出的粗放型生产阶段，长期停留在全球价值链内低端环节，在国际分工、利益分配的格局中处于规模和收益不相称的尴尬境地。特别是近年来，随着集群内资源紧缺、劳动力成本攀升、国际贸易壁垒增多、环境压力凸显等问题的出现，集群企业及当地的经济增长都遭遇了发展"瓶颈"，特别是 2008 年的全球金融危机及 2009 年的全球主权债务危机，使这种经济发展模式面临更为严峻的现实考验，区域产业集群及集群内企业的转型升级迫在眉睫。

《全国主体功能区规划》的提出则为我国集群企业的转型升级提

供了方向和路径。该规划明确指出"要根据不同区域的资源环境承载能力、现有开发强度和发展潜力，统筹谋划人口分布、经济布局、国土利用和城镇化格局"，将国土空间划分为"优化开发、重点开发、限制开发、禁止开发四类主体功能区"，按照主体功能定位"明确开发方向，完善开发政策，控制开发强度，规范开发秩序，逐步形成人口经济、资源环境相协调的国土空间开发格局"。各地区要在主体功能区规划的基础上，确定本地主体功能定位和产业发展方向，形成各具特色和分工合理的区域发展格局。面向中长期发展目标的《全国主体功能区规划》的提出明确了当前我国国土开发的定位、方向及重点，力图通过国土的分类开发来实现经济、环境及社会的协调发展目标。而这个目标的实现在很大程度上是通过区域内产业集群结构的调整和优化来"落地"的。从这个角度来看，基于主体功能区格局的区域协调发展问题与区域内产业集群结构的优化调整问题紧密地耦合起来。鉴于此，我们把产业集群及其内的企业的转型升级与《全国主体功能区规划》紧密结合，利用产业集群这一有力发展工具努力打造各主体功能区所需要的主体功能，使区域产业集群及企业的发展成效与各主体功能区发展目标相切合。为此，我们认为应该从扶持重点产业集群内龙头企业、实行产业配套、推进政府制度创新、发展对外经济等方面入手，以实施我国主体功能区为契机，推进集群内企业转型升级。

（一）培育和壮大主导产业，扶持重点产业集群内龙头企业

根据区域经济主导产业发展理论，区域经济的振兴和发展是离不开地方主导产业发展的，区域主导产业既是推动区域经济发展的支撑力量，又是提升区域竞争力水平、打造区域强势品牌的排头兵。因此，为了促进我国各主体功能区经济社会的全面发展，政府必须重视和保证区域主导产业能量的发挥，围绕这个中心打造出一批颇具地域竞争力的主导产业和龙头集群企业，并努力改善市场生存和

发展环境，使这些主导产业内的集群企业发展成为区域调结构、转方式的重要载体。具体而言，政府要通过资本扩张、资本重组等方式加速产业集群内的资源优化配置，引导集群内的龙头企业进行改组、联合和协作，扩大生产规模，提高专业化与协作程度，提升其在国际产业分工中的层次与水平，并综合运用财政、税收、信贷等政策，推动集群内的企业转型升级，通过组织创新、制度创新，大力实施品牌战略、创新战略、信息化战略和可持续发展战略，推进形成具有高附加值、全球竞争力的出口导向型企业，并鼓励这些集群内的龙头企业走出去，在激烈的国际竞争中做大做强。

（二）推进政府向区域服务型政府转型，提升集群内公共服务水平

地方政府要按照"小政府、大服务"的原则转变政府职能，逐步向区域服务型政府过渡，为地方集群的发展提供相对有利的商业生态环境。比如，政府要避免对市场的直接干预，有所为而有所不为，通过财政资金和政策导向来促进产业集群的结构优化和升级。要鼓励、支持集群企业走自主创新、品牌化经营的发展道路，采用财政贴息、税收减免、财政投资、政府购买等手段，把对企业产品生产经营的支持转向对企业的技术研发、科技成果转化、新产品开发、品牌经营与扩张的支持，通过提升产业的技术结构层次等加大（产、学、研）合作的支持力度。要加大对集群内专业技术人员的继续教育、在职培训以及劳动者技能培训的投资支持，促进集群内人力资本结构和社会就业结构向技能密集型、知识密集型、智慧密集型方向转变。要加强产业配套能力建设，加快发展交通、物流、水电、电信等基础设施和文化、教育、卫生等事业，推进产业链配套，推进政府、企业、中介机构、金融机构之间形成良好的合作关系，积极发展产业集群。要积极承接国际产业转移过程中的技术转移和技术扩散，充分发挥一些地区科研力量雄厚的优势，大力扶持以企业为主

体的技术创新体系建设，建立多元化、多渠道的科技投入体系等。

（三）启动"第二波经济全球化"战略，以高端要素融入全球价值链

在第一波经济全球化中，中国及其企业是以低端要素的比较优势加入全球价值链的，接受价值链治理者（多为先发国家的跨国公司）的订单业务，尤其是制造加工的外包订单。跨国公司把遵守游戏规则的中国企业纳入全球产业分工体系内，使其成为其产业链内的一个环节。中国的集群企业嵌入全球生产制造网络体系中既是中国改革开放和全球一体化双重作用的结果，也是跨国公司自身战略发展的使然。在第一轮经济全球化中，中国"爆炸式"发展得益于以"利用别国的市场，充分盘活了本国的低端生产要素市场"为显著特征的 GVC 下的出口导向型经济发展模式。然而，近年来，伴随着新技术革命的来临和生产制造范式的变革以及国内要素成本的不断上升，中国在全球的低成本优势逐步受到削弱，中国制造正面临两个重大挑战：一是欧美制造业的回归和再工业化趋势下不再需要运用工厂这种生产要素大规模集中化的生产方式；二是诸多发展中国家如越南、印度等以更低廉的成本优势正逐步实现对中国制造的供给替代。显然，为了主动迎接上述挑战，中国政府决策部门制定有关发展战略的政策就成为当务之急。

以刘志彪等为代表的学者提出了启动"第二波经济全球化"战略，其核心内容就是基于国内强大的内需吸纳全球先进的高级要素以提高我国对创新要素的全球配置能力，即中国要逐渐过渡到"开放和挖掘本国的市场，充分利用国外的高级生产要素，尤其是国外的创新要素，以加速实现基本现代化。国内技术的缺口通过内需吸引国外的要素流动来解决"。在这种新的基于内需的经济发展模式下，我国企业力图成为全球价值链内的主角，作为发包方站在链内附加值的高端。中国的跨国公司将根据国内外市场需求以及自己主

导的研发设计向国内外企业发包，使全球要素所有者成为由中国控制的全球供应链的一部分，然后把经过国内产业链循环而生产出来的产品销往包括本国市场在内的全球市场。启动"第二波经济全球化"战略的关键行动者是企业，其根本落脚点也是企业能力的转型升级，只有塑造出一批立足于价值链的高端，主要从事研发设计、网络营销、金融物流等现代生产服务活动的本土企业，并把被纳入全球生产体系中的中国代工集群企业逐步转化为全球创新体系中的重要一员，助推中国经济形成全球竞争力，才能终结当前这种不可持续的中国出口导向经济模式，实现"十二五"规划中提出的建立创新驱动型国家的战略目标。

二 调整产业和引资的政策取向

在经济全球化和跨国公司全球布置生产网络的趋势下，为了进一步吸引外资和发挥全球价值链内跨国公司知识关联溢出的积极作用，政府相关管理部门应该调整未来的产业政策和引资政策取向，即以促进本土集群企业与跨国公司之间的关联为政策的落脚点。基于本书的实证分析结论，本书认为应该从以下几个方面调整产业政策和引资政策。

（一）产业政策调整的方向旨在鼓励内外资企业之间建立和加深关联

政府相关管理部门在出台相关产业政策方面要以促进集群内本土企业的技术能力的提高为突破口来提高内外资企业的后向关联程度。政府要积极利用产业集群、全球生产网络的集聚和网络优势，吸引产业关联程度大的外资项目落户，并采取相关措施促进集群内和全球生产网络内跨国公司之间建立和加深关联。具体来说，可以出台和完善促进内资企业自主创新的产业政策；通过鼓励跨国公司和本土集群企业建立企业间技术联盟、开展 R&D 合作等方式开展企业间知识技术合作，最大限度地促进技术、知识在全球生产网络内的溢出。在税收政策方面，对跨国公司税收减免的优惠范围进行缩小、保留和扩大：要缩小，甚至逐步取消对依靠税率维持企业利润、处于劳动密集型环节和技术落后的出口加工型外资企业的税收优惠；税收减免的政策要继续保留在高技术产业、先进制造业的跨国公司项目上；要扩大对本土供应商关联高的跨国公司的税收优惠幅度。

对于外向度极高的集群企业主要从事加工贸易的经济现实，政府部门的产业政策制定要立足于促进以跨国公司为主体的加工贸易产业的转型升级。具体来说，可以进一步制定有关规范加工贸易发展的规定，对加工贸易政策的调整（如对禁止和限制类商品管制等准入机制的设计）要继续坚持实行商品类型和地区差异的分类管理原则；引进加工贸易项目时侧重技术密集型项目和与本地产业关联程度大的项目；重点鼓励加工贸易型外资企业提高国内采购比例和本土企业进入外资企业的加工贸易生产网络；消除阻碍外资加工贸易企业中间品本土采购的政策因素，采取与来料加工企业合资合营、促使其转变投资模式等途径促进来料加工企业转为三资企业，鼓励其开拓国内市场，延伸本地产业链。此外，政府部门还要出台相关政策鼓励本土集群企业发展加工贸易，促进内源经济与外源经济协调发展。针对沿海地区或发达地区劳动力成本、土地成本等要素优势丧失的趋势，政府以推进区域之间开展产业合作、联合建立产业转移工业园等措施鼓励处于产业低端环节的外资企业转移到省内欠发达地区或内陆其他省份。

政府还要制定相关配套政策，积极发挥政府或中介机构的信息沟通作用，克服本土集群企业与跨国公司之间的信息隔阂。政府或中介机构要搭建信息交流的平台以为双方合作牵线搭桥，比较常见的形式有：建立和更新有关双方信息的专门网站，举办各种交流会、见面会，组织到厂参观等。政府要加大对扮演供应商角色的本土集群企业的政策支持力度，比如以政府采购、税收减免、金融激励等方式鼓励其技术创新，提高本土集群企业的知识和技术创新能力。特别值得注意的是，资金短缺是国内供应商（特别是中小型企业）成长壮大过程中的重要约束。在对苏州集群企业的调研中我们发现，本土集群企业供应商往往会因为生产规模的限制丧失大牌跨国公司的订单，而企业生产规模扩张和研发资金的投入都亟须得到外部资金的支持。所以，政府要积极拓宽本土供应商企业的融资渠道，注重加强对中小集群企业的资金支持力度。

（二）引资政策调整的方向：从注重数量向坚持数量和质量并重的方向转变

在引资政策上，政府管理部门不仅要出台和完善相关政策继续加大吸引外资的力度，还要从引资的层次、结构、来源地、市场导向以及进入方式等方面入手提高引资的质量。政府部门应该采取措施从根本上制止部分地区盲目引进外资和片面追求外资数量的行为。要重点引进高技术制造业、产业链高附加值环节和已经与本土供应商有合作的跨国公司投资项目；重点引进产业关联程度大和在行业中处于领先地位的外资项目，严格限制高污染、高能耗的外资项目进入。此外，在引资来源地方面，要注重引入来自多个国家的资本，避免某一地区的产业在资本来源上具有单一性；更多地引进来自发达国家的投资项目，提高外资引入的技术含量。在外资引入的市场导向方面，要鼓励更多的开拓国内市场的跨国公司前来投资；在资本充裕的地区，要严格限制"两头在外""大出大进"的外资项目进入。在跨国公司的进入方式方面，在竞争性行业取消有关限制跨国公司以合资方式进入的要求，鼓励跨国公司以并购的方式进入。

三 培育和增强集群企业的知识吸收能力

本书验证了吸收能力在集群企业国际化成长进程中对企业知识创新绩效的提升作用，因此，政府和集群企业都要采取措施从吸收能力各个维度来积极培育和增强集群企业对全球生产网络内溢出知识的吸收能力。

（一）加强集群企业与全球生产网络内跨国公司的知识互动管理，增强外部知识获取能力

集群企业要不断加强与外部相关者（既包括全球生产网络也包括本地生产网络，如大学、科研机构、客户、供应商及其他企业）的联系，通过聘请技术顾问、鼓励科技成果发表、参与专业性会议和商业展览会等，创造机会获取更多网络内蕴含的有价值的信息和知识，使之成为本企业开展知识创新活动的有利"知识库"。要注重创造集群企业与外部网络内其他经济行为者的知识共享性，比如有意识地在公司信息、商业活动与管理责任等方面，创造与网络内协作者的一些共同要素，创造共同的认知基础，鼓励频繁对话，重叠性的网络有利于协作方的信息共享，使其更易于吸收知识，产生创新成果。此外，集群企业在建立特定关系资产的同时，要建立开发双方知识共享的惯例与关系管理机制，促进双方智力资源的交换，提高知识的获得与应用效率。

（二）集群企业要注重提升内部员工的知识水平，建立知识储存制度和流程，增强企业的知识消化能力

在集群企业进行知识创新活动的过程中，企业内部员工的工作技能、技术和管理经验都会影响其对知识创新活动的看法和实施创新活动的能力。因此，集群企业应该努力提高员工的教育水平，加大对员工学习上的投入，比如通过开展员工培训、鼓励进修等来提高员工的知识水平，以开发个体员工的吸收能力。此外，由于企业整体知识消化能力并不是企业内部个体成员能力的简单加总，所以，企业要积极构建记录或存储获取的技术知识和信息的制度和流程，增加新知识与企业现有知识产生联系、联想的机会。

（三）集群企业和政府部门都要注重建立网络内知识交流、共享机制，增强集群企业的知识转化能力

集群企业要注重增进与网络内跨国公司间的信任度，鼓励与跨国公司进行员工的跨边界、跨部门交流，促进企业间的有效沟通和知识共享，减少交易成本。此外，还要注重在企业内部及时地将从外部吸收的知识进行分享和转化，比如通过内部互联网、研讨会和工作组的形式来共享、转移知识。人是进行知识分享和转化的主体，人力资源的配置就成为顺利实现知识转化的关键。集群企业不仅要注重从公司外部引进精通先进技术的经验型技术专家、工程师等人力资源，因为这有助于接触和了解先进的外部网络内的新知识；还要注重企业内部员工知识背景上的多样化和知识重叠的平衡，因为多样化的知识背景有助于从多种视角处理获得的新知识，产生更多的新联想、新联系和创新，而知识的重叠可以帮助员工形成共同的知识基础，增加相互间交流、理解和知识的组合。

（四）集群企业要注重从技术战略、组织文化、创新组织等方面入手，增强企业对知识的利用能力

知识有效利用是吸收能力发挥作用的关键节点，而知识的利用在一定程度上与企业自上而下的战略态度、文化导向的组织学习和新知识创造惯例相关，因此，作为集群企业内部的高层管理者应该注重从这些方面入手加强管理。要加强对企业技术发展的战略管理，在企业经营战略中明确提出技术开发的战略目标，并对技术开发的战略进行具体的规划和管理；对于承担关键性创新活动的研发团队的人力资源配置，企业要注重人员构成的跨部门、跨边界，这能够帮助企业收集、整合多方面的信息和知识；企业要在明确各部门责任和分工的基础上，积极完善部门间协作的惯例，通过企业内部相关部门之间有效的联系和相互学习实现知识创新活动中的协作和融

合；要加强企业的文化建设，使之成为企业内各部门之间共同的追求，实行面向变革的文化，使内部员工敢于对现有企业经营状况提出改进的意见，并为员工创造条件对新观念进行实验，以借此推动企业的知识创新活动。

四　提升集群企业的网络能力

本书证实了具备高水平网络能力的集群企业可以通过占据全球生产网络内的核心位置，进而获取创新所需的关键性稀缺资源——知识，最终实现国际竞争力的提升。因此，为增强集群企业的国际竞争力，助推其国际化成长，集群企业和相关管理部门可以考虑从网络能力的四个维度，即网络规划能力、网络运作能力、网络配置能力和网络占位能力入手，采取适时发展、加大投入、强化基础和合作共赢等策略来不断优化企业的网络关系，帮助开拓集群企业的全球视野，提供更为广阔的世界范围内的商业机会，不断提升企业在产品、市场和销售渠道方面的国际竞争力。

（一）适时发展以提升集群企业的网络规划能力

网络规划能力是集群企业在战略层面上的能力，它体现了焦点企业对其所在的网络环境的认识和理解，是企业对网络变化采取行动和反应的基础。在对集群企业网络演化的路径分析中可以看出，对处在不同阶段的企业来说，企业网络的节点数量、类型以及节点关系强度是存在明显差别的。而基于企业的生命周期理论，可以将企业的生命周期划分为创生阶段、成长阶段、成熟阶段和再生阶段。那么，企业在战略层面考量网络的构建、运行和演化规律时，应充分考虑其所处的具体发展阶段，根据每个阶段企业所呈现的不同的外部网络环境特征，构建和提升其网络规划能力，实现适时发展。具体而言，在集群企业的创生阶段，由于企业的自身系统尚不成熟，自身拥有的资源、信息和技术都十分有限，企业建立的网络关系节点必然不多，这个阶段的企业往往是依靠企业间个人的社会资本与横向或纵向的其他节点建立联系的，因此，不断提升企业家的个人素质和能力，构建非正式网络成为企业的首选；而在集群企业的成长阶段，企业的规模效应初显，市场开拓能力得到一定程度加强，企业自身拥有了一定的资金、资源和技术，网络内的节点间的联系和资源的异质性都得到加强，但是初生阶段构建的非正式网络的不稳定性的弊端凸显，为了使处于成长阶段的集群企业获取外部更为稳定的资源支持，企业应该通过契约化的形式将非正式网络关系转化为正式网络关系，此刻，外部正式网络的构建成为成长阶段集群企业规划网络的第一选择；在集群企业发展的成熟阶段，企业的规模和实力达到高峰，此时，企业外部网络节点众多，节点间的联系和异质性都得到加强，所以，企业应该力图占据网络内的核心位置，比如通过结构洞来实现对市场和技术的控制优势。而在再生阶段，集群企业在技术或成本上的优势正逐渐消失，企业所拥有的资源和技术往往都形成了一定的积聚，这也反映出企业外部网络节点的数量过多和异质性程度过高，这往往会使企业丧失对重要信息的及时掌控的网络优势。为此，集群企业必须通过信息技术的提升和信息网络的重构来增强企业信息获取的速度与质量，进而改善和提升企业的网络规划能力。

（二）加大投入以提升集群企业的网络运作能力

网络运作能力是集群企业发挥主动性，发展和协调网络关系的操作层面上的一种能力。学者 Ritter（2000）认为，企业内部的资源配置、内部沟通管理和组织文化的开发性是有效运作外部网络关系的前提。因此，集群企业在提升网络运作能力时要从对外部网络的重视和投入着手；这种投入既包括对企业对外部网络拓展所需的多个方面的投入，比如在集群企业的品牌化建设，影响力、关系资源和企业信息化建设上的投入；也包括对自身内部管理水平和企业文化建设的投入，比如定期进行市场调研与分析，及时寻找潜在的市场机会，组织企业内部人员对公司战略进行学习，提高员工对企业战略的认知度，引进或培育一批技术骨干，提升企业在生产流程、产品创新或技术研发上的核心能力，通过培训、宣传等方式，使企业员工认识并熟悉企业文化的灵活性、自发性和外部导向性，鼓励员工向外部学习，积极主动地寻求和创造新的外部合作关系。要积极借助产品或设备展览会、广告传媒等方式向客户和潜在合作对象宣传开放的企业文化等。

（三）强化集群企业网络内合作的基础以提升网络配置能力

网络配置能力是集群企业对其在外部网络内的二元关系或多元关系的管理与维护，旨在通过巩固和改善个人层面或组织间层面的合作关系，进而达成对战略层面网络关系的整合与调整。集群企业对于网络配置能力的提升主要从强化现有的网络间协作伙伴的合作基础入手，即建立和完善网络信任机制和网络沟通机制。具体采取的措施包括：构建和完善相应的信息披露机制以提高网络成员间关系的公开透明度；通过订立契约或合同的规范性条款以明确网络协作成员之间的权利、义务和责任，从而帮助网络主体形成明确稳定的行为预期；通过引入独立、具有较强公信力的第三方机构以帮助消除网络合作中不可避免出现的矛盾和冲突，实现网络内部协作伙伴间关系的持续和稳定发展。

（四）集群企业要夯实自身的基础以提升网络占位能力

网络占位能力是企业占据外部网络中央性位置的操作层面上的一种能力。集群企业如果希望依托全球价值链实现全球生产网络内溢出效应，就必须发挥企业的主观能动性，积极主动地参与到全球生产网络中去，投入相关资源，能动地管理与链内跨国公司的合作与互动，主动占据网络的中央性位置，成为网络内知识和信息汇聚的焦点，以推动网络组态向更有利于自己的方向变化，只有这样，蕴含在网络内的经济价值——知识租金才能被激活并被企业所获得。采取的具体措施包括：提高集群企业的 IT 应用水平、建立开放的企业文化、建立完善的网络管理体系以及积累过去参与网络活动的经验等。

五 推动跨国公司和集群企业的双向嵌入与互动融合

虽然全球价值链内跨国公司的知识资源和先进的技术能力可以通过规模效应和范围经济直接促进与其形成合作关系的集群企业创新产出的增加和绩效的改善，但是集群企业的内在创新能力的提升则只有通过与其跨国合作伙伴形成较为深入的嵌入关系，形成一种持续的互动模式，建立起共同理解及共同的工作方式（Laursen，Salter，2006）才能实现。因此，加强与跨国公司联结以促进知识的学习和自身创新能力的提升是本土企业实现能力提升和绩效改善的关键。在本书中，我们通过理论和实证分析分别验证了联结强度、联结质量、网络规模、网络密度、结构洞等不同网络嵌入属性对知识租金获取能力具有的显著影响，并揭示了结构性嵌入和关系性嵌入通过影响集群企业在全球价值链中知识租金获取的多少最终作用于国际化成长的机制。这一结论启示集群企业和相关政府管理部门要充分重视合作网络嵌入性的价值，并可以将其作为增强国际竞争力的手段，通过积极地推动跨国公司和集群企业的双向网络嵌入和互动融合来提升知识租金获取能力，进而提升创新绩效。

（一）增强主导全球价值链的跨国公司的嵌入性

就外向度较高的产业集群而言，地方政府要特别重视跨国公司嵌入性在区域经济发展中的重要性，要改变以往"重招商轻安商""重引进轻扎根""重规模轻集聚"等行为，政府在制定产业政策、区域发展规划时要突出跨国公司嵌入与空间集聚的特征。具体来讲，政府部门可以从以下几方面入手增强跨国公司的本土嵌入性：要以本地嵌入的理念吸引跨国公司，引导跨国公司基于中国市场的长远潜力和自身全球战略的考量扎根中国，服务地方社会，履行社会责任，实现与中国本土集群企业以及当地社会的共同成长；要努力营造良好的商业生态环境，通过产业上下游形成的供应链的关联作用逐步建立跨国公司与本土集群企业间持续而稳定的产业关联（如原材料采购供应、产品营销本地化、本地产业配套等），在使跨国公司真正在本地落地生根、扎根发展的同时，亦帮助本土集群企业提高质量、降低成本（比如，跨国公司出于自身产品国际竞争力的考量，会对当地配套集群企业所提供的产品提出规格、样式及质量等方面的标准，甚至会对当地集群企业提供全面的技术支持等），最终带动本土乃至全国上下游企业及相关产业发展。

（二）推动跨国公司与本地集群企业的双向嵌入与互动融合

在新国际分工背景下，跨国公司与东道国地方集群企业之间的产业关联越来越密切，跨国公司本地嵌入与地方集群企业的全球价值链嵌入存在内在的、有机的、不可分割的关系，它们之间是一种相互嵌入、互动耦合的关系，这种"双向嵌入"理念的树立有助于系统解决经济全球化背景下地方集群企业转型升级问题。为了有效推动跨国公司与本地集群企业的双向嵌入与互动融合，政府相关管理部门一方面要重视跨国公司在全球商业网络的重要性，鼓励跨国公司提高人员本地化、供应链本地化程度，充分发挥其对接全球市场的桥梁作用；另一方面则要创造条件（比如搭建市场信息的公共平台、加强区域软环境建设、鼓励全球生产网络内企业间的交流和互动等）促进当地中小集群企业提升生产技术和知识创新水平，并在此基础上积极主动地嵌入跨国公司主导的全球价值链内，搭上跨国公司的全球价值链的快车，顺利实现与国际市场的对接。

参考文献

［1］〔美〕保罗·克鲁格曼：《地理与贸易》，刘国晖译，中国人民大学出版社，2006。

［2］曹明福、李树民：《全球价值链分工：从国家比较优势到世界比较优势》，《世界经济研究》2006年第11期。

［3］曹明福、李树民：《全球价值链分工的利益来源：比较优势、规模优势和价格倾斜优势》，《中国工业经济》2005年第10期。

［4］曹孜：《区域创新网络结构特征及对企业创新能力的影响》，中南大学硕士学位论文，2008。

［5］陈柳钦：《有关全球价值链理论的研究综述》，《南都学坛》2009年第5期。

［6］陈锡进、吕永刚：《"全球经济再平衡"与中国经济战略调整——基于国际分工体系重塑视角的分析》，《世界经济与政治论坛》2009年第6期。

［7］陈向明、朱晓阳、赵旭东主编《社会科学研究：方法评论》，重庆大学出版社，2006。

［8］陈晓萍等主编《组织与管理研究的实证方法》，北京大学出版社，2008。

［9］陈学光：《企业网络能力——网络能力、创新网络及创新绩效关系研究》，经济管理出版社，2008。

［10］仇立平：《社会研究方法》，重庆大学出版社，2008。

［11］崔志等：《企业知识吸收能力影响因素的实证研究》，《哈尔滨

工业大学学报》（社会科学版）2008 年第 1 期。

[12] 戴维奇、林巧、魏江：《本地和超本地业务网络、吸收能力与集群企业升级》，《科研管理》2013 年第 4 期。

[13] 戴维奇、魏江：《集群企业创业行为的测度及其影响效应——以浙江永康五金产业集群为例》，《科学学研究》2010 年第 10 期。

[14] 戴维奇等：《集群内外网络嵌入与公司创业——基于浙江省四个产业集群的实证研究》，《科学学研究》2011 年第 4 期。

[15] 戴勇：《外生型集群企业升级的影响因素与策略研究——全球价值链的视角》，《中山大学学报》（社会科学版）2009 年第 1 期。

[16] 邓聚龙：《灰预测与灰决策》，华中科技大学出版社，2002。

[17] 邓玲、杜黎明：《主体功能区建设的区域协调功能研究》，《经济学家》2006 年第 4 期。

[18] 董文裕：《组织学习下企业战略网络结构对创新绩效的影响研究》，武汉理工大学硕士学位论文，2012。

[19] 窦红宾、王正斌：《网络结构、吸收能力与企业创新绩效——基于西安通讯装备制造产业集群的实证研究》，《中国科技论坛》2010 年第 5 期。

[20] 杜栋等：《现代综合评价方法与案例精选》，清华大学出版社，2008。

[21] 杜黎明：《推进形成主体功能区研究》，四川大学博士学位论文，2007。

[22] 杜宇玮：《国际代工的锁定效应及其超越》，南京大学博士学位论文，2011。

[23] 范志刚、刘洋、吴晓波：《网络嵌入与组织学习协同对战略柔性影响研究》，《科研管理》2014 年第 12 期。

[24] 方刚：《基于资源观的企业网络能力与创新绩效关系研究》，浙江大学博士学位论文，2008。

[25] 方刚：《网络能力结构及对企业创新绩效作用机制研究》，《科学学研究》2011 年第 3 期。

[26] 方润生：《企业冗余资源与技术创新之间的关系研究》，西安交通大学博士学位论文，2003。

[27] 冯海龙、焦豪：《动态能力理论研究综述及展望》，《科技管理研究》2007 年第 8 期。

[28] 符平：《"嵌入性"：两种取向及其分歧》，《社会学研究》2009 年第 5 期。

[29] 符正平等：《基于跨时视角的联盟组合过程研究与概念框架构建》，《外国经济与管理》2011 年第 1 期。

[30] 高展军、李垣：《战略网络结构对企业技术创新的影响研究》，《科学学研究》2006 年第 3 期。

[31] 〔美〕格罗斯罗、赫尔普曼：《全球经济中的创新与增长》，何帆等译，中国人民大学出版社，2003。

[32] 郭劲光：《网络嵌入：嵌入差异与嵌入绩效》，《经济评论》2006 年第 6 期。

[33] 郭劲光、高静美：《网络、资源与竞争优势：一个企业社会学视角下的观点》，《中国工业经济》2003 年第 3 期。

[34] 郝生宾、于渤：《企业技术能力与技术管理能力的耦合度模型及其应用研究》，《预测》2008 年第 6 期。

[35] 郝生宾、于渤、吴伟伟：《企业网络能力与技术能力的耦合度评价研究》，《科学学研究》2009 年第 2 期。

[36] 何勇：《灰色多层次综合评判模型及应用》，《系统工程理论与实践》1993 年第 4 期。

[37] 洪茹燕：《关系嵌入与吸收能力的协同对企业知识搜寻的影响——全球制造网络效应下对中国轿车企业自主创新分析》，《重庆大学学报》（社会科学版）2012 年第 1 期。

[38] 侯泰杰等：《结构方程模型及其应用》，教育科学出版社，2004。

［39］ 胡雅蓓等：《网络嵌入、治理机制与创新绩效——以高科技产业集群为例》，《北京理工大学学报》（社会科学版）2017 年第 5 期。

［40］ 胡振华、阳志梅：《网络嵌入性与集群企业竞争优势：基于组织学习视角的研究》，《现代管理科学》2009 年第 2 期。

［41］ 黄芳铭：《结构方程模式：理论与应用》，中国税务出版社，2005。

［42］ 黄汉涛：《网络嵌入性与技术创新绩效的关系研究》，浙江大学硕士学位论文，2010。

［43］ 黄洁：《企业成长与网络演化：基于浙江集群企业的实证研究》，浙江大学出版社，2007。

［44］ 黄中伟、王宇露：《关于经济行为的社会嵌入理论研究综述》，《外国经济与管理》2007 年第 12 期。

［45］ 蒋殿春、黄静：《外商直接投资与我国产业内技术二元结构——基于 DEA 方法的证据》，《数量经济技术经济研究》2007 年第 7 期。

［46］ 康虹、赵永杰：《产业集群创新网络特征与知识创新绩效关系研究》，《价值工程》2012 年第 9 期。

［47］ 兰建平、苗文斌：《嵌入性理论研究综述》，《技术经济》2009 年第 1 期。

［48］ 李春娟：《国内知识协同研究综述》，《技术经济与管理研究》2012 年第 8 期。

［49］ 李怀祖编著《管理研究方法论》，西安交通大学出版社，2004。

［50］ 李琳：《外部知识溢出、集群吸收能力与集群竞争优势》，《科技管理研究》2005 年第 9 期。

［51］ 李新春：《企业联盟与网络》，广东人民出版社，2000。

［52］ 李贞、张体勤：《企业知识网络能力的理论架构和提升路径》，《中国工业经济》2010 年第 10 期。

［53］ 梁娟、陈国宏：《多重网络嵌入与集群企业知识创造绩效研究》，

《科学学研究》2015 年第 1 期。

[54] 林春培:《企业外部创新网络对渐进性创新与根本性创新的影响》,华南理工大学博士学位论文,2012。

[55] 林润辉、李维安:《网络组织——更具环境适应能力的新型组织模式》,《南开管理评论》2000 年第 3 期。

[56] 刘常勇、谢洪明:《企业知识吸收能力的主要影响因素》,《科学学研究》2003 年第 3 期。

[57] 刘劲松:《租金与寻租理论评述》,《东北财经大学学报》2009 年第 5 期。

[58] 刘林青、谭力文:《产业国际竞争力的二维评价——全球价值链背景下的思考》,《中国工业经济》2006 年第 12 期。

[59] 刘林青、谭力文、施冠群:《租金、力量和绩效——全球价值链背景下对竞争优势的思考》,《中国工业经济》2008 年第 1 期。

[60] 刘清华:《企业网络中关系性交易治理机制及其影响研究》,浙江大学博士学位论文,2003。

[61] 刘仕国、吴海英:《利用全球价值链促进产业升级》,《国际经济评论》2015 年第 1 期。

[62] 刘思峰等:《灰色系统理论及其应用》(第五版),科学出版社,2010。

[63] 刘雪峰:《网络嵌入性与差异化战略及企业绩效关系研究》,浙江大学博士学位论文,2007。

[64] 刘雪锋:《网络嵌入性影响企业绩效的机制案例研究》,《管理世界》2009 年第 1 期。

[65] 刘耀彬、宋学锋:《城市化与生态环境的耦合度及其预测模型研究》,《中国矿业大学学报》2005 年第 1 期。

[66] 刘友金:《集群式创新与创新能力集成——一个培育中小企业自主创新能力的战略新视角》,《中国工业经济》2006 年第 11 期。

[67] 刘友金、郭新:《集群式创新形成与演化机理研究》,《中国软

科学》2003 年第 2 期。

[68] 刘志彪：《全球代工体系下发展中国家俘获型网络的形成、突破与对策——基于 GVC 与 NVC 的比较视角》，《中国工业经济》2007 年第 5 期。

[69] 刘志彪等：《价值链上的中国：长三角选择性开放新战略》，中国人民大学出版社，2012。

[70] 卢峰：《产品内分工》，《经济学》2004 年第 1 期。

[71] 卢福财、胡平波：《网络租金及其形成机理分析》，《中国工业经济》2006 年第 6 期。

[72] 卢福财、罗瑞荣：《全球价值链分工对中国经济发展方式转变的影响与对策》，《江西财经大学学报》2010 年第 4 期。

[73] 吕文栋等：《全球价值链下的地方产业集群战略研究》，《中国软科学》2005 年第 2 期。

[74] 罗珉：《企业知识能力租金的获取机制及其三种途径》，《经济管理》2008 年第 9 期。

[75] 罗珉、夏文俊：《网络组织下企业经济租金综合范式观》，《中国工业经济》2011 年第 1 期。

[76] 马鸿佳、董保宝、常冠群：《网络能力与创业能力——基于东北地区新创企业的实证研究》，《科学学研究》2010 年第 7 期。

[77] 马庆国：《管理统计：数据获取、统计原理、SPSS 工具与应用研究》，科学出版社，2002。

[78] 马庆国编著《应用统计学：数理统计方法、数据获取与 SPSS 应用》，科学出版社，2006。

[79] 马中东：《产业集群升级研究的最新进展综述》，《聊城大学学报》（社会科学版）2009 年第 6 期。

[80] 〔美〕迈克尔·波特：《竞争优势》，陈小悦译，华夏出版社，2005。

[81] 梅述恩、聂鸣：《嵌入全球价值链的企业集群升级路径研究——

以晋江鞋企业集群为例》，《科研管理》2007 年第 4 期。

[82] 梅述恩、聂鸣：《全球价值链与地方产业集群升级的国外研究述评》，《科技管理研究》2006 年第 10 期。

[83] 聂鸣、刘锦英：《地方产业集群嵌入全球价值链的方式及升级前景研究述评》，《研究与发展管理》2006 年第 6 期。

[84] 彭迪云、何文靓：《我国实施主体功能区战略的利益困局与政策建议——基于博弈论分析的视角》，《求是》2013 年第 6 期。

[85] 彭迪云、刘彩梅：《基于产业集群与全球价值链耦合视角的集群企业升级研究》，《南昌大学学报》（人文社会科学版）2011 年第 1 期。

[86] 彭新敏：《权变视角下的网络联结与组织绩效关系研究》，《科研管理》2009 年第 3 期。

[87] 钱海燕：《中小企业国际化：社会资本和组织创新视角》，南京大学出版社，2012。

[88] 钱锡红、杨永福、徐万里：《企业网络位置、吸收能力与创新绩效——一个交互效应模型》，《管理世界》2010 年第 5 期。

[89] 〔美〕乔治·S. 伊普：《全球战略》，程卫平译，中国人民大学出版社，2005。

[90] 邱国栋、郭蓉娜、刁玉柱：《中国进入全球价值链的"苹果皮"路线研究》，《中国软科学》2016 年第 1 期。

[91] 邱皓政：《量化研究与统计分析——SPSS 中文视窗版数据分析范例解析》，重庆大学出版社，2009。

[92] 任胜刚等：《技术联盟网络知识转移影响因素的案例研究》，《中国软科学》2010 年第 4 期。

[93] 任胜钢：《企业网络能力结构的测评及其对企业创新绩效的影响机制研究》，《南开管理评论》2010 年第 1 期。

[94] 荣泰生：《AMOS 与研究方法》，重庆大学出版社，2009。

[95] 阮国祥、阮平南、宋静：《网络嵌入和技术创新的协同演化研

究》,《北京理工大学学报》(社会科学版) 2010 年第 4 期。

[96] 孙冰、林婷婷:《关于技术创新的系统论研究综述》,《科学管理研究》2011 年第 2 期。

[97] 孙丽苹:《企业网络能力结构的测评及其对企业创新绩效的影响机制研究》,中南大学硕士学位论文,2009。

[98] 陶峰:《吸收能力、价值链类型与创新绩效——基于国际代工联盟知识溢出的视角》,《中国工业经济》2011 年第 1 期。

[99] 陶锋:《知识溢出、吸收能力与创新绩效》,暨南大学博士学位论文,2009。

[100] 田家欣、贾生华:《网络视角下的集群企业能力构建与升级战略:理论分析与实证研究》,浙江大学出版社,2008。

[101] 汪斌等:《经济全球化条件下的全球价值链理论研究》,《国际贸易问题》2007 年第 3 期。

[102] 王长峰:《知识属性、网络特征与企业创新绩效》,山东大学博士学位论文,2009。

[103] 王辉:《企业网络能力与吸收能力互动及对产品创新价值链的研究影响》,天津大学博士学位论文,2012。

[104] 王缉慈等:《创新的空间:企业集群与区域发展》,北京大学出版社,2001。

[105] 王炯:《全球制造网络中网络嵌入性对企业绩效的影响研究》浙江大学硕士学位论文,2006。

[106] 王娟茹、赵嵩正、杨瑾:《基于知识溢出和吸收能力的知识联盟动态模型》,《中国管理科学》2005 年第 1 期。

[107] 王鹏耀:《网络能力对企业绩效影响的研究》,北京交通大学博士学位论文,2011。

[108] 王晓娟:《知识网络与集群企业创新绩效——浙江黄岩模具产业集群的实证研究》,《科学学研究》2008 年第 4 期。

[109] 王晓娟等:《企业跨区域发展视角下的产业集群转型》,《学

术月刊》2006 年第 10 期。

[110] 王益民、宋琰纹：《全球生产网络效应、集群封闭性及其"升级悖论"——基于大陆台商笔记本电脑产业集群的分析》，《中国工业经济》2007 年第 4 期。

[111] 王宇露、李元旭：《海外子公司东道国网络结构与网络学习效果——网络学习方式是调节变量吗》，《南开管理评论》2009 年第 3 期。

[112] 魏江、郑小勇：《关系嵌入强度对企业技术创新绩效的影响机制研究——基于组织学习能力的中介性调节效应分析》，《浙江大学学报》（人文社会科学版）2010 年第 6 期。

[113] 文嫮、曾刚：《嵌入全球价值链的地方产业集群发展——地方建筑陶瓷产业集群研究》，《中国工业经济》2004 年第 6 期。

[114] 文嫮、曾刚：《全球价值链治理与地方产业网络升级研究——以上海浦东集成电路产业网络为例》，《中国工业经济》2005 年第 7 期。

[115] 邬爱其：《集群企业网络化成长机制：理论分析与浙江经验》，中国社会科学出版社，2007。

[116] 吴伯翔等：《本土企业吸收能力影响因素的实证研究》，《科技进步与对策》2007 年第 8 期。

[117] 吴结兵、郭斌：《企业适应性行为、网络化与产业集群的共同演化——绍兴县纺织业集群发展的纵向案例研究》，《管理世界》2010 年第 2 期。

[118] 吴娟：《网络结构特征、网络能力与企业创新绩效关系研究》，中南大学硕士学位论文，2010。

[119] 吴隆增等：《吸收能力对组织学习和组织创新的影响——珠三角地区高科技企业的实证研究》，《科学管理研究》2008 年第 5 期。

[120] 吴隆增等：《组织学习、知识创造与新产品开发绩效的关系

研究》，《中国管理科学与工程论坛》2008 年第 1 期。

[121] 吴明隆：《问卷统计分析实务——SPSS 操作与应用》，重庆大学出版社，2010。

[122] 吴明隆编著《SPSS 统计应用实务》，科学出版社，2003。

[123] 吴晓波、韦影：《制药企业技术创新战略网络中的关系性嵌入》，《科学学研究》2005 年第 4 期。

[124] 吴晓波等：《网络嵌入性：组织学习与创新》，科学出版社，2011。

[125] 夏文俊：《网络组织下企业知识租金的获取：开放式创新及知识治理研究》，西南财经大学博士学位论文，2011。

[126] 肖新平：《灰色系统模型方法的研究》，华中科技大学出版社，2002。

[127] 谢永平、张浩淼、毛雁征：《技术创新网络中基于成员企业吸收能力的企业竞争优势与其技术创新绩效关系研究》，《软科学》2010 年第 S1 期。

[128] 邢小强、仝允桓：《创新视角下的企业网络能力与技术能力关系研究》，《科学学与科学技术管理》2007 年第 12 期。

[129] 邢小强、仝允桓：《网络能力：概念、结构与影响因素分析》，《科学学研究》2006 年第 2 期。

[130] 熊英、马海燕、刘义胜：《全球价值链、租金来源与解释局限——全球价值链理论新近发展的研究综述》，《管理评论》2010 年第 12 期。

[131] 徐二明、张晗：《企业知识吸收能力与绩效的关系研究》，《管理学报》2008 年第 6 期。

[132] 徐金发、许强、王勇：《企业的网络能力剖析》，《外国经济与管理》2011 年第 11 期。

[133] 徐金发等：《母子公司之间知识流动的决定因素研究》，《科研管理》2002 年第 2 期。

[134] 许冠南等：《关系嵌入性对技术创新绩效作用机制案例研究》，

《科学学研究》2011 年第 11 期。

[135] 许小虎、项保华：《企业网络理论发展脉络与研究内容综述》，《科研管理》2006 年第 1 期。

[136] 许小虎、项保华：《社会网络中的企业知识吸收能力分析》，《经济问题探索》2005 年第 10 期。

[137] 阳志梅、胡振华：《组织学习能力与集群企业竞争优势的关系实证研究》，《科技管理研究》2009 年第 8 期。

[138] 杨蕙馨等：《中间性组织网络中企业间信任关系对企业合作的作用研究》，《经济与管理评论》2008 年第 2 期。

[139] 杨亚平：《基于后向关联的 FDI 技术溢出研究》，暨南大学博士学位论文，2008。

[140] 杨忠等：《"天生全球化"企业持续成长驱动力研究——企业生命周期不同阶段差异性跨案例分析》，《管理世界》2007 年第 6 期。

[141] 易丹辉：《结构方程模型：方法与应用》，中国人民大学出版社，2008。

[142] 应洪斌：《产业集群中关系嵌入性对企业创新绩效的影响机制研究》，浙江大学博士学位论文，2010。

[143] 俞荣建等：《价值创造网络的系统绩效分析与提升策略》，《科技进步对策》2009 年第 12 期。

[144] 曾慧萍：《全球价值链理论研究综述——基于发展中国家外向型经济发展视角》，《西南农业大学学报》（社会科学版）2012 年第 12 期。

[145] 张方华：《网络嵌入影响企业创新绩效的概念模型与实证分析》，《中国工业经济》2010 年第 4 期。

[146] 张钢编《企业组织网络化发展》，浙江大学出版社，2005。

[147] 张辉：《全球价值链理论与我国产业发展研究》，《中国工业经济》2004 年第 5 期。

［148］张辉：《全球价值链下地方产业集群转型和升级》，经济科学出版社，2006。

［149］张会清：《新国际分工、全球生产网络与中国制造业发展》，华东师范大学博士学位论文，2009。

［150］张君立、蔡莉、朱秀梅：《社会网络、资源获取与新创企业绩效关系研究》，《工业技术经济》2008 年第 5 期。

［151］张韬：《基于吸收能力的创新能力与竞争优势关系研究》，《科学学研究》2009 年第 3 期。

［152］张维迎：《竞争力与企业成长》，北京大学出版社，2006。

［153］张文彤等编著《SPSS 统计分析基础教程》，高等教育出版社，2011。

［154］张小蒂、朱勤：《论全球价值链中我国企业创新与市场势力构建的良性互动》，《中国工业经济》2007 年第 5 期。

［155］张兴瑞：《全球价值链分工双面效应下中国县域产业升级研究》，复旦大学博士学位论文，2011。

［156］张晔、梅丽霞：《网络嵌入、FDI 主导型集群与本土企业发展——以苏州地区自行车集群为例》，《中国工业经济》2008 年第 2 期。

［157］张玉来：《丰田公司企业创新研究——兼论日本汽车产业发展模式》，天津人民出版社，2007。

［158］周立伟：《科学研究的途径：一个指导教师的札记》，北京理工大学出版社，2007。

［159］周立新、刘伟：《网络位置、组织学习与家族企业绩效：家族承诺的调节作用》，《重庆大学学报》（社会科学版）2012 年第 2 期。

［160］周培岩：《公司创业视角下企业知识吸收能力与绩效关系研究》，《情报科学》2008 年第 10 期。

［161］朱秀梅、陈琛、蔡莉：《网络能力、资源获取与新企业绩效

关系实证研究》，《管理科学学报》2010 年第 4 期。

[162] 卓越、张珉：《全球价值链中的收益分配与 "悲惨增长"——基于中国纺织服装业的分析》，《中国工业经济》2008年第 7 期。

[163] Adier, "Personal and Extended Networks are Central to the Entrepreneurial Process," *Journal of Business Venturing*, 1991, 6 (5).

[164] Ahuja, G., "Collaboration Networks, Structural Holes, and Innovation: A Longitudinal Study," *Administrative Science Quarterly*, 2000, 45.

[165] Ahujia, G., "The Duality of Collaboration: Inducements and Opportunities in the Formation of Interfirm Linkages," *Strategic Management Journal*, 2000, 21.

[166] Andersson, U., Forsgren, M., Holm U., "The Strategic Impact of External Networks: Subsidiary Performance and Competence Development in the Multinational Corporation," *Strategic Management Journal*, 2002, 23.

[167] Autin, Sapienza, Almeida, "Corporate Effects and Dynamic Managerial Capabilities," *Strategic Management Journal*, 2000, 24 (10).

[168] Autio, Sapienza, Almeida, "Pricing Process as a Capability: A Resource-based Perspective," *Strategic Management Journal*, 2000, 24.

[169] Barber, B., "All Economies are 'Embedded': The Career of A Concept, and beyond," *Social Rescarch*, 1995, 62.

[170] Barney, J., "Firm Resource and Sustained Competitive Advantage," *Journal of Management*, 1997, 11 (6).

[171] Batjargal, "Organizations: New Concepts for New Forms," *California Management Review*, 2001, 28 (4).

[172] Bell, Albu, "Profiting from Technological Innovation: Implications for Integration, Collaboration, Licensing and Public Policy," *Research Policy*, 1999, 15 (6).

[173] Bell, "New Firm Formation: A Dynamic Capability Perspective," *Journal of Small Business Management*, 2005, 43 (2).

[174] Bentler, "Causal Ambiguity, Barriers to Imitation and Sustainable Competitive Advantage," *Academy of Management Review*, 1995, 15 (1).

[175] Borensztein, "The Structure and Evolution of Insdustirial Clusters: Transations, Technology and Knowledge Spillovers," *Research Policy*, 1998, 37 (3).

[176] Burt R. S., *Structural Holes: The Social Structure of Competition* (Cambridge, M. A.: Harvard University Press, 1992).

[177] Carlile, P., "A Pragmatic View of Knowledge and Boundaries: Boundary Objects in New Product Development," *Organization Science*, 2002, 13 (4).

[178] Choelsoon Park, "Mutual Trust: A Critical Linkage between Value Appropriation and Value Maximization," *Seoul Journal Business*, 1998, 4 (1).

[179] Cohen, Jansen, "Growth Path for Small-Scale Industry," *Journal of Development Studies*, 1999 (11).

[180] Cohen, Levinthal, "Clusters and New Economics of Competition," *Harvard Business Review*, 1990d, 13.

[181] Cohen W. M., Levinthal D. A., "Absorptive Capacity: A New Perspective on Learning and Innovation," *Administrative Science Quarterly*, 1999, 35 (91).

[182] Cohen, Levinthal, "A Resource-Based View of the Firm," *Strategic Management Journal*, 1990e, 5 (2).

[183] Cohen, Levinthal, "Absorptive Capacity: A New Perspective on Learning and Innovation," *Administrative Science Quarterly*, 1990a.

[184] Cohen, Levinthal, "Social Structure and Alliance Formation Patterns: A Longitudinal Analysis," *Administrative Science Quarterly*, 1990b, 43 (8).

[185] Cohen, Levinthal, "The Effects of Environment, Knowledge Attribute, Organizational Climate and Firm Characteristics on Knowledge Sourcing Decisions," *R&D Management*, 1990c, 34 (2).

[186] Coleman, "Industrial Cluster Analysis: Backward or forward Linkages?" *Annals of Regional Science*, 1998b, 16 (3).

[187] Coleman, "Learning and Knowledge Acquision through International Strategic Alliances," *Academy of Management Executive*, 1998a, 12 (4).

[188] Coleman, "Organization Learning: The Contributing Processes and the Literatures," *Organizaiton Science*, 1990, 2 (4).

[189] Coniraetor, Lorange, D., "Toolkits for Idea Competitions: A Novel Method to Integrate Users in New Product Development," *R&D Management*, 1998, 36 (3).

[190] Conner, K., Prahalad, C., "A Resource-Based Theory of the Firm: Knowledge Versus Opportunism," *Organizational Science*, 1996, 7 (5).

[191] Dacin M. T., Ventresca M. J., Beal B. D., "The Embeddedness of Organizarions: Dialogue & Directons," *Journal of Management*, 1999, 25 (3).

[192] Drucker, Peter F., "Reflections of a Social Ecologist?" *Society*, May/June, 1992.

[193] Dyer, J. H., "Specialized Supplier Networks as a Source of Com-

petitive Advantage: Evidence from the Auto Industry," *Strategic Management Journal*, 1996, 17.

[194] Dyer, Singh, "Firm Resources and Sustained Competitive Advantage," *Journal of Management*, 1998, 17 (1).

[195] Dyerhe, Singh, "Relative Absorptive Capacity and Interorganizaitonal Learning," *Strategic Management Journal*, 1998, 28 (3).

[196] Echols, A., Tsai, W., "Niche and Performance: The Moderating Role of Network Embeddedness," *Strategic Management Journal*, 2005, 26.

[197] Eece, *The Theory of the Growth of the Firm* (London: Oxford University Press, 1997).

[198] Fords, "Toward a Synthesis of the Rescource-based View and Organizational Economics in the Context of Grand Strategier," *Journal of Business Strategies*, 1980, 14 (2).

[199] Forelli, "Network Forms of Organization," *Annual Review of Sociology*, 1986, 24 (3).

[200] Foss, N. J., "Knowledge-based Approaches to the Therory of the Firm: Some Critical Comment," *Organization Science*, 1996, 7 (5).

[201] Fowler, "The Impact of Specification Error on the Estimation, Testing and Improvement of Structural Equation Models," *Multivariate Behavioral Research*, 2009, 23.

[202] Franke, "Density and Strength of Ties in Innovation Networks: A Competence and Governance View," *Ecis*, 2004 (1).

[203] Gereffi, "The Governance of Global Value Chains," *Review of International Political Economy*, 2005, 72 (7).

[204] Giuliani, Prahalad C. K., "A Resource-Based Theory of the

Firm: Knowledge Versus Opportunism," *Organization Science*, 1996, 7 (5).

[205] Granovetter, M. , "Economic Action and Social Structure: The Problem of Embeddendness," *American Journal of Sociology*, 1985, 91 (3).

[206] Granovetter, "Is Globalization All It Is Really Cracked up to Be?" *Journal of International Political Econnomy*, 2001, 7 (5).

[207] Gulati, R. , Gargiulo, M. , "Where Do Interorganizational Networks Come from?" *American Journal of Sociology*, 1999, 104 (5).

[208] Gulati, R. , "Network Location and Learing: The Influence of Network Resources and Firm Capabilities on Alliance Formation," *Strategic Management Journal*, 1999, 20.

[209] Gulati, R. , "Alliances and Networks," *Stratefic Management Journal*, 1998, 19 (4).

[210] Hagedoom, "Open for Innovation: The Role of Poenness in Explaining Innovation Performance among U. K. Manufacturing Firms," *Strategic Management Journal*, 2006, 23 (3).

[211] Hagedoorn, "The Resource Characteristics of Strategic Alliances," *Academy of Management Review*, 2006, 33 (2).

[212] Hakansson, "A Resource-base Theory of the Firm: Knowledge Versus Opportunism," *Organization Science*, 1996, 7 (5).

[213] Hakansson, "Knowledge and Competence as Strategic Assets," *The Strategic Management of Intellectual Capital*, 1987, 2 (3).

[214] Hamel G. , "Competition for Competence and Interpartner Learning within International Strategic Alliances," *Strategic Management Journal*, 1991, 12 (S1).

[215] Hansen, "Governance and Competence: How Can They Be Com-

bined?" *Cambridge Journal of Econmics*, 1999, 28 (4).

[216] Hite, Hesterly, "Absorptive Capacity, Learning, and Perform-ance in International Joint Ventures," *Strategic Management Jour-nal*, 2001, 9 (2).

[217] Hsu, "Economic Action and Social Structure: The Problem of Em-beddedness," *American Journal of Sociology*, 1997, 97 (4).

[218] Humphrey, Schmitz, "Strategies for Managing a Portfolio of Alli-ances," *Strategic Management Journal*, 1999, 28 (8).

[219] Inkpen, Beamish, "The Globalization of Product Markets and Im-miserizing Growth: Lessons from the South African Furniture In-dustry," *World Development*, 1997, 30 (4).

[220] Jackson, "Embeddness in the Marking of Financial Capital: How Social Relations and Networks Benefit Firms Seeking Financing," *American Sociological Review*, 1993, 67 (3).

[221] Kaplinsky, Handbook for Value Chain Research, Institute of De-velopment Studies, 2001a.

[222] Kaplinsky, Morris, "Markets and Hierarchies, Some Elementary Considerations," *American Econnomic Review*, 2001a, 63 (3).

[223] Kaplinsky, Morris, "Something Old, Something New: A Longi-tudinal Study of Search Behavior and New Produce Introduction," *Academy of Management Journal*, 2001b, 45 (4).

[224] Kaplinsky, "Cpporate Reputation and Sustained Superior Finan-cial Performance," *Strategic Management Journal*, 2004, 88 (5).

[225] Kaplinsky, "From Transaction Cost to Transactional Value Analy-sis: Implicaitons for the Study of Interorganizational Strategies," *Journal of Management Studies*, 1998, 30 (1).

[226] Kaplinsky, "The Relational View: Cooperative Strategy and Sources

of Inter-organizational Competitive Advantage," *Academy of Management Journal*, 2001b, 25 (2).

[227] Keith D. , Brouthers, Lance Eliot, Brouthers, Timothy J. Wilkinson, "Strategic Alliances: Choose Your Partners," *Long Range Planning*, 1995, 28 (3).

[228] Kelley, M. R. , Brooks, H. , "External Learning Opportunities and the Diffusion of Process Innovations to Small Firms," *Technological Forecasting and Social Change*, 1991, 39.

[229] Kim, "Implicit Claims: The Role of Corporate Reputation in Value Creation," *Corporate Reputation Review*, 1998, 51 (2).

[230] Kim, "Transnational Transfer of Strategic Organizational Practices: A Contextual Perspective," *Academy of Management Review*, 1999, 24 (2).

[231] Kogut, B. , "The Network as Knowledge: Generative Rules and the Emergence of Structure," *Strategic management Journal*, 2000, 12 (3).

[232] Kogut, Zander, "Form Transaction Cost to Transactional Value Analysis: Implications for the Study of Interorganizational Strategies," *Joural of Management Studies*, 1992, 30 (1).

[233] Koka, B. , Prescott, J. , "Designing Alliance Networks, the Influence of Network Position, Environmental Change, and Strategy on Firm Performance," *Strategic Management Journal*, 2008, 29 (6).

[234] Kraatz, "Designing Global Strategies: Comparative and Competitive Value-added Chains," *Sloan Management Review*, 1998, 43 (4).

[235] Krackhardt, A. , "Strategic Alliance Structuring: A Game Theoretic and Transaction Costs Examination of Interfirm Cooperation,"

Academy of Management Journal, 1992, 36 (4).

[236] Landryctal, "Absorptive Capacity, Learing, and Performance in International Joint Ventures," *Strategic Management Journal*, 2002, 3 (2).

[237] Lane, Lubatkin, "Structuring Inter-Firm Relationships: A Meta-analytic Approach," *Organization Studies*, 1998d, 19 (4).

[238] Lane, Lubatkin, "Social Capital, Intellectual Capital, and the Organizational Advantage," The Academy of Management Review, 1998a, 32 (4).

[239] Lane, Lubatkin, "Crisis Construction and Organizaitonal Learning: Capability Building in Catching-up at Hyundai Motor," *Organizaiton Science*, 1998b, 9 (5).

[240] Lane, Lubatkin, "Internationalization as a Strategy Process," *Strategic Management Journal*, 1998c, 13.

[241] Lane, Lubatkin, "Networks, Serendipity and SME Entry into Eastern Europe," *European Management Journal*, 2001, 20 (3).

[242] Levin, R., klevorick, A., Nelson, R., Winter, S., "Appropriating the Returns from Industrial Research and Development," *Brookings Papers on Activity*, Vol. 3, 1987.

[243] Limingetal, "A Dynamic Theory of Organizational Knowledge Creation," *Organization Science*, 1995, 6 (2).

[244] Lin, *The Strength of Strong Ties: The Importance of Philos in Organizations* (Boston: Harvard Business School, 2006).

[245] Lin, "The Dominant Logic: A New Linkage between Diversity and Performance," *Strategic Management Journal*, 1982, 7 (2).

[246] Lorenzoni, "The Acquisition and Utilization of Information in New Product Alliances: A Strength-of-Ties Perspective," *Journal of Marketing*, 1999, 67 (3).

[247] Lyles Salk, "The Role of Tacit Knowledge in Group Innovation," *California Management Review*, 1998, 40 (3).

[248] Martin Kilduff, Wenpin Tsai, *Social Networks and Organizations* (London: Sage Publications Ltd. , 2003).

[249] Martin, P. , Ottaviano, G. , Grouing Location: Industry Location in a Model of Endogenous Growth, CEPR Discussion Paper, No. 1523, 1997.

[250] McEvily, Areus, "Knowledge Governance in a Japanese Project-based Organization," *Knowledge Management Research and Practice*, 2005, 4 (1).

[251] McEvily, Zaheer, "Knowledge Transfer: A Basis for Competitive Advantage in Firms," *Organizational Behavior and Human Decision Processes*, 1999, 82 (1).

[252] McEvily, Zaheer, "Does Trust Matter? Exploring the Effects of Interorganizational and Interpersonal Trust on Performance," *Organizational Science*, 1998, 9 (2).

[253] McEvily, *Organizations Working Together: Coordination in Interorganizational Networks* (Newbury Park, California: Sage Publications, 2005).

[254] Miller, D. , "The Structural and Environmental Correlates of Business Strategy," *California Management Review*, 1986, 28 (3).

[255] Moller, Halinen, "Learning from Collaboration: Knowledge and Networks in the Biotechnology and Pharmaceutical Industires," *California Management Review*, 1999a, 40 (3).

[256] Moller, Halinen, "A Resource-Based Theory of Strategic Alliances," *Journal of Management*, 2000d, 26 (1).

[257] Moller, Halinen, "Business Relationships and Networks: Managerial Challenge of Network Era," *Industrial Marketing Manage-

ment, 1999c, 28 (4).

[258] Moller, Halinen, "Catching the Wave: Alertness, Responsiveness, and Market Influence in Global Electronic Networks," *Management Science*, 1999b, 42 (12).

[259] Moller, Halinen, "Links and Impacts: The Influence of Public Research on Industrial R&D," *Management Science*, 1999, 48 (1).

[260] Molm, "Social Structure and Alliance Formation Pattern: A Longitudinal Analysis," *American Science Quarterly*, 1995, 40.

[261] Mowery, "A Systematic Assessment of Assessment of Potential International Strategic Alliance Partners," *International Business Review*, 1995a, 4 (3).

[262] Mowery, "Knowledge of the Firm and the Evolutionary Theory of the Multinational Corporation," *Journal of International Business Studies*, 1995b, 24 (4).

[263] Murray, "Chao, Policy Orientation Effects on Performance with Licensing to Start-ups and Small Companies," *Research Policy*, 2005, 34 (5).

[264] Nadler, Tushman, "Factors Influencing Partner Selection in : The Moderating Role of Alliance Context," *Strategic Management Journal*, 2008, 29 (5).

[265] Nelson, Nantell, J., "Common Stock Returns and Corporate Combinations: The Case of Joint Ventures," *Journal of Finance*, 1985, 40 (6).

[266] Nunnally, "The Decomposition of Mulltitraitmultimethod Matrics," *British of Mathematical and Statistical Psychology*, 1978, 37.

[267] Nurmaly, Bemstein, "Canonical Correlation Alaysis and Structural Equation Modeling: What Do They Have a Common?" *Structur-*

al Equation Modeling, 1994, 4 (1).

[268] Oliver, "Impact of Competitive Strategy and Information Technology Maturity on Firm's Strategic Response to Globalization," *Journal of Management Information Systems*, 1996, Spring, 12 (5).

[269] Pack, "Reflections on Profiting from Innovation," *Research Policy*, 2001, 35 (2).

[270] Reagans, Zuckerman, "Networks, Diversity, and Productivity: The Social Capital of Corporate R&D Groups," *Organization Science*, 2001, 12 (3).

[271] Ritter, T., Hans Georg Gemunden, "The Impact of Company's Business Strategy on Its Technological Competence, Network Competence and Innovation Success," *Journal of Business Research*, 2000.

[272] Ritter, "Social Capital and Value Creation: The Role of Intrafirm Networks," *Academy of Management Journal*, 2002, 48 (2).

[273] Ritter, "The Sources and Consequences of Embeddedness for the Economic Performance of Organizations: The Network Effect," *American Sociological Review*, 2003, 54 (3).

[274] Ritter, "Trading in Strategic Resources: Necessary Conditions, Transaction Cost Problems, and Choice of Exchange Structure," *Strategic Management Journal*, 2000, 15 (4).

[275] Rowley, "The Organization of Industry," *The Economic Journal*, 2000a, 82 (327).

[276] Rowley, Behrens, Krackhardt, "Institutions and Forms of Co-ordination in Innovations Systems," *Organization Stitudies*, 2000, 21 (5).

[277] Rowley, "Absorptive Capability: A Review, Reconceptualization,

and Extension," *Academy of Management Review*, 1997, 27 (4).

[278] Rowley, "Learning by Interaction: Absorptive Capacity, Cognitive Distance and Governance," *Journal of Management and Governance*, 2000c, 4 (1/2).

[279] Rowley, "Motivation, Knowledge Transfor and Organizational Forms," *Organization Science*, 2000b, 11 (5).

[280] Rubin, *The Discovery of Grounded Theory: Strategies for Qualitative Research* (Chicago: Aldine, 1973).

[281] Sacchetti, Sugden, "Splitting the Pie: rent Distribution in Allianees and Networks," *Managerial and Decision Economies*, 2003, 29 (3).

[282] Sarkar, "Knowledge Transfer in Intraorganizational Networks: Effects of Network Position and Absorptive Capacity on Business Unit Innovation and Performance," *Academy of Management Journal*, 2001, 44 (5).

[283] Schmidt, "Learning Negotiation Skills: Four Models of Knowledge Creation and Transfer," *Management Science*, 2005, 49 (3).

[284] Schmitzi, "The Organisation-cooperation Mode of Innovation and Its Prominence amongst European Service Firms," *Research Policy*, 2004, 37 (4).

[285] Scott, A. J. , "The Role of Large Producers in Industrial Districts: A case Study of High Technology Systems Houses in Southern California," *Reginonal Studies*, *Paris*, 1992.

[286] Shenkar, Li, "The Role of the Firm's Internal and Relational Capabilities in Clusters : When Distance and Embeddness are Not Enough to Explain Innovation," *Journal of Economic Geography*, 1999.

[287] Stuart, Sorenson, "How Does Insertion in Global Value Chains Affect Upgrading in Industrial Clusters?" *Regional Studies*, 2002, 36 (9).

[288] Szulanski, "Factors Affecting Trust in Market Research Relationships," *Journal of Marketing*, 1996, 57.

[289] Tasai, "Social Capital, Knwledge Acquisition, and Knowledge Exploitation in Young Technology-based Firms," *Strategic Management Journal*, 2001, 22 (4).

[290] Teece, D. J. , Pisano, G. , "The Dynamic Capabilities of Firm: An Introduction," *Industrial and Corporate Change*, 1994.

[291] Timothy J. Sturgeon, Robert C. Feenstra, "Innovative Competence, Exploration and Exploitation: The Influence of Technological Diversification," *Research Policy*, 2010, 45 (3).

[292] Tiwana, "Balancing Exploration and Exploitation in Alliance Formantion," *Academy of Management Journal*, 2008, 49 (3).

[293] Tu, "Which Ties Matter When? The Contingent Effects of Interorganizational Partnerships on IPO Success," *Strategic Management Journal*, 2006, 23 (4).

[294] Uzzi, B. , "The Sources and Consequences of Embeddedness for The Economic Performance of Organization: The Network Effect," *American Sociological Review*, 1996.

[295] Uzzi, "Organizations: New Concepts for New Forms," *California Management Review*, 1996, 28 (3).

[296] Van den Bosch, "Construction Competitive Advantage: The Role of Firm-constituent Interactions," *Strategic Management Journal*, 1999, 23 (4).

[297] Volberda, "How to Manage a Portfolio of Alliances," *Long Range Planning*, 2005, 38 (2).

[298] Walter, "Social Structure and Competition in Interfirm Networks: The Paradox of Embededness," *Administrative Science Quarterly*, 2006.

[299] Walter, "The Strength of Weak Tie," *American Journal of Sociology*, 2003, 79.

[300] Welsch, "A Thematic Analysis and Critical Assessment of Absorptive Capacity Research," *Academy of Management Proceeding*, 2001, 34 (7).

[301] Wemerfelt, Montgomery, "Developmental Processes of Cooperation Interorganizational Relationships," *Academy of Management Review*, 1998, 19 (1).

[302] White, An Evolutionary Theory of Economic Change, University of Illinois at Urbana-Champaign's Academy for Entrepreneurial Leadership Historical Research Reference in Entrepreneurship, 1982.

[303] Zahra S. A., George G., "Absorptive Capacity: A Review, Reconceptualization, and Ectension," *Academy of Management Review*, 2002, 27 (2).

[304] Zahra, George, "Business Relationship Learning and Commitment in the Internationalization Process," *Journal of International Entrepreneurshhip*, 2002a, 4 (3).

[305] Zahra, George, "Industrial Clusters, Transactions Costs and the Industitutional Determinants of MNE Location Behaviour," *International Business Review*, 2002b, 11.

[306] Zahra, "Managing Complex Networks-KeyS to 21st Century Management," *Research Technology Management*, 1986, 42 (3).

[307] Zhao, Aiam, "Crisis Construction and Organization Learning: Capability Building in Catching-up at Hyundai Motor," *Organiza-*

iton Science, 1998, 9 (4).

[308] Zukin, Dimaggion, "Structural Holes, and Innovation: A Longitudinal Study," *Journal of Management Information Systems*, 2002, 19 (1).

附　录　集群企业国际化成长进程中知识租金获取情况调查问卷

尊敬的女士/先生:

您好!

非常感谢您在百忙之中参与填写该问卷,本问卷旨在调查嵌入全球价值链内的中国本土集群企业基本情况,所处的外部网络嵌入性特征属性,拥有的网络能力、吸收能力、链内知识租金及其国际化成长的相关信息。

在问卷的填写过程中,如您对问卷涉及的关键性概念或具体测度题项存在任何疑义,请与我们的问卷发放人进行联系;如您认为测度题项的内容存在分歧,请借助贵企业其他人员协助完成。

本问卷采用匿名调查方式,所获得的数据仅供学术研究之用。我们将恪守科学研究道德规范,不以任何形式向任何人泄露有关贵企业的商业信息,请您客观填写。本问卷采用七级打分法,1~7依次表示完全不符合、比较不符合、稍微不符合、一般、稍微符合、比较符合和完全符合,分数4代表中间水平。请您在适当的分数上打"√",问卷完成后,可通过两种方式返还:

(1) 发送至 E-mail:wjhe_ncu@126.com;

(2) 返还给发放人。

我们对您的真诚合作致以衷心的感谢!

南昌大学中部经济研究中心产业经济研究所

第一部分　企业基本信息

1. 企业主营业务_____；所属产业_____；产权属性_____（独资、合资）.

2. 企业现有员工人数为：（请根据企业的实际情况，在相应的□打"√"，下同）

□低于 300 人　　　　□301～500 人　　　　□501～1000 人

□1001 人及以上

3. 本公司去年的销售额为：

□低于 1000 万元　　□1000 万～5000 万元　□5000 万～1 亿元

□1 亿～3 亿元　　　□3 亿～5 亿元　　　　□5 亿～10 亿元

□10 亿元以上

4. 本公司的资产总额为：

□低于 4000 万元　　□4000 万～1 亿元　　　□1 亿～4 亿元

□4 亿元以上（含 4 亿元）

5. 企业成立年限：

□3 年及以下　　　　□4～5 年　　　　　　□6～10 年

□11～20 年　　　　□21 年及以上

6. 贵企业的类型：

□零部件供应商　　　□成品制造商　　　　　□其他

请您根据企业实际情况对下面的描述做出判断，并在每个题项后面相应的数字上打"√"。1～7 依次表示完全不符合、比较不符合、稍微不符合、一般、稍微符合、比较符合和完全符合，分数 4 代表中间水平。

第二部分　集群企业网络嵌入性特征测度

序号	问题	选项						
Q1-1	全球价值链内企业间的知识交流与合作频度比较高	1	2	3	4	5	6	7
Q1-2	全球价值链内企业间的合作持久度比较长	1	2	3	4	5	6	7
Q1-3	全球价值链内知识接受企业不会怀疑知识溢出企业所提出的知识的有效性和真实性	1	2	3	4	5	6	7
Q1-4	全球价值链内知识接受企业与知识溢出企业之间的谈判是公正和公平的	1	2	3	4	5	6	7
Q2-1	知识接受企业与知识溢出企业在合作过程中，不存在损人利己的趋向	1	2	3	4	5	6	7
Q2-2	知识接受企业与知识溢出企业相互信守承诺	1	2	3	4	5	6	7
Q2-3	知识接受企业与知识溢出企业尽可能地相互提供对方所需要的信息	1	2	3	4	5	6	7
Q2-4	知识接受企业与知识溢出企业能够分享未来的发展计划	1	2	3	4	5	6	7
Q3-1	全球价值链内企业的合作伙伴之间存在很多的直接联系	1	2	3	4	5	6	7
Q3-2	与同行业竞争者相比，企业与同一行业内其他企业之间关系更密切	1	2	3	4	5	6	7
Q3-3	与同行业竞争者相比，企业积极参与或促成企业联盟	1	2	3	4	5	6	7
Q3-4	与同行业竞争者相比，企业和全球价值链内的很多企业有过合作经历	1	2	3	4	5	6	7
Q4-1	全球价值链内企业与更多客户或代理商建立了业务联系	1	2	3	4	5	6	7
Q4-2	企业经常参加产品展示会或技术交流会	1	2	3	4	5	6	7
Q4-3	企业与同行业竞争者之间存在联系和交流	1	2	3	4	5	6	7
Q4-4	企业与更多其他非竞争性企业存在业务联系	1	2	3	4	5	6	7
Q5-1	全球价值链内企业往来的对象在建立联系时，很多要靠本企业从中牵线搭桥	1	2	3	4	5	6	7

序号	问题	选项						
Q5-2	全球价值链内的许多信息或知识经由本企业传递给合作伙伴	1	2	3	4	5	6	7
Q5-3	与全球价值链内其他合作伙伴相比，本企业更能影响合作项目决策	1	2	3	4	5	6	7
Q5-4	本企业比全球价值链内合作伙伴掌握更多的资源	1	2	3	4	5	6	7
Q5-5	本企业在全球价值链内知识交流、合作中占有重要地位	1	2	3	4	5	6	7
Q5-6	全球价值链内大多数企业都认识并了解本企业的基本情况	1	2	3	4	5	6	7

第三部分 集群企业吸收能力测度

序号	问题	选项						
Q6-1	与全球价值链内的同行业竞争者相比，本企业具备较强搜索外部知识的能力	1	2	3	4	5	6	7
Q6-2	与全球价值链内的同行业竞争者相比，本企业具备较强的持续搜集行业发展新的相关信息的能力	1	2	3	4	5	6	7
Q6-3	与全球价值链内的同行业竞争者相比，本企业具备较强的记录和存储新知识以备将来使用的能力	1	2	3	4	5	6	7
Q6-4	与全球价值链内的同行业竞争者相比，本企业能够很快识别外部新知识的用处	1	2	3	4	5	6	7
Q6-5	与全球价值链内的同行业竞争者相比，本企业能够分享实践经验	1	2	3	4	5	6	7
Q6-6	与全球价值链内的同行业竞争者相比，本企业能够分享获取的新知识	1	2	3	4	5	6	7
Q6-7	与全球价值链内的同行业竞争者相比，本企业具备较强的新知识和已有知识的融合能力	1	2	3	4	5	6	7
Q6-8	与全球价值链内的同行业竞争者相比，本企业具备较强的利用外部新知识开发新机会的能力	1	2	3	4	5	6	7

续表

序号	问题	选项						
Q6－9	与全球价值链内的同行业竞争者相比，本企业经常考虑如何更好地利用新知识	1	2	3	4	5	6	7
Q6－10	与全球价值链内的同行业竞争者相比，本企业能够较好地根据新知识开发新产品及进行工艺创新	1	2	3	4	5	6	7
Q6－11	与全球价值链内的同行业竞争者相比，本企业能够较好地使用新知识进行研发流程的改进	1	2	3	4	5	6	7
Q6－12	与全球价值链内的同行业竞争者相比，本企业能够较好地使用新知识进行新市场的开拓	1	2	3	4	5	6	7

第四部分　集群企业网络能力测度

序号	问题	选项						
Q7－1	与全球生产网络中的同行业竞争者相比，本企业有清晰的网络参与目标和行动准则	1	2	3	4	5	6	7
Q7－2	与全球生产网络中的同行业竞争者相比，本企业在开发国际市场的过程中能够敏锐地识别、把握网络间协作机会	1	2	3	4	5	6	7
Q7－3	与全球生产网络中的同行业竞争者相比，本企业对于自身发展战略与网络资源的匹配程度的把握能力较强	1	2	3	4	5	6	7
Q7－4	与全球生产网络中的同行业竞争者相比，本企业能够准确地预测与全球价值链内先发企业的合作关系的发展方向并根据环境变化适时做出调整	1	2	3	4	5	6	7
Q7－5	与全球生产网络中的同行业竞争者相比，本企业更具有清晰思路	1	2	3	4	5	6	7
Q7－6	与全球生产网络中的同行业竞争者相比，本企业能够判断不同网络成员关系的发展潜力与价值	1	2	3	4	5	6	7
Q7－7	与全球生产网络中的同行业竞争者相比，本企业具有很强的发现、评估并选择合作伙伴的能力	1	2	3	4	5	6	7

序号	问题	选项						
Q7-8	与全球生产网络中的同行业竞争者相比，本企业能利用各种组织，如商会、咨询机构、行业协会和政府组织，或通过参加行业展览会和展销活动来寻找潜在的合作伙伴	1	2	3	4	5	6	7
Q7-9	与全球生产网络中的同行业竞争者相比，本企业拥有更多的网络间合作伙伴	1	2	3	4	5	6	7
Q7-10	与全球生产网络中的同行业竞争者相比，本企业拥有更多的各种类型的合作伙伴，包括大学、研究所、著名的软件公司、行业内重要的供应商和客户等	1	2	3	4	5	6	7
Q7-11	与全球生产网络中的同行业竞争者相比，本企业具有很强的同时保持与众多合作伙伴密切联系的能力	1	2	3	4	5	6	7
Q7-12	在所有潜在的合作伙伴中，已经成为本企业合作伙伴的比例很高	1	2	3	4	5	6	7
Q7-13	与全球生产网络中的同行业竞争者相比，本企业具有更强的发展与合作伙伴之间相互信任、互惠互利的能力	1	2	3	4	5	6	7
Q7-14	在过去两年里本企业频繁地与主要的合作伙伴交流	1	2	3	4	5	6	7
Q7-15	与全球生产网络中的同行业竞争者相比，本企业与合作伙伴的关系更加紧密	1	2	3	4	5	6	7
Q7-16	与全球生产网络中的同行业竞争者相比，本企业与主要的合作伙伴的交流更为深入	1	2	3	4	5	6	7
Q7-17	与全球生产网络中的同行业竞争者相比，本企业更能够从合作伙伴的角度来思考如何发展双方关系	1	2	3	4	5	6	7
Q7-18	当与合作伙伴发生冲突时，本企业更有能力提出建设性的解决方案	1	2	3	4	5	6	7
Q7-19	与全球生产网络中的同行业竞争者相比，本企业具有很强的维护与合作伙伴间长时间合作的能力	1	2	3	4	5	6	7
Q7-20	与全球生产网络中的同行业竞争者相比，本企业具有更强的建立与合作伙伴间的共有规范与分享价值观的能力	1	2	3	4	5	6	7

序号	问题	选项						
Q7－21	在过去的合作中，本企业经常与合作伙伴交换思想，以实现双方利益的最大化	1	2	3	4	5	6	7
Q7－22	在跨国公司主导的全球生产网络中，本企业具有较强的占据合作关系网络中心位置的能力	1	2	3	4	5	6	7
Q7－23	在跨国公司主导的全球生产网络中，本企业往往会成为网络间合作者之间的沟通桥梁	1	2	3	4	5	6	7
Q7－24	在跨国公司主导的全球生产网络中，本企业往往能与网络内合作伙伴进行直接沟通而无须依赖第三方传递信息	1	2	3	4	5	6	7

第五部分　集群企业知识租金获取测度

序号	问题	选项						
Q8－1	本企业能够较好识别及理解外部网络中的异质性知识	1	2	3	4	5	6	7
Q8－2	本企业能够较好消化、吸收有价值的异质性知识	1	2	3	4	5	6	7
Q8－3	本企业能够较好地将内外部知识进行整合，以形成新产品或服务	1	2	3	4	5	6	7
Q8－4	本企业能够较好运用有效的商业模式将新产品或服务顺利推向市场	1	2	3	4	5	6	7

第六部分　集群企业国际化成长测度

序号	问题	选项						
Q9－1	本企业在嵌入全球价值链过程中具备较好的学习能力	1	2	3	4	5	6	7
Q9－2	本企业在嵌入全球价值链过程中具备较好的创新文化	1	2	3	4	5	6	7

序号	问题	选项						
Q9-3	本企业在嵌入全球价值链过程中能够较好地进行全球资源的有效配置	1	2	3	4	5	6	7
Q9-4	本企业在嵌入全球价值链过程中能够有效地进行跨文化整合	1	2	3	4	5	6	7

后 记

　　本书是在我的博士毕业论文《集群企业国际化成长进程中知识租金获取机制研究》的基础上，经过后期修改、完善而最终成稿的。落笔此处，不由回忆起三年前在南昌大学历时三年的博士求学生涯，尽管求学征途中遇到诸多一言难尽的学业、生活等方面的困难，个中滋味，甘苦自知。但是，我仍然认为读博是本人一生当中非常珍贵的学习经历和生活方式，在这段岁月如歌的日子里，我一直处于不断学习、不断完善、不断进步的状态，可谓艰辛与快乐同行。博士毕业之后，非常荣幸地进入中共江西省委党校行政学院工作，在这个崭新的平台上开启了新的教学和科研工作征程，而此书稿正是在此期间完成的。

　　值此书稿付梓之际，我怀着一颗感恩的心，向所有关心、帮助和支持过我的人致以最诚挚的谢意！

　　海阔凭鱼跃，天高任鸟飞。首先，衷心感谢中共江西省委党校行政学院，本书的撰写和出版得到了学校及相关部门，特别是科研管理部、组织人事处、工商管理教研部及其领导的大力支持，在这里致以深深的谢意！

　　其次，感谢至真至爱的父母——何绪能先生和雷勉金女士，正是你们不辞辛劳地帮我照料年幼的儿女，解除了我的后顾之忧，才使我的博士梦想得以实现以及在工作之后仍然能心无旁骛地从事繁重的教学及科研工作。尤其是母亲——雷勉金女士，她任劳任怨，十年如一日地操持家庭、照顾我的一对儿女，可以说，我所有的进步都与母亲的无私付出有着直接和莫大的关系。

最后，感谢我那一对可爱的儿女——刘嘉禾和刘予禾，你们给妈妈带来了神奇而伟大的力量，你们纯真的笑脸和言语是妈妈不畏艰难、昂首前行的最大动力；感谢我的丈夫刘顺祥先生，你对我工作的理解和支持让我的内心始终充满信心和勇气。

此外，本书的出版还得到了社会科学文献出版社的支持和帮助，在此表示诚挚的谢意。本书参考和引用了众多前辈和国内外同行的研究成果和文献资料，在此亦向你们表示诚挚的感谢！

由于水平有限，加上时间紧凑，本书必定有较多疏漏之处，敬请学界、企业界和广大读者批评指正。如能起到抛砖引玉的效果，那将是我莫大的荣幸。

何文靓

2017 年 12 月 9 日

图书在版编目（CIP）数据

集群企业国际化成长研究：基于知识租金获取的视
角／何文靓著. -- 北京：社会科学文献出版社，
2018.5
　ISBN 978 - 7 - 5201 - 2492 - 8

　Ⅰ.①集…　Ⅱ.①何…　Ⅲ.①企业集群 - 国际化 - 研
究 - 中国　Ⅳ.①F279.244
　中国版本图书馆 CIP 数据核字（2018）第 059797 号

集群企业国际化成长研究
—— 基于知识租金获取的视角

著　　者／何文靓

出 版 人／谢寿光
项目统筹／高　雁
责任编辑／冯咏梅　王春梅

出　　版／社会科学文献出版社·经济与管理分社（010）59367226
　　　　　地址：北京市北三环中路甲 29 号院华龙大厦　邮编：100029
　　　　　网址：www.ssap.com.cn
发　　行／市场营销中心（010）59367081　59367018
印　　装／三河市龙林印务有限公司

规　　格／开本：787mm × 1092mm　1/16
　　　　　印 张：17.25　字 数：231 千字
版　　次／2018 年 5 月第 1 版　2018 年 5 月第 1 次印刷
书　　号／ISBN 978 - 7 - 5201 - 2492 - 8
定　　价／79.00 元

本书如有印装质量问题，请与读者服务中心（010 - 59367028）联系